착한 몸
이상한 몸
낯선 몸

몸문화연구총서 No. 11

착한 몸 이상한 몸 낯선 몸

몸문화연구소 편

쿠북

몸문화연구총서 No. 11

착한 몸, 이상한 몸, 낯선 몸

1판 1쇄 찍은날 2019년 5월 25일
1판 1쇄 펴낸날 2019년 5월 30일
지은이 김종갑 외
펴낸이 민상기
기획총괄 유영만
편집 임경희
펴낸곳 **쿠북** (건국대학교출판부의 패밀리 브랜드입니다.)
등록 / 제4-3 호(1971. 6. 21)
주소 / 05029, 서울특별시 광진구 능동로 120 건국대학교 출판부
전화 / (02)450-3891~3
팩스 / (02)457-7202
홈페이지 / http://press.konkuk.ac.kr
e-mail / press@konkuk.ac.kr

찍은곳 ㈜동화인쇄공사

정가 17,000원

ISBN 978-89-7107-756-6 94110
ISBN 978-89-7107-544-9 (세트)

*이 도서의 국립중앙도서관 출판예정도서목록(CIP)은 서지정보유통지원시스템 홈페이지
(http://seoji.nl.go.kr)와 국가자료종합목록 구축시스템(http://kolis-net.nl.go.kr)에서
이용하실 수 있습니다.(CIP제어번호 : CIP2019019662)

머리말

착한 몸, 이상한 몸, 낯선 몸

I 우리 사회에서 몸에 대한 관심과 투자, 연출, 실천만큼 극적으로 변화하는 현상을 찾기도 쉽지 않을 것이다. 몸은 그냥 몸이 아니다. 그것은 의미와 정체성이 각인되고 교환되며 심미화되는 존재의 거점이다. 우리 몸은 끊임없이 움직이거나 정지하고, 부딪히며 결합하거나 분리되면서 사회를 역동적인 장으로 만든다. 한편으로 우리 몸은 사회에 의해서 구성이 된다. 그러나 다른 한편으로 우리는 몸으로 사회에 크고 작은 변화를 야기한다. 영혼이나 마음이란 그러한 몸이 자기 자신의 변화를 이해하고 표현하는 어휘에 지나지 않는다.

우리가 좋아하든 싫어하든 대한민국은 성형공화국이 되었다. 강남은 우리 몸이 리모델링의 목적으로 입고되었다가 새로운 몸으로 출고되어 나오는 거대한 성형공장처럼 보인다. 거리에는 새로운 몸으로의 재탄생을 유혹하는 전광판들이 수없이 반짝이고 있다. K뷰티라는 말도 어느새 인구에 회자되는 말이 되었다. 그냥 한국적인 아름다움이나 메이크업이 아니다. 그것은 국가의 산업이자 자본이 되었다. 아름다움이 흘러가는 물결은 마이더스의 손길을 연상케 한다.

하나의 흐름만이 있는 것은 아니다. 명동이 홍대입구와 다르고, 홍대는 또 청담동과 다르다. 몸과 몸이 경합을 벌리며 부침을 거듭하고 있다.

그런가 하면 과학기술의 발달과 더불어서 몸이 기계와 결합되는 정도는 가속화되고 있다. 자연의 몸은 이제 더 이상 존재하지 않는다. 최첨단 테크놀로지는 몸을 대상으로 실험과 실험을 거듭하면서 몸을 조작과 개선, 노화방지, 약물주입, 기능 향상의 실험실로 만들고 있다. 특이점이라는 과학용어가 일상어가 될 정도로 그러한 테크놀로지의 변화는 새로움에 새로움을 거듭하고 있다. 앞으로 우리 몸이 어떻게 변할 것인지 아무도 예측할 수가 없다. 우리는 전망이 불가능한 변화의 바다에서 몸의 항해를 계속하고 있다.

이러한 모든 변화와 더불어서 우리는 자신의 몸을 경험하고 자신의 정체성을 기록한다. 이 점에서 몸은 자서전이라고 말해도 과언이 아니다. 몸은 우리의 정체성이며 삶의 방식이고 타자와 만남이 이루어지는 접합점이다. 이러한 시대에 우리는 자기 몸을 어떻게 배려할 것인가? 개인적인 존재로서가 아니라 이웃들과 함께 살아가는 공동체적인 존재로서 자신을 어떻게 이해할 것인가? 이때 그러한 이해의 대상에는 비인간 타자도 포함되어 있다. 우리의 존재는 박테리아와 인공지능과 같은 비인간 타자와도 결합되어 있다. 현대의 모토는 "연결하라!"이다. 우리는 개체가 아니라 연합체로서 존재하고 있는 것이다.

2007년에 설립된 몸문화연구소는 이제 열한 번째 총서를 출간하게 되었다. 위에서 제기한 질문들이 본 총서를 관통하는 질문들이다. 연구소가 수행하고 있는 대학중점연구소 2년차 프로젝트도 그러한 질문들과 맞물려 있다. 본 총서의 필자들은 각자 다른 관점과 전공영역의 바탕에서 그러한 질문들과 씨름을 하면서 원고를 집필하였다. 겉으로는 분명하게 드러나지 않을 수도 있지만, 이 책의 글들은 모두 현재 한국 사회에서 진행되고 있는 몸과 관련된 현상들을 진단하고 분석하며 이에 대한 대안을 모색하는 방향으로 조율되어 있다.

≪착한 몸, 이상한 몸, 낯선 몸≫이라는 제목은 생뚱맞게 보일 수가 있다. 총서의 주제와 문제의식을 잘 집약해서 보여주는 것이 아니라 오히려 독자를 혼란스럽게 만든다는 불만이 있을 수도 있겠다. 그러한 첫인상에도 불구하고 이 제목은 현대인의 몸이 위치한 지형을 구분하기 위한 의도에서 정해진 것이다. 우리는 자신의 몸이든 타인의 몸이든 무사태평하게, 혹은 중립적으로 바라보지 않는다. 우리는 몸이 이러저러해야 한다는 일반적이며 규범적인 관념을 가지고 있다. 그러한 관념의 범주에서 벗어나면 이상한 몸이나 낯선 몸으로 낙인이 찍히기 쉽다. 이때 진실로 이상하거나 낯선 것은, 몸이 이러저러해야 한다는 당위적 요청이다. 반드시 이러저러해야 하는 몸이란 존재하지 않는다. 그러한 규범이나 기준은 미용산업과 문화산업이 결합된 자본의 입김을 반영한다. 몸은 한 가지 유형의 독재가 아니라 다양성의 축제이어야 한다. 우리는 각자 자신에게 어울리는 아름다움과 건강, 의복, 식습관 등을 발견하지 않으면 안 된다. 그럼으로써 외모지상주의의 독재에 저항해야 한다.

Ⅱ

이 책은 총 10편의 글로 구성되어 있다. 간단히 요약하기로 한다.

<외모지상주의－내면이 된 외모>에서 김종갑은 외모지상주의라는 개념을 명확히 정의함과 동시에, 외모지상주의가 탄생하게 된 문화적 · 사회적 배경이 무엇인가를 정밀하게 추적해내고 있다. 각 개인의 개별적 사안이 아닌, 사회적 현상으로서의 보편성을 가진 외모지상주의라는 시대적 키워드를 시각문화와 대도시라는 맥락을 통해, 세밀히 짚어내고 있다. 그런데 이 시대를 관통하고 있는 주요 키워드로는 외모지상주의 외에도 난민이라는 사회적 사안도 간과할 수 없는 지점이라 할 수 있다.

심지원·정미경의 <외모 불안－얼굴 천재와 착한 몸매>는 신자유주의 시대의 경쟁의 자원으로 특화된 외모 자본이라는 문제를 다루고 있다. 얼굴천재와 착한 몸매라는 용어들의 등장과 이를 수용해나가는 청소년들의 태도가 분석의 대상이다. 나아가 청소년들의 문화정치의 관점에서, 외모에 대한 강력한 규범과 차별을 둘러싼 타협과 저항의 대응지점들이 무엇인가를 이야기하고 있다. 이처럼 외모가 성별에 따라 갖는 의미값이나 그 압박의 무게가 다르듯, 성별에 따른 발화의 권력 또한 차등하게 분배되어 있다.

<지속불가능한 휴먼, 번성가능한 포스트휴먼>에서 주기화는 포스트휴먼 시대의 번성 가능한 새로운 삶의 형태를 상상, 기획해내고자 한다. 기술 발전에 적합하게 조절된 인간과 비인간의 관계양상에 대한 연구는 필연적으로 해로운 인간-비인간 네트워크에 대한 비판을 수반하는 것이다. 이 글은 인류의 존재론적 상전이를 포스트휴먼적 관점에서 접근하고자 한다. 이처럼 미래적 몸의 양태들에서 해로운 존재 연결망이 존재하듯이, 과거의 역사 속 해로운 연결망들도 존재하며 이를 끊어내기 위한 시도들 또한 제출되고 있다.

최일규의 <구성적 인공지능의 자율성과 시스템으로서 몸>은 철학적 관점에서 인간과 인공지능의 조형적 관계를 다룬 글이다. 자율적 지성 기계로서의 구성적 인공지능이라는 개념을 생명과 정신 등의 존재론적 차원에서 깊이 있게 접근해나감으로써 한국사회의 포스트휴먼 논의 지형을 재정초하고자 한다. 포스트휴머니즘의 한국적 논의가 시급한 인식론적 과제이듯이, 한국사회에서 페미니즘의 현재적 지형에 대한 분석도 유의미한 인식 과제 중 하나이다.

<미래의 몸과 과학적 상상력>에서 이지용은 SF라는 사고실험을 통해 새로운 몸의 형태들을 기술적 인식 속에서 제시하고 있다. 기술을 통한

미래의 몸에 대한 상상력은 인간 개별자는 물론 그가 속한 공동체의 무의식과 지향점들을 다르게 규정해나가는 축이 되기도 한다. 이 글은 미래의 지평과 인식의 반경들을 확장해나가고 있는 SF 서사의 힘을 상세히 다루고 있다.

<난민과 환대의 문제>에서 서윤호는 한국사회의 새로운 시대적 요청으로 부상한 이방인에 대한 환대의 문제를 전면화하고 있다. 난민과의 공존과 연대의 문제는 먼 서유럽의 화두가 더 이상 아니다. 제주 예멘 난민의 도래를 통해, 단일민족의 신화가 가진 시대적 모순과 한계를 직시하고 새로운 윤리로서의 환대의 윤리와 환대의 권리 및 의무를 본격적으로 논의하고자 하는 글이다.

<식민지 역사에서 주/객의 몸>에서 최은주는 세월호 사건과 한국 위안부라는 역사적 사안을 통해 국가적 수치의 문제를 심도 깊게 질문하고자 한다. 개인적 차원의 수치 감정이 아닌, 국가적 차원의 수치 감정의 발화와 공식적 수행이 정치적 · 사회적 · 윤리적으로 어떠한 의미를 갖는가를 다루고 있다.

<한국사회 속 페미니스트 발화는 들릴 수 있는가?>에서 윤지영은 남성중심사회에서 페미니스트로서 목소리를 내기 위한 지난한 과정을 다각도로 그려내고 있다. 남성적 말하기라는 안전하고도 이미 입증되어 있으며 기득권자를 불유쾌하지 않게 하는 이야기가 아닌, 가장 첨예하고도 예리하며 모든 전제들을 뒤엎는 새로운 질문의 역량이야말로 페미니스트적 발화임을 논증하고 있다.

최하영의 <래디컬 페미니즘? 래디컬 페미니즘들!>은 최근에 등장한 영영페미니스트를 분석하려는 시도를 보여준다. 영미 페미니즘 역사 속 래디컬 페미니즘 지형도를 참조함으로써, 영영페미니스트들의 위치를 짚어내고자 한다. 이를 통해, 영영페미니스트들의 래디컬 페미니즘이

다양한 또는 변형된 래디컬 페미니즘임을 논증하고 페미니즘 내 갈등을 바라보는 관점을 제시하고자 한다.

마지막으로 임지연의 <자연의 몸과 해체된 몸－1990년대 여성시 다시 읽기>는 1990년대 여성시의 재해석을 사유의 프리즘으로 삼고 있다. 1990년대 여성시에 내재해있는 보수성이 무엇이며 제한된 정치성의 지점은 무엇인가를 분석해나감으로써 2010년대 시의 현재성을 탐색하고 이것이 나아가야 할 방향성을 모색하고자 하는 글이다. 이러한 문학의 현재성에 대한 치열한 고민이 문학이라는 텍스트의 발명에 그치는 것이 아닌, 새로운 생의 전개면을 설계하기 나가기 위한 단초이기도 하다는 점에 주목해야 한다.

III .... 몸문화연구소는 몸과 관련된 다양한 문화현상들을 학문적으로 연구하기 위해서 2007년 설립된 연구소로, 2017년에 교육부에서 지원하는 대학중점연구소로 선정이 되었다. 우리 연구소는 매년 몸과 관련된 주제를 발굴하고 이에 관련된 선행연구를 검토한 다음 연구자의 주장과 관점이 녹아있는 연구의 결과를 총서로 출간하고 있다. 원고의 마감기간을 정하고 원고 제출을 독려하며 원고 수합과 교정, 스타일의 통일 등 모든 단계에서 노력과 정성을 아끼지 않았던 이지용 연구원에게 특별한 감사의 마음을 전하고 싶다.

마지막으로 이 저서는 2017년 대한민국 교육부와 한국연구재단의 지원을 받아 수행된 연구(NRF-2017S1A5B8057457)라는 사실을 밝혀 둔다.

몸문화연구소

소장 **김종갑**

차 례

1부

착한 몸

외모지상주의 - 내면이 된 외모

이 글의 주제는 외모지상주의이다. 외모지상주의는 지나치게 외모에 집착하는 문화를 비판적으로 지적하는 용어이다. 사람의 숨겨진 내면을 무시하고 겉으로 드러난 외모에만 연연해한다는 것이다. 만약 겉과 속이 같고 아름다움이 곧 선이라면 이러한 용어도 생겨나지 않았을 것이다. 이러한 외모와 내면의 불일치는 대중문화에서 요부femme fatal의 이미지로 자주 등장한다. 이 글에서 필자는 먼저 외모지상주의를 정의하고, 다음에는 대도시와 타자화된 몸, 시각문화의 관점에서 그것을 설명할 것이다. 대도시와 시각문화는 외모지상주의가 탄생할 수 있는 사회경제적 조건이다. 그러한 조건이 충족되지 않으면 자신의 외모에 대한 사람들의 과도한 집착도 개인적일 뿐, 외모지상주의로 발전하지 않는다. 이러한 논의에 뒤이어 필자는 외모의 아름다움과 진정한 아름다움의 차이로 시선을 돌리게 될 것이다. 미리 결론을 내리자면 아름다움의 본질은 기쁨과 쾌락, 행복에 있다. 반면에 추는 불쾌와 고통, 불행을 야기한다. 만약 아름다움의 추구가 고통과 불행을 가져온다면, 그것은 아름다움이라는 이름의 추함이 된다. 기쁨을 주기 때문에 아름다운 것이다. 기쁨이 없이 추구하는 아름다움이 외모지상주의이다.

김종갑

세계역사에서 가장 말도 많고 탈도 많았던 화두의 하나가 아름다움이다. 인류의 가장 귀중한 가치가 진선미이다. 의미가 투명한 진이나 선과 달리 미는 의미가 불분명하고 가치도 양가적이다. 옳은 것은 언제나 옳고 선한 것은 언제나 선하지만 아름다운 것이 언제나 아름답지는 않기 때문이다. 꽃 중의 꽃이라는 장미에는 가시가 달려 있으며, 겉이 지나치게 화려한 버섯에는 독이 있다. 진=선=미라면 가장 더할 나위 없이 이상적이다. 그러나 미가 진과 선으로부터 분리되는 순간에 위험해지기 시작한다.

미학은 아름다움을 대상으로 하거나 그것을 느끼는 감정에 대한 학문이다. 왜 금강산을 보면 아름다움을 느끼는가? 기괴망측해 보이는 피카소의 그림을 보고서도 아름답다고 하는가? 이러한 질문을 던지고 대답을 모색하는 학문이 미학이다. 그와 같은 아름다움을 느끼는 감정 자체가 아름답게 느껴진다. 양가적이라는 생각이 들지는 않는다. 그렇다. 적어도 자연과 예술의 아름다움이라면 그러하다. 현실적인 이해관계가 섞여있지 않다. 그러나 관심의 대상이 사람, 특히 성적인 매력이 되면, 예술에서 부재했던 현실적 이해와 욕망이 개입하기 시작한다. 우리는 아름다운 사람을 예술작품이나 자연처럼 바라볼 수가 없다. 예술이 어디까지나 관조와 감상의 대상으로 머문다면, 아름다운 사람은 가까이 하고 싶은 욕망을 자극한다.

양귀비처럼 아름다움으로 일세를 풍미했던 역사적 인물들이 있다. 그런데 그러한 사건들은 정사가 아니라 대부분 비사에 기록된다. 정사에 실리기에는 사안이 공적이지 않고 지나치게 사적이기 때문이다. 삼국지에는 다음과 같은 말이 있다. “내가 듣건대 월나라 서시를 두고는 아무리 헐뜯기를 잘하는 사람도 아름다움을 무시할 수 없었고, 제나라 무염녀에 대해서는 아무리 칭찬을 잘하는 사람도 그 못난 용모를 가려줄 수 없었다고 하오.” 서시의 미인계에 빠져서 나라를 잃었던 오나라 사람들에게 그녀는 악녀이다. 미워하고 증오할 수밖에 없는 여자인 것이다. 그러나 정작 그녀를 보면 그 아름다움에 감탄할 수밖에 없었다는 것이다.

이 글의 주제는 외모지상주의이다. 외모지상주의는 지나치게 외모에 집착하는 문화를 비판적으로 지적하는 용어이다. 사람의 숨겨진 내면을 무시하고 겉으로 드러난 외모에만 연연해한다는 것이다. 만약 겉=속이고 아름다움=선이라면 이러한 용어도 생겨나지 않았을 것이다. 서시는 양의 탈을 쓴 늑대처럼 아름다운 외모로 악한 마음을 숨길 수 있었다. 이러한 외모와 내면의 불일치는 대중문화에서 요부femme fatal의 이미지로 자주 등장한다. 이 글에서 필자는 먼저 외모지상주의를 정의하고, 다음에는 대도시와 타자화된 몸, 시각문화의 관점에서 그것을 설명할 것이다. 대도시와 시각문화는 외모지상주의가 탄생할 수 있는 사회경제적 조건이다. 그러한 조건이 충족되지 않으면 자신의 외모에 대한 사람들의 과도한 집착도 개인적일 뿐, 외모지상주의로 발전하지 않는다. 이러한 논의에 뒤이어 필자는 외모의 아름다움과 진정한 아름다움의 차이로 시선을 돌리게 될 것이다. 미리 결론을 내리자면 아름다움의 본질은 기쁨과 쾌락, 행복에 있다. 반면에 추는 불쾌와 고통, 불행을 야기한다. 만약 아름다움의 추구가 고통과 불행을 가져온다면, 그것은 아름다움이라는 이름의 추함이 된다. 기쁨을 주기 때문에 아름다운 것이다. 그 반대의 역이 외모지상주의이다.[1]

외모지상주의란 무엇인가?

우리나라에서 외모지상주의라는 용어는 1990년 이후에 처음으로 출현하였다.[2] 최근에는 대중매체에서 외모와 관련된 신조어들도 우후죽순으로 등장하고 있다. 외모스펙, 얼짱, 몸짱과 같은 용어들이 대표적인 예이다. 외모지상주의라는 영어 루키즘lookism의 역어이면서 동시에 그것과는 다른 특징과 성격을 많이 가지고 있다. 우선 루키즘에 대해 간단히 살펴보기로 하자.

뉴욕타임스의 칼럼니스트 윌리엄 새파이어William Saphire가 외모로 사람을 평가하는 세태를 지적하기 위해서 1970년대에 처음 사용하였던 용어가 루키즘이다. 보다. 옥스퍼드 사전은 이것을 "사람의 외모에 대한 편견이나 차별"로 정의한다. 콜린 사전의 정의도 마찬가지인데, 2012년 ≪뉴욕 타임즈≫ 기사의 한 문장을 인용함으로써 그것이 가진 정치성을 상기시켰다. "적지 않은 미국사람들이 아름다움에 주어지는 [불공평한] 이익을 심각하게 여기기 시작하였다. 루키즘이라는 외모 정치는 성차별주의나 인종차별주의와 비교될 수 있다." 두 사전은 무엇보다 루키즘이 편견이나 차별이라는 사실을 강조하고 있다. 그것은 개인적인 취향이나 선택의 문제가 아니라 정치적으로 잘못된 언행으로, 인종차별이나 성차별과 흡사한 언행이라는 것이다. 심각하면 범죄행위가 될 수 있다는 함의까지 가지고 있다. 편견이나 차별은 개인적이면서 동시에 사회적이고 정치적이다. 루키즘은 정치와 사생활을 엄격하기 구분할 수 없는 지점에 있다. 일상이 이미 정치적인 것이다.

루키즘에 따르면 외모는 이미 정치적이다. 개인이 외모 향상을 위해서 시간과 돈을 투자하는 행동도 정치적 효과를 가지는 것이다. 몸이 사적이면서 동시에 공적이다. 이 점은 루키즘의 look이라는 동사에서도 잘 드러난다. "You look handsome"이라는 문장을 보자. 여기에서 '보다'의 태는 능동이면서 동시에 수동이다. "네가 멋있다"가 아니라 "네가 멋있게 보인다"는 것이다. '이다'와 달리 '보인다'는 타자의 시선을 전제로 하고 있다. 내가 나 자신을 멋있다고 여기는 것이 아니다. 타자가 나를 멋있다고 봐주는 것이다. 물론 나도 그러한 타자의 시선을 의식하고 있다. 이때 루키즘에서 중요한 것은, 그러한 타자가 특정한 개인이 아니라 일반적 타자general other, 혹은 The Other를 가리킨다는 사실이다. 나를 바라보는 시선은 사회적인 시선인 것이다.

외모지상주의와 루키즘은 정확히 일치하지 않는다. 양자는 닮으면서 다르고 다르면서 닮은 성격을 가지고 있다. 루키즘이 정치경제적인 특징이 강하다면 외모지상주의는 문화적 성격이 더욱 강하기 때문이다. 전자가 취업이나 기회의 불이익과 불평등을 겨냥하고 있다면 후자는 일상의 생활, 삶의 스타일과 깊은 연관성을 가지고 있다. 외모의 관점에서 타자를 바라보고 평가하는 태도라고 정의될 수 있다. 이것이 루키즘적 이해관계로 발전할 수도 그렇지 않을 수도 있다. 2011년에 일반인을 대상으로 한 설문조사가 있었는데, '우리 사회가 외모에 따른 차별이 심각하다'는 문항에 그렇다고 답한 비율이 85.6%였다.[3] 85%가 넘는 우리나라 사람들이 외모로 인해서 경제적이거나 정치적인 불이익을 당했다고 이해할 필요는 없다. 그러한 사건의 빈도수가 아니라 우리 사회에 편재해 있는 분위기를 묻는 조사이기 때문이다.[4] 우리는 자신을 바라보는 타자의 시선이 외모지상주의적이라고 느끼고 있다. 이러한 자의식은 자신의 외모에 대한 자신감이나 불안감을 야기할 수가 있다. 외모 가꾸기는 그러한 타자의 시선에 대한 자기 방어의 행동이라고 할 수 있다.[5]

외모지상주의는 '외모에 대한 지나친 관심' 및 '외모로 타인을 판단하고 평가하는 성향'을 의미한다. 다시 말하지만 이러한 관심과 성향은 개인적이면서 동시에 사회적이고 또한 규범적이다. 이러저러한 규범과 기준을 가지고 타자를 경험하기 때문이다. 내가 타자를 바라보는 시선이 표면에 머물러 있는 것이다. 그러나 이러한 표면적 시선이 천박한 시선이라고 생각하면 안 된다. 내면을 무시하는 행위와 내면을 볼 수 없는 조건은 구별되어야 한다. 앞으로 자세히 설명하겠지만 우리는 내면이 보이지 않는, 혹은 표면만이 지배하는 사회 구조에서 살고 있다. 전혀 모르는 사람들이 모여있는 대도시에서 우리는 타자의 인격이나 자질을 알 수가 없다. 겉으로 보이는 외모가 경험의 전부를 차지하는 것이다. 이때 외모지상주의는 우리의 '감정구조structure of feeling'[6]가 된다. 우리의 쾌감과 불쾌감을 자극하는 것이 외모가 되는 것이다. 그렇다고 행동이 중요하지 않다는 말은 아니다. 과거의 어느 때보다도 외모가 감정을 자극하는 비중이 커진 것이다. 이 점에서 우리가 개인적으로 외모에 얼마나 많은 투자를 하는가 하는 질문을 가지고 외모지상주의 여부를 판단할 수는 없다. 자신은 의식하지 못하지만 외모를 기준으로 타인을 평가할 수 있기 때문이다. 외모지상주의는 내면화된 감정구조인 것이다.

책의 표지를 보고 책의 내용을 판단하지 말라는 말이 있다. 맞는 말이다. 읽어야 할 책을 내용이 아니라 그 표지만 보고 고르는 사람은 어리석은 사람이다. 그러나 책이 반드시 읽혀야만 하는 것일까? 읽기 위해서가 아니라 거실이나 서재를 꾸미기 위한 장식용으로 책을 구입할 수가 있다. 장식용으로 값비싼 장정판 전집을 구입하는 사람이 어리석다고 판단할 수는 없는 것이다. 그는 합목적적인 선택을 한 것이다. 책을 읽지 않는 사람에게는 책의 외관이 전부이다. 그리고 내용을 검토할 여유가 없는 사람에게는 표지가 전부이다. 사람의 아름다움과 추함도 마찬가지이다. 만약 제나라 황제가 그와 이야기를 나눌 기회가 없었다면 무염녀의 지혜와 지식의 정도를 짐작할 수도 없었을 것이다. 소크라테스와 대화를 나눈 적이 없었던 희랍 사람들은 그의 추한 외모를 놀림감으로 삼았다고 한다. 그러나 당시에 이름난 미남이었던 알키비아데스Alcibiades는 그와 이야기를 나눌 기회가 있었다. 그리고 그의 내면의 아름다움에 사로잡히고 말았다.[7] 그는 한용운의 <님의 침묵>의 화자처럼 느꼈다. "나는 향기로운 님의 말소리에 귀먹고, 꽃다운 님의 얼굴에 눈멀었습니다." 아름다움이 우리를 잡아끄는 힘(인력)이 있다면 추는 밀어내는 힘(척력)을 가지고 있다. 그러나 불행하게도 우리는 소크라테스와 대화를 나눌 기회가 없었던 희랍 사람들과 같은 처지에 있다. 더구나 우리가 살고 있는 시각문화의 사회에서는 내면의 아름다움은 원칙적으로 존재하지 않는다.

외모를 중시하는 사회가 무조건적으로 외모지상주의적인 것은 아니다. 외모를 무시했던 사회는 역사상 존재한 적이 없었다.[8] 군웅이 용기와 지혜로 할거하던 중국 삼국시대에도 서시의 아름다움은 인구에 회자되었다. 그리고 어느 사회든 여유가 많은 귀족들은 자신의 외모 향상을 위해 시간과 돈을 아낌없이 투자하였다. 그러나 그러한 행동이 외모지상주의를 설명해주지는 않는다. 개인의 관심이나 행동이 아니라 사회·정치·경제적 구조가 외모지상주의의 진원지이기 때문이다. 앞서 소개한 책의 비유는 그러한 구조까지도 설명해주는 장점을 가지고 있다. 한글을 모르는 사람에게는 한글 책은 그 외양이 전부이다. 한글을 아는 사람이 두드리지 않으면 책의 내용이 열리지 않는다. 우리말을 모르는 사람에게 우리말은 의미가 아니라 물질적 소리로 들린다. 외모지상주의는 책을 읽는 대신 표지를 보도록 만들어주는 사회에서 가능한 것이다. 타자의 내면을 볼 수 없는 사회, 그래서 외모가 내면을 대신하게 된 사회에서, 즉 대도시와 시각문화의 사회에서 외모지상주의가 가능하다. 사회 구성원 모두가 서로에 대해 잘 알고 있는 촌락사회나 소도시에서는 외모지상주의가 생겨날 수가 없다. 외모가 아니라 내면이 보이기 때문이다.

대도시에 살고 있는 우리가 일상에서 타자를 어떻게 경험하는가? 하루에 얼마나 많은 사람들을 만나는지 생각해보자. 우리는 전철과 버스를 타거나 길을 걸으면서 무수히 많은 사람들을 스쳐지나간다. 모두 익명적인 사람들이다. 여기에서 익명성은 부정적인 것이 아니라 긍정적이다. 그들의 익명성을 존중하고 보장해주어야 하는 것이다. 행여 눈길이 마주치면 재빨리 눈을 돌려야 한다. 겉으로 살짝 스쳐지나가는 시선이 한자리에 머물면 불편해지기 시작한다. 무관심이 미덕인 것이다. 더불어서 우리 경험이 대부분 시각적이라는 사실도 외모지상주의의 원인으로 고려할 필요가 있다. 영화, 텔레비전, 인터넷, 잡지, 전광판, 홍보포스터와 같은 대중매체들은 내용이 없는 책표지와 같은 성격을 가지고 있다. 스크린에 비치는 이미지가 전부이다. 시각적 이미지가 내용까지 결정한다. 스크린에 보이는 주인공의 연기로부터 그의 내면을 향해 추적해 올라갈 수 없다. 배우의 연기와 그의 인격 사이에는 아무런 상관관계가 없다. 배우나 모델은 시각적으로, 보여주기 위해서 존재한다. 책의 내용을 표면으로 대체하는 문화가 시각문화이다.

시각문화

외모지상주의는 보여주기의 문화를 의미한다. 이 점에서 연예인들이 외모지상주의를 구현하고 대표하는 자들이다. 중요한 것은 존재가 아니라 이미지이다. 내가 생각하고 느끼는 나가 아니라 타자에게 보이는 나의 이미지가 나이다. 나의 몸은 타자에게 저당 잡혀 있다고 말해도 과언이 아니다. 연예인은 자기를 보여주는 직업, 이미지가 생명인 직업이다. 물론 이때 이미지는 미화된glamorized 이미지임은 두 말할 나위가 없다.[9]

타자로서의 몸의 반대는 주체로서의 몸이다. 물론 자기만의 몸이라는 것은 존재하지 않는다. 나의 몸이라는 것도 일차적으로는 부모와의 관계에서, 이차적으로는 친구와 동료들과 관계 속에서 형성이 되기 때문이다. 그럼에도 대도시의 익명적 타자는 부모나 친구와 같은 실명적인 타자와 구별되어야 한다. 이름을 알고 있다는 사실은 타자와 내가 만나는 경험의 장에 근본적인 변화를 가져온다. 앞에서 걸어오는 남자가 '철우'라면 나는 그에게서 외모만을 보는 것이 아니라 그와 나의 우정관계를 발견한다. 표면은 내면을 가지고 있는 것이다. 나는 그를 보기만 하는 것이 아니다. 내가 나의 내면을 읽듯이 그의 내면도 읽는다. 시각문화가 아니라 문자문화인 것이다.

시각문화의 성격을 이해하기 위해서 문자문화와 대조해볼 필요가 있다. 시각문화는 시각적으로 문자문화는 의미를 통해서 외모를 재현하기 때문이다. 일례로 조선시대 미인상을 ≪춘향전≫의 다음과 같은 구절에서 찾아볼 수 있다. '얼굴은 구름을 헤치고 나온 보름달 같고, 눈동자는 빛나는 별 같고, 코는 엎어놓은 마늘 쪽 같고, 입술은 앵두 같다.' 춘향의 몸은 표현하는 언어는 모두 비유법으로, 보름달이나 별, 마늘, 앵두와 같은 이미지로 표현되고 있다. 이때 보름달이나 마늘을 고지식하게 자구적으로(시각적으로) 이해하면 안 된다. 조선시대의 미인도나 풍속도에 보름달처럼 둥근 얼굴을 가진 미인은 없다. 미인은 갸름한 얼굴을 가지고 있었다. 물론 그렇다고 춘향의 얼굴이 보름달의 모습과 전혀 무관하다고 말하려는 것은 아니다. 다만 양자의 유사성은 시각적이기보다는 의미론적이라는 것을 지적하고 싶었을 따름이다. 얼굴을 보름달로, 코를 마늘로 비유하는 것은, 언어적 관행이었다. 그래서 이 구절을 읽는 독자의 마음에 보름달과 마늘의 이미지를 떠올리는 것이 아니다. 춘향의 아름다운 이목구비를 떠올린다. 그러나 그것은 그림처럼 구체적으로 그릴 수 있는 성질의 것이 아니다. 차라리 동어반복적이라고 말해야 한다. 즉, "얼굴이 보름달처럼 아름답고 보름달은 춘향의 얼굴처럼 아름답다." 이러한 이유로 독자는 춘향의 아름다움을 우리가 좋아하는 '우리' 미인의 얼굴이나 자신이 사랑하는 여인으로 상상해도 좋다. 대체가 가능한 것이다. <사과 같은 내 얼굴>이라는 제목의 동요도 마찬가지이다. "사과 같은 내 얼굴 예쁘기도 하구나 눈도 반짝 코도 반짝 입도 반짝반짝." 여기에서 사과라는 비유법은 내 얼굴의 구체적 형상에 대해서 아무것도 설명해주지 않는다. 사과와 같은 얼굴은 없다. 마찬가지로 사과와 같지 않은 얼굴은 없다.

따라서 누구나 '사과 같은 내 얼굴'의 주인공이 될 수 있다. 이 점에서 춘향이나 사과 같은 얼굴은 타자의 얼굴이 아니라 나와 우리의 얼굴이 된다. 프랑스나 아프리카 사람이라면 '사과 같은' 얼굴에서 자기네 나라 여성의 얼굴을 떠올릴 것이다. 아름다움은 타자가 아니라 우리에게 있는 것이다.

시각문화에서 외모는 보름달이나 마늘, 사과와는 근본적으로 다른 영역에 있다. 시각문화에서 살아가는 우리는 아름다움을 상상하지 않는다. 상상할 필요도 없다. 영상 이미지나 사진으로 직접 실물이 제기되기 때문이다. 아름다움이 비유적으로 묘사되는 것이 아니라 직접적으로 보여지는 것이다. 백문이 불여일견이라는 말도 있지 않은가. 증명에는 이론적인 것discourse과 실물적인 것demonstration의 두 가지 방법이 있는데, 시각적 증명은 후자에 속한다. 2000년에 임권택 감독이 여배우 이효정을 주역으로 하고 영화 <춘향뎐>을 제작했다. 두말할 나위 없이 여배우 이효정과 춘향전의 춘향은 서로 닮지 않았다. 전자는 특정한 구체적 얼굴이라면 후자는 상상하지 않으면 아무것도 잡히지 않는 막연하고 추상적인 얼굴이다. 양자의 유사성을 따질 수가 없다. 전자는 보이는 얼굴, 후자는 상상해야 하는 얼굴이기 때문이다. 그러한 이유로 인해서 우리는 누구든지 춘향의 아름다움을 '나'의 것으로 전유할 수가 있다. 그러나 이효정의 얼굴은 전유가 불가능하다. 그것은 나의 것이 될 수 없는 타자의 얼굴이다.

시각문화에서 몸이 타자화되는 또 다른 이유는 정체성이 각인되는 방식에서 찾을 수 있다. 주체로서 아름다움의 주인공은 나(우리)이다. 우리가 우리의 얼굴을 보고 아름다움을 느끼는 것이다. 그러나 타자로서 아름다움의 주체는 카메라나 영상, 사진과 같은 시각적 장치이다. 카메라가 나를 바라보는 것이다. 가족이나 친구의 시선과 카메라의 시선은 동일하지 않다. 카메라의 시선은 차갑고 익명적이며 중립적인 시선, 그리고 표면의 명암에 민감한 시선이다. 사진발을 잘 받는다는 말이 있다. 이목구비가 아기자기한 얼굴이 아니라 뚜렷한 얼굴이 사진발을 잘 받는다. 육안으로 보기에 아무리 아름답다고 해도 사진발 효과가 없으면 연예인이나 모델이 되기 어렵다. 이 대목에서 사람과 이미지의 역할이 전도되기 시작한다. 우리는 사진과 스크린, 화면을 통해서 시각적으로 자신에게 익숙해진 아름다움의 규범에 따라서 다른 사람들의 외모를 바라보는 것이다. 다시 말해 내가 다른 사람을 바라보는 시선은 시각장치에 의해 굴절되는 것이다. 그럼에도 그러한 시각장치가 우리의 아름다움을 증명해주어야 한다. 그래서 다음과 같은 논리가 성립한다. "내가 아름답다고 생각하는 나의 모습은 환상에 지나지 않는다. 사진에 찍힌 나의 모습이 진정한 나이다."

시각사회에서 몸이 타자화되는 방식을 다루는 단편을 소개하기로 하겠다. 미국 단편의 르네상스를 개척했다고 평가되는 레이먼드 카버Raymond Carver의 <그들은 당신 남편이 아니야They're Not Your Husband>가 그것이다.[10] 주인공 얼Earl과 도린Doreen은 맞벌이 부부인데, 얼마 전 실직한 얼은 아내가 일하는 커피숍에서 시간을 보낸다. 그러던 어느 날 우연히 남자 손님들이 아내를 보며 그녀의 몸매를 품평하는 이야기를 엿듣는다. 도린이 비만이며 엉덩이의 군살이 너무나 많다는 것이다. 이에 기분이 상한 그는 아내에게 인사도 하지 않고 서둘러 자리를 빠져나간다. 그리고는 나중에 피로에 지쳐서 귀가한 아내를 보자마자 그는 "거울 좀 들여다봐"라고 소리친다. 난데없는 남편의 말에 어리둥절해하던 그녀는 "당신 다이어트 좀 생각해보는 게 좋을 거야"라는 말을 듣고서 비로소 상황을 짐작하게 된다. 부부들이 한 번쯤 경험했을 이 에피소드에서 중요한 것은, 남편이 이름도 모르는 낯선 손님의 시선으로 아내를 바라보았다는 사실이다. 그는 오랫동안 살을 맞대며 살아온 아내를 마치 처음 본다는 듯이 낯선 시선으로, 즉 그녀의 몸매를 품평하는 제3자의 익명적 시선으로 바라보았다.

<그들은 당신 남편이 아니야>에서 도린이 남편의 불평을 처음에 이해하지 못했던 이유는, 이전에는 그녀의 몸매가 평가의 대상이 된 적이 없기 때문이다. 커피숍의 손님이 그러했듯이 그도 언젠가 낯선 여자를 그러한 성적인 시선으로 대상화했을 수도 있다. 그녀의 인격이나 신분, 마음이 아니라 성적 매력에 초점이 모아지는 것이다. 그러나 아내를 낯선 여자처럼 익명적으로 바라볼 수는 없다. 그녀는 낯선 여자가 아니라 도린이며 또한 아내이기 때문이다. 그녀는 보이는 이미지가 아니라 읽히는 텍스트나 마찬가지였던 것이다. 그녀는 이러저러한 얼굴과 이러저러한 몸매의 여성이 아니라 도린이었다. 세심 그녀의 엉덩이의 군살을 주목할 이유도 없었다. 그는 마른 몸이 아니라 넉넉하고 푸짐한 몸매를 좋아했는지도 모른다. 아무튼 그는 이전에는 아내를 몸으로, '외모'의 관점에서 바라본 적이 없었다. 그러던 그는 갑자기 낯선 남자의 익명적 시선을 취한 것이다. 점검이나 검열이라는 표현이 더욱 정확할 수도 있겠다.

도린과 얼이 누구인가? 다른 사람이 넘볼 수 없는 부부, 이자관계이다. 당신과 나, 나와 너로 서로를 호칭하는 친밀한 관계에 있다. 익명의 손님이 끼어드는 순간에 이러한 친밀한 이자관계는 익명적 삼자관계로 바뀌기 시작한다. 얼은 남편이 아니라 손님의 시선으로 아내를 바라보는 것이다. 나와 너의 2자 관계를 나와 너, 그라는 3자 관계로 바꾼 것의 정체가 무엇인지 우리는 잘 알고 있다. 시각문화와 대도시 속에서 생활하는 우리들의 자화상이기도 하다. 우리는 TV에 등장하는 걸그룹의 늘씬한 몸매와 아름다운 얼굴을 보면서 심미적 감수성을 길러온 사람들이다. 매력적인 여성의 기준으로 키가 160cm 이상이고 피부가 깨끗해야 한다는 규범이 내면화된 사람들이다. 이러한 규범이 갑자기 하늘에서 뚝 떨어진 것이 아니다. 그것은 현대

사회의 온갖 시각 매체들이 제공하는 정보들이다. 이러한 규범적 시선으로 바라보면 세상에서 가장 가까워야 할 아내도 이름 모르는 낯선 여성의 몸으로 바뀐다. 아내가 타자화되는 것이다.

대도시와 익명적 타자

외모지상주의는 몸이 스스로를 드러내는 방식의 하나이다. 여기에서 몸의 이중성을 생각해볼 필요가 있다. 우리는 몸이 있기 때문에 무엇인가를 할 수가 있지만 그러한 이유로 인해서 할 수 없는 것도 많다는 사실이다. 하늘을 날 수 있다는 생각은 할 수 있다. 그러나 우리가 날아갈 수는 없다. 몸은 자유이면서 동시에 구속인 것이다. 무한이면서 동시에 유한, 건강이면서 동시에 질병, 아름다움이면서 동시에 추함이다. 이러한 이중성이 인간이 주체이면서 동시에 타자로 만든다. 내가 생각하는 나와 타자에게 보이는 나는 일치하지 않는다. 나는 보는 주체이지만 동시에 보이는 타자이다. 내가 다른 사람에게 보이지 않으면 나는 그를 볼 수가 없다.

우리가 주체이면서 보이는 타자이지만, 그렇다고 모든 사람이 똑같은 타자의 자격으로 존재하지는 않는다. 앞서 언급했지만 타자는 내 일상의 동심원 안에 있는 타자와 그 바깥에 있는 타자가 있다. 동심원 내부의 타자는 언제라도 주체가 될 수가 있다. 주체의 주체성은 나라는 일인칭대명사로 스스로를 드러낸다. 나에게 말을 건넬 수 있는 사람은 어느 누구든지 주체가 될 수 있다. 네가 입을 여는 순간에 너는 일인칭 주어 '나'가 된다. 이때 나와 너는, 내가 네가 되고 너는 내가 될 수 있는 상호주체적 관계에 있다. 그러한 이유로 제3자를 대하듯이 너를 대할 수가 없는 것이다. 앞서 말했듯이 너는 나에게 외모로 환원되지 않는다. 너와 나의 관계에서는 외모지상주의가 들어설 틈이 없는 것이다.

외모지상주의는 익명적 타자의 등장과 더불어 가능해진다. 앞서 우리가 하루에 얼마나 많은 낯선 사람들을 조우하는지 생각해보자고 제안했다. 수많은 사람들을 만나지만 대부분은 다시 만날 일이 없을 사람들이다. 이 점에서 대도시는 지인들이 함께 모여서 소통하는 열린 공간이 아니라 사람들이 신분을 드러내지 않고도 살 수 있는 비밀한 공간이 된다. 바로 옆집 사람과도 안면을 트지 않아도 되는 것이다. 발터 벤야민Walter Benjamin은 현대인은 타자와 단절되어 자기만의 상자 속에서 갇혀서 사는 사람이라고 정의했다. 그러한 상자가 높이 쌓여 있는 주거 시설이 아파트이다. 데이비드 리스먼David Riesman은 ≪고독한 군중The Lonely Crowd≫에서 사람들이 너무나 많기 때문에 너무나 외로울 수 있는 공간이 대도시라고 설명했다. 익명성을 방패삼아서 사기꾼이나 협잡꾼이 활발하게 활동하는 범죄자가 자신을 은닉할 수 있는 것이다. 아무런 방해나 간섭이 없이 군중에 섞어서 여기저기 기웃거리며 산책하는 취미flaneur도 대소시의 산물이다.

이러한 도시의 익명성의 반대편에 전통사회의 실명성이 있다. 규모가 작은 촌락에는 낯선 타자나, 삼인칭으로 칭할 사람들이 없다. 이러한 촌락에서는 사람을 외모로 볼 수가 없다. 보이는 것은 외모가 아니라 돌쇠나 먹쇠라는 이름의 동네 사람이다. 우리는 그의 행동과 성격을 잘 알고 있는 것이다. 이러한 전통 사회에서 가장 심한 모욕은 '부모 없는 놈'이라는 비난이었다. 부모 없는 놈은 외모를 가리키는 말이 아니다. 잘 알고 있는 동네 사람들을 모른 채 하고, 무시하고, 혼자 사는 듯이 행동하는 사람을 말한다. 가족이나 이웃에게 기쁨을 주는 사람이 아니라 고통과 불행을 주는 사람을 말한다. 이런 사람은 외모가 아무리 아름다워도 추한 사람 취급을 받는다. 실명적 사회의 아름다움은 도덕성과 떼어놓을 수가 없다.

대도시가 출현하기 이전에 아름다움은 개인의 성격 및 인격과 분리될 수 없는 자질이었다. 서양 역사에서 고대 희랍만큼 아름다움을 높이 평가하고 또 아름답기 위해서 각자 노력했던 사회를 찾기도 어려울 것이다. 그러나 그들이 단순히 외모의 아름다움을 추구했던 것은 아니었다. 희랍어로 아름다움은 칼로스kalos이다. 이때 칼로스는 독립적으로 존재하는 자질이 아니라 좋음, 선을 뜻하는 아가토스Agathos와 결합되어야 하는 자질이었다. 진선미의 결합이 아름다움이었던 것이다. 현대의 어법으로 말하자면 아름다움은 탁월한 인간을 의미하는 것이었다. 그는 모든 사람들이 선망하는 깔로까가티아Kaloskagathia였던 것이다.[11] 만약에 희랍이 현재의 익명적 대도시처럼 규모가 컸다면 아름다움은 선과 결합될 수 없었을 것이다. 내가 어떤 사람인지 알 수가 없다면 아름다움은 표면에서 더 이상 나아갈 수가 없다.

호주의 페미니스트인 저메인 그리어Germaine Greer가 ≪보이: 아름다운 소년*Beautiful Boy*≫에서 제시하였던 아름다움은 그러한 깔로까가티아였다.

> 외모가 괜찮은 남자는 잘 생겼다고 해야 한다. 그런데 이 잘생겼다는 말은 미적인 특성이라기보다는 도덕적인 특성이다. 즉, 하는 짓이 멋져야지 외모는 별 문제가 아니라는 것이다. 남자를 두고 아름답다고 하는 대신 잘생겼다고 하는 것은 남자를 외모로 평가하는 건 옳지 않고, 심지어 품위를 떨어뜨리는 일이라는 것에 우리가 암묵적으로 합의하고 있음을 언어적으로 판명해주고 있다.[12]

진정한 아름다움은 외모와 도덕성이 결합되어 있어야 한다는 것이다.

그러나 익명적 대도시에서는 미와 선의 결합으로서 Kalos kagathos가 불가능하다. 낯선 타자의 도덕적 자질은 직관적으로 파악되지 않는다. 이와 같이 내면이 보이지 않는 상황에서 외모의 독재가 시작된다. 겉으로 보이는 모습이 전부가 되는 것이다.

우락부락한 외모로 인해 불이익을 당하는 사람들이 있다. 우연히 TV에서 그러한 남자가 자신이 당했던 일화 하나를 소개했다. 어떤 건물의 지하에서 그가 탄 엘리베이터에 한 여성이 동승하게 되었다. 처음에 7층 버튼을 눌렀던 그녀가 갑자기 다시 1층을 누르더니 엘리베이터가 열리자마자 밖으로 뛰어나갔다는 것이다. 그녀는 그의 겉모습을 보고 겁을 집어 먹었던 것이다. 분명 과잉방어에 틀림이 없지만 그렇다고 그녀의 행동이 전혀 이해할 수 없는 것은 아니다.[13] 그 사람이 어떤 사람인지 판단할 수 있는 근거가 외모밖에 없기 때문이다. 더구나 폭력배처럼 생긴 남자와 밀폐된 엘리베이터 안에 같이 있다는 사실에서 공포감을 느꼈을 것이다. 외모는 그냥 외모가 아니다. 그것은 정보이다. 그녀는 가진 정보를 가지고 상황을 판단할 수밖에 없는 것이다.

내면이 된 외모: 스테레오 타입

외모로 불이익을 당했던 남자에 대해 다음과 같은 질문을 할 수 있다. 그 여성은 왜 그에게서 위험을 감지했을까? 폭력배처럼 생긴 그의 외모 때문이었다. 그런데 누구나 동의할 수 있는 폭력배의 외모라는 것이 있을까? 그녀가 아닌 다른 사람들도 그의 얼굴에서 폭력배를 읽었을까? 그러나 그의 얼굴은 읽을 수 있는 텍스트가 아니지 않은가. 앞서 시각문화와 문자문화를 비교하는 대목에서 우리는 시각문화에서 얼굴은 읽히는 것이 아니라 보인다고 말했다. 폭력배처럼 생긴 남자의 일화는 이에 대해 우리가 생각을 바꿔야 할 필요에 직면하게 만든다. 그녀는 그의 얼굴에서 폭력배를 읽었기 때문이다.

시각문화는 단순히 외모를 보여주는 것만으로 작동하지 않는다. 외모에서 아무것도 읽을 수가 없었다고 하자. 이때 우리는 낯선 타자를 처음으로 우리말을 듣는 외국인처럼 경험했을까? 외국인에게 우리말은 언어가 아니라 소음으로 들린다. 이 소음에서 아무런 의미의 단서도 찾아낼 수가 없는 것이다. 이와 같이 낯선 타자의 얼굴도 시각적 소음으로 보일까? 그렇지 않다. 그의 얼굴을 보는 순간 문제의 여성은 그에게서 폭력이라는 의미를 읽었다. 그의 외모는 아무것도 알 수 없는 혼란이 아니었다. 영화 <콘택트Contact>의 이야기처럼 우주인을 처음으로 접한 사람은 아마도 그러한 혼란과 당혹감을 느낄지도 모른다. 그러나 그녀는 그의 얼굴에서 대문자로 뚜렷하게 적힌 폭력을 읽었던 것이다.

이와 같이 시각문화는 표면을 내면으로 전환한다. 알 수 없고 보이지도 않는 내면을 표면의 질서로 끌어올리는 것이다. 그러면서 보는 것은 읽는 것이 된다. 시각문화에서 살아가는 사람들은 보이는 것을 읽는 법을 배운다. 보이는 것의 문법과 통사가 있는 것이다. 영화나 드라마는 그러한 문법이 없으면 플롯을 구성하고 전개해 나갈 수가 없다. 특히 과거의 무성영화와 현대 안방극장의 연속극이 그러한 시각적 문법을 활용한다.[14] 그것이 규범화된 몸, 스테레오타입화된 몸이다. 현실의 몸이 읽을 수 없기 때문에 보기만 하는 표면이라면 시각적 매체의 몸은 내면이 다 보이는 투명한 몸, 달리 말해서 내면이 표면화된 몸이다. 굳이 설명해주지 않더라도 시청자들은 주인공은 주인공이라는 것을, 악당이 악당이라는 것을 즉각적으로 파악할 수 있어야 한다. 폭력배는 폭력배처럼 보여야 하는 것이다. 현실의 폭력배는 폭력배처럼 보이지 않는다. 자신이 폭력배라는 것을 얼굴에 써서 붙이고 다니지는 않기 때문이다. 때문에 바로 자기 앞에 폭력배가 있어도 그것을 짐작하지 못한다. 반면에 영화의 폭력배는 현실의 폭력배보다 훨씬 더 폭력배처럼 보인다. 현실이 과잉현실이 되는 것이다.

시각문화는 대도시의 생리와 동전의 양면처럼 밀접한 관계에 있다. 대도시에서 우리는 타인을 영화처럼 지각하고 경험하기 때문이다. 대도시에서는 보이는 것이 전부라는 명제는 시각문화에서 더욱 극단적이 된다. 보이지 않으면, 혹은 보여주지 않으면, 존재하지 않는 것이나 마찬가지이다. 이 점을 간파한 팝 아티스트 앤디 워홀Andy Warhol의 다음과 같은 말은 정곡을 찌르고 있다. 그가 1968년에 스웨덴의 미술관에 작품을 전시하면서 그는 "미래에는 모든 사람들이 15분 동안 유명인사가 될 것이다.In the future, everyone will be world-famous for 15 minutes."고 말했다. 이때 15분은 각 개인이 TV 화면에 모습을 보여주는 시간을 말한다. 그는 당시의 TV 방영시간을 미국의 인구로 나눠서 15분이라는 값을 얻었다. 현대사회에서 유명인사란 무엇인가? 모차르트나 나폴레옹, 아인슈타인처럼 훌륭한 업적을 남긴 사람들이 아니다. 시가매체를 통해 대중에게 많이 노출된 사람이 유명인사이다. 일반 대중이 모르는 가운데 고독한 골방에서 주옥같은 작품을 썼던 슈베르트나 카프카, 니체와 쇼펜하우어와 같은 천재들은 유명인사와는 거리가 멀다. 그들이 작품으로 존재했다면 현대의 유명인사는 보여주는 것으로 존재한다. 워홀의 주장을 우리나라에 적용하면 어떻게 될까? 우리나라의 인구가 5,000명이며 모든 시민이 TV에 출현한다면 각자에게 주어지는 시간은 얼마나 될까? 어림잡아서 기대 수명을 80세로 잡았을 때 우리 각자에게는 약 1시간이 할당된다.

노출 빈도가 높은 유명인사는 일반인의 유행과 취향, 외모 가꾸기에도 영향을 미친다. 단순노출 효과라는 심리적 용어가 있다. 한 번도 본 적이 없는 인물보다는 TV에서 한번이라도 본 적이 있는 인물에게 우리는 더욱 호감을 갖는다는 이론이다. 우리는 그것이 무엇이든 많이 보면 볼수록 더욱 좋고, 더욱 아름답게 느끼는 경향이 있다. 내용을 몰라도 좋다. 단순히 보였다는 사실이 중요한 것이다. 동양인을 본 적이 없는 유럽인이라면 동양인에게 호감을 갖기가 어렵다. 이것은 로버트 자욘스Robert Zajonc라는 심리학자가 실험으로 증명한 것이다. 그는 피실험자 대학생들에게 12장의 사진을 무작위로 보여주었다. 한 번 보여준 사진이 있는가 하면, 5회나 10회로 노출의 빈도수가 높은 사진도 있었다. 노출이 우리에게 미치는 효과를 실험하기 위해서였다. 그 결과가 단수노출효과Mere Exposure Effect로 개념화되었다. 이것을 에펠탑효과라고도 하는데, 자주 보면 볼수록 우리는 그 인물에 대한 더욱 호감을 갖게 된다는 것이다. 자주 보면 정이 들고, 정이 들면 좋아진다는 말도 있지 않은가. 이것이 의미하는 것은 무엇인가? 대도시에서 우리는 헤아릴 수 없이 많은 익명적 타자들과 매일 만난다. 대부분 다시 볼 기회가 없는 사람들, 스쳐지나가는 사람들이다. 그리고 출근길에 자주 마주치는 사람에게도 우리는 아는 체를 하지 않는다. 그러한 타자들은 우리에게 존재론적 깊이를 가지지 않는다. 반면에 TV나 영화, 광고와 같은 매체에 등장하는 연예인들은 익명적 타자가 아니라 실명적 타자이며, 노출의 강도와 빈도수가 잦기 때문에 옆집 이웃보다 더욱 큰 존재감을 가진다. 더욱 멋있고 아름답게 보인다는 것은 두 말할 나위가 없다. 유명 연예인이 원래부터 아름다운 것이 아니다. 많이 보았기 때문에 더욱 아름답게 느껴지는 것이다. 나중에 다시 이야기하겠지만 아름다움의 기준도 그러한 노출효과가 깊은 관련을 가지고 있다.

아름다움과 기쁨

아름다움이 무엇일까? 아름다움을 연구하는 학문이 미학이다. 보다 정확하게는 아름다움이 인간에게 일으키는 기쁨과 행복의 감정에 대해 연구하는 학문이 미학이다. 이러한 정의에 따르면—이러한 말 자체가 자기모순이기는 하지만 —아무리 아름다운 비너스도 우리에게 기쁨을 주지 않는다면 아름답다고 할 수 없다. 아름다움은 기쁨의 감정과 떼어놓고 논의할 수가 없는 것이다. 이러한 이유로 아름다움은 행복의 약속이라고 스탕달은 말했다. 아름다움이 중요한 이유는, 그것이 우리에게 행복과 기쁨을 선물하기 때문이다. 이 점에서 아름다움은 음식과도 깊은 관계를 가진다. 시각과 미각이라는 감각 차이가 있기는 하지만 입으로 들어오는 기쁨과 눈으로 들어오는 기쁨의 성격은 크게 다르지 않다. 그러한 관계를 17세기의 영국 시인 벤 존슨Ben Jonson은 <그대의 눈으로 나에게 건배하세요Drink to Me Only with Thine eyes>라는 제목의 시로 형상화하였다. "그대의 눈으로 나에게 건배하세요. 그러면 나는 내 눈으로 맹세하리다. 아니면 잔에 키스를 담아주세요. 그러면 와인을 청하지 않으리다." 식욕과 성욕은 모든 동물에 내재한 보편적 본능이다. 넓은 의미에서 성욕도 아름다움에 대한 감정과 무관하지 않다. 성욕은 아름다움이 야기하는 감정의 하나라고 할 수 있다. 불쾌를 피하고 쾌를 추구하는 성향도 본능의 발로이다. 음식이 없으면 살 수 없듯이 아름다움이 없으면 우리는 행복한 삶을 살 수 없다.

아름다움이 기쁨을 준다면 추함은 불쾌감을 준다. 갓 태어난 신생아도 아름다움을 지각하는 심미안을 가지고 있다. 그리고 아름답거나 추한 인물들의 사진을 차례로 보여주면 아이는 아름다운 사진에 보다 많은 관심을 기울인다. 음악도 마찬가지이다. 아이는 화음이 아름다운 음악을 들으면 기뻐하지만 불협화음에는 거부감을 보인다. 아름다움과 추함에 대한 감각과 반응은 언어를 배우기 이전부터 시작되는 것이다. 인간은 상한 음식을 기피하듯이 추한 것도 피하려는 성향을 가지고 있는 것이다.

외모지상주의에 대한 논의에서 중요한 것은, 아름다움과 아름다운 대상이 반드시 일치하지는 않는다는 사실이다. 인간은 아름다움을 접하면 기뻐하지만 정작 자신이 기뻐하는 대상은 각자 다를 수가 있다. 이것은 기쁨을 주는 것이 아름다운가 아니면 아름다운 것이 기쁨을 주는가 하는 미학적 질문과 직결되어 있다. 아름다움이 기쁨이라면 그 역도 참일 수가 있다. 기쁨이 아름다움이라는 것이다. 양자의 관계는 학자들에 따라서 강조점이 달라진다. 아름다움이 객관적이라고 생각하는 학자들이 있다. 특히 성적 매력을 연구하는 진화론자들이 그러한 입장을 가지고 있다. 깨끗하고 탄력성이 있는 피부나 젊음이 아름다움의 객관적 요소라는 것이다. 이와는 반대로 아름다움은 특정한 대상이 아니라 그것을 경험하는 주체의 주관적 반응에 있다고 주장하는 학자들도 있다. 원인이 아니라 반응과 효과에서 아름다움을 찾을 수 있다는 것이다. 대상이 어떻게 생겼든 내가 그것을 보고 기뻐한다면 그것은 아름다운 것이라는 것이다.

아름다움의 주관주의와 객관주의 가운데 필자는 후자의 입장을 지지하는 편이다. 그러나 앞서 말했듯이 개인의 주관적 감정도 역시 사회적이라는 점을 상기할 필요가 있다. 달리 말해서 완벽하게 주관적인, 즉 다른 사람의 동의가 불가능한 아름다움이라는 것은 성립할 수가 없다. 개인의 취향은 사회적 취향과 연동되어 있다. 달리 말해서 나의 기쁨이 나 혼자만의 배타적인 기쁨일 수는 없다. 이 점에서 나의 기쁨은 우리의 기쁨이라고 할 수 있다. 그리고 아름다움의 대상이 반드시 자연이거나 예술작품, 사람, 사물일 필요도 없다. 아름다운 이론이나 이념, 비전도 있을 수 있다. 우리의 심미적 욕구를 만족시키는 것이라면 아름다운 것이다. 아름다움은 대상의 편이 아니라 그것을 바라보고 느끼는 주체의 편에 있다. 여기에서 주체는 단수가 아니라 복수, 나가 아니라 우리이다. 달리 말해서 우리의 아름다움인 것이다.

우리가 혼자 사는 것이 아니라 다른 사람들과 더불어서 살아가는 사회적 존재라는 사실을 무시하고 아름다움을 말할 수가 없다. 나는 혼자 먹는 것이 아니라 더불어서 같이 먹고, 나 혼자서 기뻐하는 것이 아니라 더불어서 함께 기뻐한다. 아름다움의 지평에는 우리가 전제되어 있는 것이다. 이때 같이 먹고 같이 즐거워하는 '우리'가 누구일까? 두 말할 나위 없이 우리의 가장 기본적인 단위는 가족이다. 우리말 식구食口는 다름 아니라 같이 밥을 먹는 사람을 뜻하지 않은가.[15] 잔치와 같이 온 동네 사람들이 함께 모여서 밥을 먹는 경우에는 동네 사람 전체가 가족이 된다. 가족이 동네로, 동네가 고장으로, 고장이 도시로, 이와 같이 단위가 커지면 나중에는 국가 전체가 '우리'가 된다. 물론 인류 전체로 확대될 수도 있다.

기쁨의 공동체는 규모가 커질 수도 있고 작아질 수도 있다. 모든 사람을 다 알 수는 없듯이 원칙적으로 '우리'가 모두 다를 포함하는 것은 불가능하다. 포함되는 사람이 있으면 배제되는 사람도 있다. 어떤 공동체는 어느 정도 배타적일 수밖에 없는 것이다. 이러한 이유로 인간이 집단 생활이 시작된 이후로 인간은 자신의 무리에 속하는 사람들과 그렇지 않은 사람들을 구별하였다. 야만인의 어원도 그러한 사실을 말해준다. 고대 아테네인들에게 야만인은, 자기들과 다른 사람들, 자신의 도시 국가에 속하지 않는 사람들, 그리스어를 모르는 사람들을 의미했다. 자신들이 말을 한다면 다른 부족은 개처럼 짖는다고 생각했던 것이다. 그리고 희랍인들은 자신들이 세상에서 가장 아름다운 인간이라고 믿었다. 우리가 아름답다면 그들은 추한 것이다. 우리에게 기쁨을 주는 것이 아름다움이라는 앞의 논의를 상기하자. 기쁨의 경제학에서 실제의 외모가 어떠한지는 중요하지 않다. 결정적인 것은 아름다운 것이 우리에게 기쁨을 줘야 한다는 요청이다. 우리는 추하고 그들은 아름답다고 말할 수는 없는 것이다. 이렇게 말할 수 있다. 우리의 생김새가 아름다움의 보편적인 기준이 된다. 우리와 비슷하면 아름답고 그렇지 않으면 추한 사람으로 분류되는 것이다. 당연히 아름다움은 자민족 중심적이다.

이미 ≪판단력 비판≫에서 칸트는 아름다움의 기준으로서 자민족중심주의를 언급하였다. 그는 아름다움은 평균에 지나지 않는다고 주장하였다.[16] 이때 평균은 '우리들'의 평균임은 두 말할 나위가 없다. 코를 예로 들어서, 우리 가운데는 콧대가 높은 사람도 있고 그렇지 않은 사람도 있다. 한 명은 1cm, 또 한 명은 2cm, 마지막으로 한 사람은 3cm이라고 하자. 1+2+3은 6이다. 6을 세 사람으로 나누면 2의 값이 얻어진다. 콧대가 2cm인 사람이 가장 아름다운 사람으로 간주되는 것이다. 달리 말해서 가장 평범한 것이 가장 아름다운 것이라고 할 수 있다. 이 깊이 보다 높으면 '지나치게'라는 판단이 가해진다. 지나치게 높거나 지나치게 낮은 것이다. 이것은 집단의 규모가 1,000명으로 늘어나는 경우에도 마찬가지이다. 그것은 지금으로부터 약 200년 전에 영국의 유전학자 프랜시스 골턴Francis Galton이 실험으로 증명하였다. 당시 그는 범죄자는 특정한 유형의 얼굴을 가지고 있다고 생각했다. 그리고 그 유형을 추출해내기 위해서 수많은 범죄자들의 얼굴 사진을 합성하였다. 그랬더니 그의 예상과 반대로 범죄자의 전형적 얼굴이 아니라 미남의 얼굴이 되었다.

평균이 아름답다는 것은 우리가 아름답다는 말의 또 다른 표현이다. 만약에 나 혼자 있다면 내가 가장 아름답다. 그리고 나와 닮은 정도에 따라서 다른 사람의 미와 추도 배분되기 시작한다. 혼자가 아니라 다수가 되면 나는 아름답지 않을 수도 있다. 우리들의 평균보다 내가 지나치게 크거나 작으면 나는 자신을 아름답다고 생각하기가 어려워진다. 이때 그들의 평균은 나에게 아무런 영향을 미치지 못한다. 중요한 것은 그러한 평균의 주체인 우리가 누구인가 하는 문제이다. 이것은 외모지상주의와도 직결된 문제이다.

우리는 시각문화의 사회에서 살고 있다고 앞서 말했다. 보이지 않는 것은 존재하지 않는 것이나 마찬가지이다. 존재한다고 해서 모두가 똑같은 존재의 비중을 가지지는 않는다. 거의 볼일이 없는 이웃보다 TV에서 자주 볼 수 있는 연예인이 우리에게 훨씬 더 큰 존재의 비중을 가진다. 우리는 옆집 사람과 더불어 사는 것이 아니라 연예인들과 더불어 산다고 과언이 아니다. 우리가 재미 삼아 주고받는 잡담의 대부분도 연예인들에 관한 것들이다. 달리 말해서 시각문화가 지배하는 사회에서 '우리'의 정체는 주위에 있는 사람들이 아니라 배우나 가수, 연예인처럼 영상매체에 등장하는 사람들이다. 그들과 더불어 웃기도 하고 울기도 하면서 우리는 무의식적으로 그들의 얼굴과 몸에 익숙해지게 된다. 그러면서 일찍이 존재하지 않았던, 새로운 유형의 평균적 아름다움이 탄생하게 된다. 평균화의 작업에 참여하는 구성원들은 이웃이나 동네 사람들이 아니라 연예인과 모델들이다. 과잉현실hyperreality나 가상현실virtual reality이라는 용어가 있다. 스크린이나 잡지에서 만나는 가상적 인물들이 실제의 인물들보다 더욱 커다란 현실 효과를 갖게 된다는 것이다. 이러한 가상현실이 의미하는 것은 무엇인가? 아름다움의 평균을 만드는 것은 우리 시청자들이 아니라 연예인들, 그것도 미화된 연예인들이다. 그리고 시청자들은 그러한 이미지를 내면화하고 그것을 욕망하기 시작한다. 연예인들은 별종이 아니라 '우리'의 일부이기 때문에 '그들'로 타자화할 수는 없다는 비판이 있을 수 있다. 그러나 연예인은 우리들 가운데서 무작위로 선택된 사람들이 아니라 특별히 아름답기 때문에 선별된 사람들이다. 이 점에서 그들의 평균이 우리의 평균은 아니다. 이제 평균으로서 아름다움의 기준은 '우리'가 아니라 연예인의 것이다.

외모의 여러 특징을 가지고 일반인과 연예인의 평균의 차이를 이야기 할 수 있는데, 가장 객관적으로 제시할 수 있는 차이는 키와 몸무게의 차이이다. 현재 한국 남성의 평균키는 174.9cm이며, 여성은 162.3cm이다. 평균=아름다움의 이론에 따르면 남성은 약 175cm와 가까우면 가까울수록, 여성은 162.3cm과 비슷하면 할수록 가장 이상적으로 보여야 한다. 물론 그렇지 않다. 2018년의 미스코리아 선발대회는 개막에 앞서서 예선 통과자 50명의 평균 신장을 발표하였다. 171.7cm이었다.[17] 여성 전체의 평균과 이들의 후보자의 평균 사이에는 9cm 이상의 차이가 있다. 우리는 이 9cm를 과잉(혹은 초과) 평균이라고 말할 수 있다. 그렇다면 체중의 차이는 어떠할까? 평균 171.7cm인 미스코리아 후보자는 평균 체중이 53.kg이었다. 반면에 그들보다 9cm 키가 작은 일반인 여성의 몸무게 평균은 50kg이었다. 미스코리아 후보자들이 일반 여성에 비해 키는 훨씬 더 크면 체중은 훨씬 덜 나갔다. 171의 표준 체중은 59.5kg, 162의 표준체중은 약 52kg이다. 일반인의 표준 몸무게는 평균 몸무게와 편차가 크지 않다. 그러나 미스코리아는 일반인의 편차보다 3배 이상이었다. 이것이 의미하는 것은 무엇인가? 평균적인 것은 눈에 잘 띄지 않는다. 시각적으로 큰 자극을 주지 않기 때문이다. 그러나 지나치게 크거나 작으면 한 눈에 그러한 차이가 들어온다. 초과자극을 주는 것이다. 이 점에서 연예인은 초과자극을 주는 사람들이라고 할 수 있다. 우리보다 키가 더 크고, 더욱 몸매가 날씬하고, 더욱 피부가 좋고, 머리는 윤기가 흐른다. 그리고 영상은 이러한 효과를 극대화시킨다.

우리 몸의 평균과 연예인 몸의 평균의 차이는 시각문화와 결합되면서 외모지상주의를 더욱 부추기는 요인이 된다. 우리가 스크린의 연예인을 보는 것으로 만족하지는 않는다. 그들의 이미지는 내면화되면서 이에 비춰서 자신을 판단하는 제3의 기준이 된다. 우리가 우리는 보는 것이 아니라 그들 연예인 타자의 시선에 비친 자신의 모습을 바라보는 것이다. 평균의 키와 평균의 몸무게를 가진 사람은 그러한 자신에 만족하는 대신에 초과 키와 초과 몸무게를 욕망하게 된다. 이러한 초과 욕망을 잘 보여주는 외모지상주의적 사례의 하나가 신체왜곡증상BDD: body dismorphic disorder이다. 자신의 몸을 있는 그대로 경험하는 것이 아니라 가상적 초과 이미지의 기준에 비추어서 자신을 경험하는 사람에게 이러한 증상이 나타날 수가 있다. 주위에는 저체중임에도 불구하고 자신이 뚱뚱하다고 생각하다는 생각에 더욱 식단 조절에 신경을 쓰는 여성들이 적지 않다. 몸매가 마른 여성이 거울에 비친 자신의 모습을 보고 지나치게 뚱뚱하다고 강박적으로 느끼는 것이다. 이때 그녀가 거울 속에서 발견하는 것은 자신의 '있는' 몸이 아니라 거기에 없는 여배우의 몸, 초과 이미지이다. 책이 책상에 있어야 할 자리에 없으면 우리는 있는 연필이나 노트를 보는 것이 아니라 없는 책을 본다. 없는 것이 있는 것보다 더욱 커다란 존재 효과를 가지는 것이다. 거기에 있어야 한다는 기대감이나 상상력이 없음을 있는 것으로 전환시키는 것이다. 유령효과라고 말할 수도 있을 것이다. 이와 같이 있는 몸을 보는 것이 아니라 없는 몸이 있다고 상상하기 때문에 자신의 몸이 왜곡되어 나타난다고 할 수 있다. 우리는 자신의 몸을 연예인의 시선을 통해서 바라보는 것이다.

평균의 몸과 과잉 평균의 몸은 일치하지 않는다. 우리의 몸과 스크린 이미지의 몸은 일치하지 않는다. 이러한 불일치가 시각문화의 생리이다. 이러한 불일치를 우리는 시각적 과잉 효과의 산물로 간주할 수 있다. 그러나 일치시키려는 노력은 외모지상주의로 발전한다. 우리 모두가 연예인이 되고 싶은 사회가 외모지상주의적 사회이다.

외모지상주의와 공동체적 아름다움

외모에 관심을 갖고 외모에 시간과 돈을 많이 투자하는 사람이 많다고 해서 외모지상주의적 사회가 되는 것은 아니다. 특정한 사회적 조건이 갖춰지지 않으면 외모 치장이 외모지상주의로 발전하지 않는다. 특정한 조건이란 대도시의 익명성과 시각문화를 의미한다. 공간적으로는 촌락공동체나 소도시, 문화적으로는 구두문화나 활자문화가 지배하는 사회에서 개인의 외모는 그의 역할과 활동, 지위와 독립적으로 존재하지 않는다. 낯선 타자이기 때문에 시각적인 이미지로만 판단해야 하는 상황도 발생하지 않는다. 몸이 이미지가 된 사회가 외모지상주의이다.

사회적 존재로서 외모는 절대적인 중요성을 갖는다. 보이는 몸이 없으면 사회관계와 소통이 불가능해지기 때문이다. 이때 우리가 주목해야 하는 것은, 보이는 것의 두 가지 성격이다. 이것을 언어나 문자를 빌어서 설명할 수 있다. '사슴'이라는 글씨(기표)를 본다고 생각해보자. 한글을 아는 사람은 그것을 물질적 잉크 자국으로 읽지 않는다. 의미로 읽기 때문이다. 그러나 한글을 모르는 사람에게 '사슴'은 의미가 아니라 수수께끼 같은 검은 물질로 보인다. 아무리 글씨 그 자체를 열심히 들여다봐도 거기에 사슴이라는 의미는 보이지 않는다. 한글은 알지 못하는 사람에게 '사슴'은 아무 것도 아니다. 이처럼 한글의 문맹인 사람에게 사슴이라는 의미를 전달하기 위해서 우리는 다른 수단을 사용해야 한다. 사슴의 모습을 그려서 보여줄 수 있다. 기호학자인 찰스 퍼스Charles Sanders Peirce는 그림을 icon이라고 불렀다. 그림과 사슴 사이에는 시각적·외면적 유사성이 있는 것이다. 양자는 어느 정도 필연적 관계를 가지고 있는 것이다. 그러나 사슴과 사슴이라는 글자의 사이에는 그러한 필연성도, 유사성도 없다. 아무리 '사슴'에서 사슴은 짐작하거나 사슴을 유추해낼 수 없다.

문자는 그 언어공동체의 구성원에게만 의미와 가치를 갖는다. 이때 문자를 알거나나 모르는 사람의 차이는 상대적이 아니라 절대적이다. 우리는 그러한 언어 공동체에 속하거나 속하지 않는다. 속하는 사람에게만 '사슴'은 표면이 아니라 내면으로 보인다. 보는 대상이 내면이기 때문에 표면 글씨가 흘림체이건 정자체이건 연필이건 만년필이건 아무런 문제가 되지 않는다. 그는 보면서도 보이지 않는 것을 동시에 보기 때문이다. 이때 보이지 않는 것은 의미이다.

위에서 설명한 언어 공동체는 대부분 전통적 사회의 특징이다. 그들은 글씨를 읽듯이 다른 사람을 본다. 돌쇠는 이렇게 저렇게 생긴 낯선 남자가 아니라 돌쇠라는 이름이며 행동, 성격으로 보이는 것이다. 때문에 누추한 옷을 입었든 화려한 옷을 입었든 그러한 외모의 차이와 무관하게 돌쇠는 돌쇠이다. 돌쇠는 돌쇠라는 내면적 본질(이름과 행동, 성격, 인격)을 가지고 있는 것이다. 그러나 현대의 익명적인 대도시에서는 타인은 그와 같이 내면이 보이는 존재가 아니다. 아무리 들여다봐도 아무런 내면도 보이지 않는다는 점에서 타자는 순수한 표면이다. 이러한 표면은 우발적인 것이 아니라 익명적 사회의 구조적인 특징이다. 소통과 사회관계도 그러한 표면의 층위에서 이루어진다. 자신이 누구인지 읽지 못하는 사람들을 위해서 우리는 글씨가 아니라 그림에 의존해야 한다. 이때 그림의 특징은 순수한 표면성에 있다. 보이는 것이 전부이다. 만약 내면이라는 것이 있다면, 그것은 표면을 경유하지 않으면 유추될 수 없는 무엇이다.

이와 같이 익명적인 사회가 시각문화와 결합이 되면 외면은 과잉 외면으로 발전하기 시작한다. 그림과 그림이 주고받는 직접적 관계가 아니라 영상이라는 매체 장치를 통하는 간접적 관계로 전환되는 것이다. 매개를 거치는 것이다. 외모지상주의에 대한 논의에서 이 매개라는 중간 장치를 아무리 강조해도 지나치지 않을 것이다. 매질의 종류에 따라서 이미지는 반사하거나 굴절, 회절되고, 그러면서 이미지는 가상이미지, 혹은 이미지의 이미지, 메타 이미지가 된다. 우리는 그러한 이미지를 통해서 자신과 타인의 외모를 바라보고 판단하며, 좋아하거나 싫어한다. 신체왜곡증상이 생기는 이유이기도 하다.

인간은 예외 없이 아름다움을 추구한다. 아름다움은 기쁨의 또 다른 얼굴이기 때문이다. 이때 아름다움보다 더욱 중요한 것은 기쁨이다. 이 점에서 아름다워서 기쁜 것이 아니라 기쁘기 때문에 아름답게 보인다고 말해야 옳다. 물론 아무것이나 기쁨을 주는 것은 아니다. 생명의 유지와 건강, 활동력의 증대에 도움을 주는 것이 기쁨의 자리를 차지한다. 독약이 아니라 보약이, 설익고 텁텁한 복숭아가 아니라 잘 익은 복숭아가 더욱 아름답다. 간단히 말해서 나에게 기쁨을 주는 것은 모두 다 아름답다. 그리고 나의 동심원은 더욱 크게 확대될 수가 있다. 내가 혼자 존재하는 것이 아니라 사회 속에서, 타자와 더불어 존재하기 때문이다. 동심원이 가족에서 도시로, 도시에서 국가로 더욱 확대될 수 있다.

아름다움의 출발은 본질적으로 나르시시즘적이며 자기 긍정적이다. 그가 아름다운 것이 아니라 내가 아름다운 것이며, 아름다운 것은 그들이 아니라 우리들이다. 이처럼 아름다움은 공동체적이다. 우리 공동체가 아름다움의 기준이 되는 것이다. 그것은 자기 긍정의 형식이며, 그래서 자민족 중심주의적이다. 그러나 이러한 공동체의 범위와 테두리는 고정되어 있지 않다. 계속해서 탄력적으로 팽창할 수도 있고, 축소할 수도 있다. 아프리카의 흑인들도, 아마존의 원주민도 우리 공동체의 소속원이 될 수 있다.

만약 외모지상주의가 아름다움 지상주의이며 자기 긍정의 최고 형식이라면 이보다 더욱 바람직한 일은 없을 것이다. 그런데 불행하게도 현대사회에서는 이와 정반대의 아름다움이 지배하고 있다. 아름다움이 자기(우리) 긍정이 아니라 자기 부정, 우리의 기쁨이 아니라 그들의 기쁨으로 치닫고 있다. 아름다운 것은 우리들이 아니라 TV와 영화, 패션 잡지의 '그들'이다. 시각적 후광을 덧입은 초과 아름다움의 주인공들이다. 그들이 주체로서 몸이라면 우리는 타자로서의 몸이 되었다. 공동체적 아름다움이 가상적 타자의 아름다움에게 자리를 내준 것이다.

외모 불안 – 얼굴 천재와 착한 몸매

청소년들은 가치평가의 기준에서 외모가 우선순위가 아니라는 것을 알고 있지만, 외모의 사회적 영향력에 대해서도 알고 있다. 이러한 청소년들의 반응을 두고 외모를 중시하는 대중문화매체로부터 받은 부정적 결과로 해석할 수 있겠지만 이는 문화 콘텐츠 생산자 중심의 일면적 해석에 불과하다. 문화 수용자들은 대중문화를 통해 스스로의 정체성을 형성하지만 그 과정이 늘 일방적인 것은 아니며 다양한 타협 양상이나 저항적 해독의 가능성을 안고 있기 때문이다. 외모에 대한 청소년들의 모순적 태도는 외모를 자본(혹은 능력)으로 간주하는 자본주의적 가치에 동의하는 한편, 젠더 규범이 강요되는 차별적 현실에 대한 반발이 뒤섞인 것으로 보인다.

이러한 전제하에 이 글에서는 첫째, '착한 몸매' 또는 '얼굴 천재'를 수용하는 청소년의 태도를 '신자유주의적 개인' 혹은 '신자유주의적 주체'가 형성되는 과정으로 살펴볼 것이다. 청소년들은 신자유주의의 가치인 경쟁과 능력을 공정한 과정으로 수용하면서 외모를 자기 계발의 대상으로 삼고 경쟁력을 높이려는 한편, 외모에 부여되는 젠더 규범과 차별에는 타협적으로 혹은 저항적으로 대응한다. 둘째, '착한 몸매', '얼굴 천재'라는 언어 표현은 청소년들이 그 균열을 문화 정치의 영역에서 타협한 결과물임을 이하에서 살펴보고자 한다.

심지원 · 정미경

외모에 대한 양가감정

2018년 교육부가 초중고 청소년들을 대상으로 조사한 선호직업군에는 공무원, 연예인, 교사, 유투버 등이 올라있다.[1] 그 결과를 보면 부동의 1위로 불리는 선호 직업군에 올라있는 교사, 공무원뿐만 아니라 시류에 따라 새롭게 진입하는 직업들 역시 경제적 안정과 연관되어 있음을 확인하게 된다. 한국사회에 신자유주의의 시작을 알린 IMF 이후 성인 세대뿐만 아니라 청소년 세대에게도 최대의 관심은 꿈과 희망이 아니라 안정된 수입이 아닐까 싶다. 청년들에게 경제적 안정, 취업이 무한 경쟁의 궁극적 목적지라는 사실이 씁쓸하면서도 최근 우리 사회의 경제 위기, 고용불안, 청년실업문제 등을 생각하면 사실상 절박한 생존 문제와 연관된다는 점에서 섣부른 비난을 할 수 없다.

그보다 직업선택과 관련한 조사 결과에서 흥미로운 것은 청소년 세대가 생각하는 취업 능력 요건에 외모가 큰 비중을 차지한다는 점이다. 필자들이 조사한 설문에 따르면 많은 청소년들은 외모를 성공 요인 중 하나로 파악한다. 그들에게 성공은 경제적 안정과 동의어이고 외모는 외국어, 컴퓨터 기술과 같은 실무 능력처럼 개발해야 할 능력의 일부이다. 특히 신체에 인위적 개입이 가능해진 오늘날, 청소년들은 타고난 외모뿐만 아니라 노력에 의한 외모 변형 역시 능력으로 수용한다. 초중고생들의 화장, 염색, 성형수술 등은 이미 뷰티 산업을 바탕으로 일상적 자기 개발의 영역이 된 지 오래이다. 이러한 경향은 외모가 능력으로 작용하는 한국 사회의 가치구조에 대한 청소년들의 간파 혹은 수용으로 해석될 수 있다.

다른 한편 청소년들 사이에서 지나친 외모 중심적 가치와 인위적 외모에 대한 또 다른 목소리를 들을 수 있다. 가령, 그들은 미디어에서 유통되는 '착한 몸매'나 '얼굴 천재'의 함의를 수용하지만 동시에 외모 중심 담론의 폐해를 비판하기도 한다. 다시 말해서 외모 지상주의가 개인의 개성과 존엄성, 나아가 인권을 위협할 수 있음을 알고 있는 것이다. 최근 발표된 '학교 미투' 관련 성명서에서 학생들은 자신들을 인격이 아닌 성적 대상으로 간주한 비교육적 범죄행위를 비판한다.[2] 고정된 젠더가치를 바탕으로 기존의 성역할과 특정한 외모를 강조하는 공적 성교육 담론 역시 비판의 대상이 되었다.

주목할 점은 외모에 대한 청소년의 인식이 별개의 것으로 존재하는 것이 아니라 양가적이라는 사실이다. 필자들이 설문과 인터뷰를 통해 확인한 바에 의하면, 탈코르셋 운동, 학교 미투처럼 청소년들의 자발적 인권운동이 벌어지고 있는 상황에서도 '착한 몸매'에 대한 그들의 긍정적 태도는 결코 이분법적으로 폐기되지 않는다. 이처럼 청소년들의 외모에 대한 양가적 감정은 기존 청소년 연구에서 잘 보이지 않는다. 오히려 청소년들을 미디어의 영향을 받는 수동적 대상으로 간주하고 외모 중심적 가치관 형성에 대한 우려를 표명하는 주장의 도구로 사용된 경우가 많았다. 청소년들의 외모 중시 경향을 대중문화매체의 부정적 결과로 해석하는 주장이 대표적이다. 하지만 이는 문화 콘텐츠 생산자 중심의 일면적 해석일 수 있다. 문화 수용자들은 대중문화를 통해 스스로의 정체성을 형성하지만 그 과정이 늘 일방적인 것은 아니며 다양한 타협 양상이나 저항적 해독의 가능성을 안고 있기 때문이다.[3]

이런 맥락에서 최근 청소년들이 '착한 몸매'나 '얼굴 천재'를 긍정하며 외모를 중요한 가치로 평가하는 인식과 실천의 배경을 좀 더 다양한 관점에서 살펴볼 필요가 있다. 먼저 청소년들은 신자유주의의 가치인 경쟁과 능력을 공정한 과정으로 수용하면서 외모를 자기 개발의 대상으로 삼고 경쟁력을 높이려 한다. 이러한 전제하에 본고는 첫째, '착한 몸매' 또는 '얼굴 천재'를 수용하는 청소년의 태도를 '신자유주의적 개인' 혹은 '신자유주의적 주체'가 형성되는 과정으로 살펴볼 것이다.

둘째, 청소년들의 젠더 규범 및 외모 중심적 가치에 대한 거부와 저항을 살펴본다. 설문에 응한 몇몇 청소년들은 외모에 부여되는 젠더 규범과 차별에 타협적 혹은 저항적인 태도를 보인다. 외모에 대한 청소년들의 모순적 태도는 외모를 자본(혹은 능력)으로 간주하는 자본주의적 가치에 동의하는 한편, 젠더 규범이 강요되는 차별적 현실에 대한 반발이 뒤섞인 것으로 보인다. 본고는 최근 미디어에서 통용되는 외모 관련 표현들 중에서 '착한 몸매', '얼굴 천재'라는 언어 표현의 의미를 중심으로, 앞서 제시한 청소년들의 외모에 대한 양가적 태도와 균열을 문화 정치의 영역에서 타협한 결과물로서 살펴볼 것이다.

신자유주의와 개인의 몸 그리고 젠더

청소년의 신자유주의 주체형성을 살펴보기 전에 우선 신자유주의에 대한 개념을 이해할 필요가 있을 것이다. 신자유주의 이론은 1940년대 하이에크의 정치철학에서 시발되어, 1960년대 프리드만을 중심으로 한 시카고 대학과 학계의 경제정책론에 반영되었고, 1970년대 경제침체 상황에서 영국의 대처와 미국 레이건의 정책을 통해 실제 실행되었으며, 1990년대 이른바 워싱턴 컨센서스를 통해 국제적 합의로 제도화 되었다고 할 수 있다.[4] 학자들의 정의에 따르면 신자유주의는 "기업의 자유를 극대화함으로써 인간 복리가 가장 잘 개선될 수 있다는 정치경제적 실행에 관한 이론"[5]이다.

반면 신자유주의란 "전 세계 엘리트 집단에게 부와 권력을 집중시키려는, 특히 각국의 금융적 이해관계에 이익이 되며 국제적으로는 미국 자본에 이익이 되는 헤게모니 프로젝트의 일부"[6]라는 비판도 존재한다. 여러 이견에도 불구하고 대부분의 학자들이 동의하는 것은 경제침체에서 시작된 신자유주의가 단순한 경제문제 해결을 위한 도구적 활용을 넘어서서 우리 사회의 문화, 감성, 생활양식, 심지어는 무의식까지도 깊숙이 침투하여 그 영향력을 발휘하고 있다는 사실이다.

한국사회에서의 극대화된 양극화 문제, 경쟁이 체화된 학생들의 문화, 대학을 가기 위해 했던 공부는 취업을 위한 공부와 이어지지 않고 나이든 고3의 삶을 살아가고 있는 취준생들, 개인의 자유라는 이름아래 연대가 아닌 개인이 싸우는 비효율적인 전략을 택하는 사람들, 환경문제, 의료상업주의 문제 등 현재 우리 사회가 안고 있는 다양한 문제들의 이면에는 신자유주의를 거론하지 않을 수 없을 것이다.

신자유주의는 신자유주의적 주체를 생산하고, 그러한 주체들은 신자유주의의 체제를 그대로 답습하고 강화시킨다. 신자유주의에서 살아가는 개인들에게 생존의 문제는 죽음의 대립항이 아닌 '도태'의 대립항이다.[7] 그들에게 주어진 자유는 무한 경쟁에서 생존하는 것뿐이다. 이러한 구조에서는 생존자들조차도 스스로의 건강과 사회적 지위, 욕망의 실현을 위해 시간과 돈을 지출할 수 있는 능력을 갖춘 자유로운 존재인 것 같지만 사실은 문화자본이 유포하는 이데올로기에 포섭된 존재에 가깝다.[8] 가령 '일상의 의료화' 현상은 자아실현의 확대를 실현시켜 줄 도구의 확장처럼 보이지만 자신을 끊임없이 향상시켜야 한다는 이데올로기를 주입시키고 강압시키는 장치일 수도 있다.

'일상의 의료화'가 가져온 변화 가운데 몸에 대한 영향력에 주목할 필요가 있다. 의학이 발달하기 전에 몸은 선천적인 것이었으며 우리가 받아들여야할 운명이었다. 남들이 부러워할 만큼, 뛰어난 외모는 주어진 것이었지, 아무리 열심히 한다고 성적이 올라가듯 외모가 향상되는 것은 아니었다. 하지만 오늘날 주어진 몸은 선택가능하거나 변화가능한 몸으로 인식이 변화되고 나아가 몸도 노력으로 개선해야 할 자기계발의 한 요소로 인식된다. 의료의 일상화는 자기 계발을 위해 노력해야하는 영역에 몸을 포함시킨다. 성형과 피부, 몸매 관리는 의료와 관련 기술의 발달로 인해 사치가 아니라 노력의 영역으로 성취의 영역으로 인식되며 궁극적으로는 성공의 요소이자 결과물로 평가되는 자산의 영역이 되고 있다. 이는 신자유주의시대의 자본의 힘과 디지털 시대에 미디어의 확산의 힘과 결합하여 우리의 몸을 성취해야 할 대상으로 인식하는 것을 강화한다.

신자유주의시대에서는 모든 것이 경쟁이다. 내가 처한 상황이나 능력을 좀 더 확장시키는 것이 중요한 것이 아니라 남보다 나아야 살아남는 것이다. 신자유주의에서 개인이 중요시 하는 경제적인 부와 사회적인 인정, 건강한 몸은 더욱 더 세분화된다. 동일한 부를 가지고 있다고 해도, 자신이 거주지에 따라 나누고, 거주지 안에서도 더 세분화시킨다. 인정투쟁에서 어느 정도의 사회적 인정을 받았다 해도, 그 사회적 인정은 그 사람의 부모님과 연관되어 또 서열지어진다. 아름다운 외모를 가지고 있다고 해도 자연미인은 성형미인보다 우위를 차지한다. 남성의 경우 잘 생겼어도 키에 따라 서열 지워진다.

모든 성과와 결과가 개인의 능력과 책임으로 환원시키는 신자유주의에서 몸의 변형 가능성이 더욱 확대됨에 따라 몸은 남보다 우월해야하는 대상에 포섭된다. 신자유주의 시대에 몸은 개인이 발전시켜야할 프로젝트가 되었다. 또한 실제로 스펙이 조금 부족해도 외모가 뛰어나 가점을 주거나 합격시킨 경험이 있는 기업은 64.9%나 됐다.[9] 실제로 신체가 매력적인 아이들이 체벌을 덜 받는다는 연구결과도 존재한다. 그리고 죄에 대한 판결을 받을 때에도 신체적으로 매력적인 사람들은 매력적이지 않은 사람들에 비해 가벼운 형량을 받은 사례도 존재한다. 이러한 사회에서 살아가는 개인들은 몸을 발전시키는 것을 간과할 수도 없는 입장이다.

신자유주의가 기반으로 삼는 개인화는 근대성을 통해 오히려 보편화 표준화되고 강화되었던 전근대적 성역할로부터의 '해방'을 의미하기도 한다.[10] 하지만 오늘날 정도의 차이는 있겠지만 개인화가 곧 성역할로부터의 해방을 의미하는 것은 아닌 듯하다. 근대의 성역할은 단지 전면에 내세우지는 않지만 여전히 자신의 위력을 발휘하고 있다. 신자유주의 교육 체제는 이상적 시민을 경쟁력 있는 개인이라는 젠더 중립적 존재로 표상하지만, 실은 남성 주체를 특권하고 여성을 타자화하는 젠더 규범을 재생산하고 있다.[11] 이는 이러한 남성 주체를 특권화하고 여성을 타자화하는 젠더 규범에 균열을 가져올 것이라 기대했던 것과는 달리 기존의 젠더 규범을 더욱 강화시키고 있다. 신자유주의 시대에는 모두를 개인화시킨다. 하지만 여전히 개인화 속에는 남성과 여성을 철저하게 나누고 있다.

이는 '착한 몸매'와 '얼굴 천재'가 어떠한 대상에게 사용되는지에 대한 간단한 조사를 통해 확인할 수 있었다. 필자들은 청소년의 외모불안을 주제로 삼은 기초 조사과정에서 해당 키워드가 포함된 기사를 검색한 후, 검색된 기사들에서 제목 및 내용을 추출해보았다. 그 결과 착한 몸매에 대하여는 약 60개의 기사가, 그리고 얼굴 천재에 대하여는 약 600개의 기사를 찾을 수 있었다. 추출된 내용을 토대로 워드 클라우드를 통하여 해당 기사가 어떠한 성별에 대하여 서술하고 있는지를 확인하여 보았다. 그 결과, '착한 몸매'가 주로 여성의 신체와 관련하여 사용되는 반면, '얼굴 천재'는 얼굴이 예쁘거나 잘생긴 사람을 비유적으로 이르는 말이라는 사전적 의미와 달리 남성의 외모와 관해서만 미디어에서 사용되고 있다. 여성 연예인이 아무리 예쁜 미인이나 몸매가 뛰어나다고 해도 그 여성의 외모나 몸매를 천재와 연관시키지는 않는다. 이는 외모가 중시되는 오늘날에도, 여전히 남성에게는 재능이 중요하고, 여성에게는 착함이라는 심성이 강요되는 다른 양상을 보인다.

신자유주의 시대의 청소년 주체 형성

이제부터 실제 청소년들이 외모와 성공을 연결하는 인식구조와 자기 모순적 판단이 드러내는 주체로서의 불안을 점검해볼 것이다. 본 논문은 청소년의 외모와 성공에 대한 인식의 연결고리에 주목하여 이를 분석하기 위한 설문을 실시하였다. 이를 통해 확인하고자 한 가설은 청소년의 외모에 대한 인식이 미적 가치체계에 대한 개인적 견해의 표출이 아니라 사회구조적인 영향, 특히 신자유주의적 가치관의 영향을 받는다는 것이다. 그리고 그 사회구조적 영향에 대한 청소년의 반응을 좀 더 구체적으로 파악하고자 했다. 설문은 청소년 기본법에 준한 연령(9~24세)[12]에 해당하는 서울 지역의 남녀 대학생 83명을 대상으로 진행하였다. 설문 결과에 나타난 유의미한 지점은 크게 세 가지로 분류하여 살펴볼 수 있다. 첫째 젠더별 차이가 없는 공통의 견해, 둘째 젠더별 차이를 보이는 결과, 셋째 자기 모순적인 응답들이다.

첫째, 젠더의 구별 없이 공통적인 견해를 드러내는 대목은 착한 몸매와 얼굴천재가 되고 싶다는 욕망이다. 착한 몸매와 얼굴 천재가 되고 싶다고 답한 비율은 남녀 모두 높았다. 이와 관련된 "외모는 성공에 중요한가"라는 질문에도 남녀 모두 그렇다고 답했다. 인식과 더불어 행위 의지를 묻는 질문 - "외모가 성공에 도움이 된다면 투자할 수 있는가"의 질문에도 전체 응답자의 81%(남성 86.7% 여성 78.8%)가 그렇다고 답했다. 이 결과에 따르면 청소년은 외모를 성공의 요인으로 긍정할 뿐만 아니라 자기 개발의 대상으로 인식한다고 볼 수 있다.

젠더 차이가 드러나지 않는 답변 중에 눈여겨볼 점은 여성(69%)은 물론 절반 이상의 남성들(51%)도 고정된 성역할에 대한 언급과 차별을 받은 경험이 있다고 답한 것이다. 구체적으로 장남이 해야 할 일, 힘쓰는 일, 울면 안 된다, 무거운 것옮기기 등 남성이기 때문에 요구받는 성역할 강요를 겪었다고 답했다.

이 답변의 의미는 여성주의 담론이 여성에게 부여되는 성역할의 문제를 비판한 것처럼, 남성들도 젠더 역할을 강요와 차별의 기억으로 언급하기 시작했다는 점에 있다. 이러한 청소년의 인식은 성역할 담론의 변화와 개선의 주체가 주로 여성 위주인 장년 세대와 달리 청소년 세대는 남녀 모두로 확대되었음을 보여준다. 즉 여성들이 조신한 외모를 가진 몸을 거부한다면 남성들은 힘쓰는 몸, 감정을 드러내지 않는 몸이 되기를 거부하는 것이다.

남녀의 차이가 드러나지 않는 답변 중 또 다른 흥미로운 사실은 성공에 대한 지향과 방법에서 나타난다. 대학진학을 위해 필요한 것을 묻는 질문에 응답자의 90% 이상(남 93%, 여 84.8%)이 부모의 관심, 사교육, 공교육 강화 등의 복수응답예시를 제치고 '개인의 노력'을 답변으로 선택했다는 점이다. 금수저, 은수저, 학벌세습이란 신조어는 대학 입시를 비롯한 교육 기회의 평등이 흔들리고 있음을 보여준다. 그럼에도 응답자들은 대학 입시에 외부적 요인이 아닌 순수한 수험생 본인의 노력이 절대적이라고 판단한 것이다. 이를 대학 입시에 성공한 생존자로서 과시하는 성공담으로 냉소할 수도 있지만, 달리 생각해보면 그들에게는 개인의 노력 이외에 다른 어떤 배경이나 수단이 없었음을 의미하는 것일 수 있다. 경쟁의 도구가 다양하지 않은 대다수 청소년들에게 개인의 노력과 자기 개발은 성공을 위한 필수조건임을 새삼 확인할 수 있는 대목이다.

둘째, 외모와 성공, 자기 개발의 중요성에 대한 인식은 남녀 차이가 없었지만, 젠더별 차이를 보이는 결과는 여러 지점에서 확인할 수 있다. 젠더 차이는 먼저 착한 몸매와 얼굴 천재가 활용되는 맥락에 대한 견해에서 드러난다. 남성 응답자의 88.4%는 '착한 몸매가 여성을 비하하는 표현이라고 생각하는가'의 질문에 '아니오'로 답변했다. 반면 여성 응답자는 착한 몸매가 여성을 비하하는 표현이라고 생각하는 비율이 83.6%에 달해 가장 극적인 대조를 이루었다. 또 남성 응답자들은 '착한 몸매'라는 표현에 대한 견해를 묻는 질문에는 중립적이라는 답변이 가장 많았고 긍정적, 부정적의 순서로 답했다. 여성 응답자는 착한 몸매에 대하여 부정적, 중립적, 긍정 순서로 답했다. 이러한 대조는 얼굴 천재에 대한 유사 질문에 대한 답변에서도 나타났다.

또 여성들은 착한 몸매와 얼굴 천재, 두 단어가 기존의 성역할을 강화한다고 보는데 비해서(66%), 남성들은 그렇지 않다(45%)는 답변이 가장 많아 또 다른 대조를 이루었다. 성역할과 관련된 답변은 특히 젠더 차이가 두드러졌다. 학교에서 고정된 성역할이나 성차별을 경험한 적이 있는가를 묻는 질문에 여성의 56%가 있다고 답한 반면, 남성은 35%에 그쳤고, 반대로 없다는 답변은 남성 64%, 여성 43.8%였다. 성차별 경험에 대한 차이는 '스쿨 미투'에 대한 견해로 이어졌다. 여성의 69%가 동의한다는 반면, 남성은 모르겠다(45.2%), 동의한다(42.9%)는 순서로 답했다. 이 모르겠다는 남성의 답변은 학교에서 진행하는 성교육, 인성교육 등에서 성차별적 요소가 있는지를 묻는 질문에 '없다'고 답한 80%와 연결된다. 같은 질문에 여성들의 답변은 없다 60%, 있다 40%였다.

또 다른 젠더 비교 지점은 공정과 평등에 대한 개념 이해 및 태도이다. 사회적 약자배려, 혹은 외국인을 위한 특례입학제도에 대한 반응은 젠더별로 엇갈렸다. 대체로 여성의 찬성 경향이 높았다. 수포자(수학포기자)를 위한 특별반 개설에 대한 답변에서도 전체 찬성 80% 중 여성의 비율이 90.3%로 높았다. 남성들의 반대 이유로는 포기한 자에게 특별함은 필요 없다, 수학은 개인의 노력으로 올릴 수 있다, 자발적 포기가 있었다. 여성들은 교육의 기회부여를 이유로 든 경우가 많았다. 반면 성적별

우열반 개설에 대한 응답에서 남성들은 찬성 60%, 반대 40%였고 여성은 찬성 40%, 반대 60%로 대조를 이뤘다. 우열반에 찬성하는 남성 응답자의 답변 중에서 '1명이 1000명을 먹여 살리는 시대'라는 표현이 눈에 띈다. 수준에 맞는 교육, 효율성, 성적도 개인의 특징이라는 찬성 이유들은 교육의 목표를 성취와 사회적 수요만족에 둔 신자유주의적 교육과 맥을 같이 한다.

셋째, 외모, 성공, 공공성에 대한 견해가 서로 상충하거나 모순되는 경우의 답변들이 눈에 띄었다. 남녀 응답자의 82%는 외모 지상주의에 대한 견해에 반대한다는 의사를 밝혔다. 반대를 선택한 응답자들은 여성혐오, 잘못된 사고방식, 압박감, 외모만으로 사람을 평가할 수 없음의 이유를 들었는데 이 중 주목할 것은 타고난 외모가 다른 실력을 배제하면 안 된다는 견해가 제법 많다는 것이다. 남녀 모두 높았던 반대 견해를 요약하면 외모 지상주의는 평등을 위배한다거나 불공정한 일이라는 것이다.

하지만 위에서 언급했듯이 외모가 성공에 중요하므로 외모에 투자하겠다는 의지는 매우 높다. 성형에 찬성한 응답자들은 그 이유에 대해 강요한 성형이 아니라면 괜찮다, 개인의 선택이다, 사회에서 살아남는 방법이다, 자신감과 행복을 얻을 수 있다면 좋다, 자기 계발이다 등으로 설명했다. 이처럼 외모 지상주의를 불공정한 경쟁구조로 인식하는 청소년들은 그럼에도 경쟁구조 속에서 생존하기 위해 외모 지상주의 가치를 스스로 선택하는 자기모순을 보여준다. 신자유주의 주체가 도태되지 않기 위해 경쟁할 자유를 갖는 것처럼 청소년들은 외모 지상주의에 대한 거부를 대안으로 선택하지 못하고 외모 개발의 자유를 갖는다. 이와 연관된 질문으로 외모평가를 들었을 때 기분이 어떠한가 물었을 때 여성들은 칭찬과 비난 모두 불안하다>상관없다> 기분 나쁘다>기분 좋다의 순서로 느낀 것으로 나타난다.

또 성역할에 따른 차별 및 억압에 대한 남녀의 차이가 보였다. 남성들은 성역할의 강요를 경험하고 부정적 반응을 보였지만 학교에서 경험한 적이 없다는 답변이 있다는 답변보다 2배 높았고, 스쿨 미투에 대해서도 모르겠다는 반응이 45%로 가장 높았다. 이에 반해 여성들은 가정이나 학교에서 느끼는 성차별에 대해 높은 비율로 인식하고 있다. 성차별을 경험한 적이 있는 여성은 56%, 차별을 겪은 적이 없는 여성은 43%이지만, 스쿨 미투에 대한 여성들의 동의는 69%이다. 잘 모르겠다는 응답은 30%였지만 동의하지 않는다는 답변은 단 한 명도 나오지 않았다. 이 결과의 의미는 단순히 성별에 따른 차이가 아니라 남성 응답자의 인식과 경험에 나타난 불일치를 보여주는 데 있다.

남성들은 가정과 미디어에서 성역할 강요나 성차별적 언급을 경험하거나 느낀 적이 있다고 답했지만 학교에서의 성차별에 심각하게 노출된 적은 없다고 볼 수 있다. 반면 여성들은 가정, 미디어, 학교에서 느낀 성차별의 빈도가 높다고 볼 수 있다. 그런데 남성들은 고정된 성역할이 바뀌어야 한다는 데 71.4%가 동의하면서 스쿨 미투에 대해서는 판단을 보류한다. 이는 스스로가 경험한 차별에는 적극적인 개선 의지를 갖지만 여성들에게 더 심각해 보이는 학교 성차별에 대해서는 공감하거나 동조하는 태도로 연결되지 않는다는 사실을 보여준다.

이상의 설문 결과에서 확인할 수 있는 것은 청소년들이 외모를 개인적 성향이나 미적 가치로 인식하기보다 무한 경쟁을 유도하는 사회 구조가 강요하는 능력이자 권력으로 인식하고 있다는 점이다. 그들은 외모를 개인화하지 못하고 구조화한다. 즉 개인의 자유나 권리로 인식하지 못하고 사회구조적 요구사항으로 간주하면서 그 기준에 스스로를 맞춰야 한다고 생각한다. 이러한 자발적 순응이 일어나는 이유는 대학진학, 우열반 개설, 수포자 특별반의 필요성 등에서 우회적으로 유추할 수 있다. 청소년들은 모든 것이 경쟁 구조로 되어 있고 효율과 능력을 중시하는 현 교육 체계를 체화하고 있는 것처럼 보인다. 외모 지상주의가 개인의 자유를 억압하고 고정된 성역할이 개선되어야 한다는 청소년들의 비판의식은 또 다른 개인의 자유로 제시되는 무한 경쟁 사회에서 길을 잃는다. 그들은 외모가 개인의 영역이라고 주장하지만 외모를 칭찬하거나 비난받거나 모두 불안감을 느낀다. 얼굴천재, 착한몸매는 바로 이 불안감을 바탕으로 형성된 문화적 기호인 것이다.

외모에 대한 신조어

외모에 대한 신조어는 시대에 따라 다양하다. 30년 전에는 외모가 매우 뛰어난 연예인을 컴퓨터 미인, 몸짱, 얼짱이라는 신조어가 있었지만, 오늘날에도 꽃미남, 훈남, 볼매남, 짐승남, 뇌섹남, 베이글녀, 얼굴천재, 착한 몸매, 만찢남 등 외모에 대한 신조어가 훨씬 다양해졌다. 국립국어원 신조어가 공개되었다. "10년간 선정된 신어 총 3663개 중에서 남성과 여성을 지칭하는 단어는 총 288개로 이 중 ~녀(걸)는 196개, 남은 92개로 여성을 지칭하는 신어가 2배 이상 많았다. 여성을 지칭하는 단어는 청글녀(청순하고 글래머인 여자), 잇몸녀(웃을 때 잇몸이 과도하게 드러나는 여자), 스크림녀(공포영화 범인이 쓰고나온 괴기스러운 가면처럼 흉하게 생긴 여자)와 같이 외모와 관련된 단어가 많았다. 남성과 관련된 단어는 츤데레남(겉으로는 퉁명스럽지만 따뜻한 마음을 가진 남자), 뇌섹남('뇌가 섹시한 남자'의 줄임말. 유머가 있고 지적인 매력이 있는 남자) 등 긍정적인 뜻이 상대적으로 많았다."[13] 여성의 미의 기준이 시대에 따라 변하듯, 과거의 아름다운 여성신체를 평가하고 즐겼던 관찰자였던 남성이 이제는 여성에게 자신의 신체를

'보여주는' 입장으로 바뀌었다.[14] 하지만 남성에 대한 수식어가 '미남' 아닌 남성에 대한 미의 기준을 다양화하고 외연을 넓히기 위해 등장했다면, 여성에 대한 수식어는 여성에 대한 남성의 잣대는 그대로 둔 채 그 안에서 여성을 세분화하기 위해 만들어졌다.[15]

착한 몸매와 여성

2015년 국립국어원에서 '몸매가 착하다'는 표현을 표준어로 검토해보겠다는 입장을 발표한 후, 그 적절성에 대한 갑론을박이 있었다. 하지만 표준어 선정 여부와 별개로 '착한 몸매'는 이미 일상에 자리를 잡고 한국 사회의 몸 인식을 통제하는 것 같다. 온라인상에서 '착한 몸매'를 검색하면 이와 관련된 수많은 블로그, 뉴스, 성형 및 미용 광고, 이미지, 동영상을 확인할 수 있다. 최근 20여 년간 '착하다'의 의미는 '사람(과 연관된 좋은 속성)'에서 '사물(과 연관된 좋은 속성)'로 의미 확장이 일어났다.[16] 임지룡은 '착하다'의 의미양상을 다음과 같이 유형화 하였다. 즉, 윤리적 측면(착한 소비), 선행적 측면(착한 기업), 친건강적 측면(착한 비타민), 친환경적 측면(착한 건물), 학습자 중심적 측면(착한 책), 우월적 측면(착한 요리 실력), 경제적 측면(착한 점심), 미적 측면(착한 얼굴), 몰개성적 측면(착한 사람)[17]을 들 수 있다.

그 중에서 '착한 몸매'는 여성 외모에 주로 사용되는데 매력적, 섹시한, 늘씬한의 의미로 확장된다. 한 스포츠신문기자의 친절한 설명에 의하면 "B급 이상의 모아진 가슴, 허벅지에서 발목으로 이어지는 일자 모양의 다리, 초콜릿 복근을 일컫는다."[18] 또한 착함은 "이효리는 CF 에서 얼굴 착해, 성격 착해, 몸매 완전 착해!"[19] 또는 "수지, 착한 각선미란 이런 것! 역시 대세는 다르긴 달라."[20]와 같이 사용되기도 한다. 여기서 '착하다'의 의미는 미적을 측면을 강조하는 일차적인 의미뿐만 아니라 다른 사람들의 몸매보다 탁월하다는 의미와 그로 인한 소비사회에서 수단으로서의 몸의 경제적 가치 또한 내포하고 있다.

'착한 몸매'의 경우는 자연스러운 언어 의미 확장이 갖는 배경과 그 영향에 의문을 품게 만든다. 즉, 언어를 통해 사회적 규범을 스스로의 정체성으로 확립한다는 구조주의적 분석에 동의한다면, '착한 몸매'가 주체를 호명되는 이데올로기적 담론 형성과정을 살펴볼 필요가 있다. '착한 몸매'라는 표현은 주로 여성의 특정한 외모를 지칭하는 것이고 이러한 의미가 자연스럽게 통용될 때, 특정한 젠더 규범적 가치가 여성에게 억압적으로 강요될 수 있기 때문이다.

여성의 몸은 여성들 자신 또한 누군가의 시선으로 자신의 몸을 주시하여왔다. 사회 속에서 개인이 절대적인 자신의 입장에서 자신의 몸을 관찰할 수는 없지만, 여성은 남성의 시선에서 자신의 몸을 평가하는데 익숙한 삶을 강요받았다. 여성의 가슴에 대한 예를 들어보자. 여성의 가슴은 남편, 연인, 아이에 속한 것으로 간주된다고 주장한다.[21]

> 여성은 자신의 몸으로부터 소외를 경험하게 된다. Young[22]은 여성이 어떻게 자신의 몸으로부터 소외되어 왔는지를 여성의 가슴을 주제로 하여 설명한다. 그녀는 남성중심적인 문화에서 여성의 가슴은 여성의 것으로, 여성 자신의 관점에서 생각되는 것이 아니라 타자들, 예컨대 남편, 연인, 아이에 속한 것으로 간주되어 왔다고 주장한다. 그리하여 여성은 타자의 시각으로부터 자신의 몸을 대상화하는 것을 경험하게 된다는 것이다. 여성의 소외와 대상화는 그 자신이 소외시키는 문제라기보다는 남성의 시각에 의해서 경험하게 된다. 여성 자신이 자신의 몸으로부터 소외 된다는 것, 이것은 여성이 충분한

능력을 행사하지 못하는 존재가 되도록 한다. 또한 타인의 시각에 의해서 소외를 경험하는 여성은 주체가 아니라 타자가 된다. 여성의 몸이 대상이 된다는 것과 여성이 타자가 된다는 것은 관련된다.[23]

여성의 몸은 단지 대상화되는 것에 그치지 않는다. 여성의 가슴은 또 가슴의 크기에 따라 평가받으며, 그 크기에 대한 평가도 일관적이지 못하다. 가슴이 크면 크다는 이유로, 가슴이 작으면 작다는 이유로 상황에 따라 여성의 몸은 끊임없이 평가대상이 된다. 이러한 몸에 대한 대상화와 타자화는 몸과 관련된 자기결정권에도 영향을 미친다. 착함이라는 심성은 여성에게 매우 중요한 미덕이었고 이러한 생각이 '천재 몸매' 대신 '착한 몸매'라는 용어를 선택하게 된 배경으로 볼 수 있을 것이다.

얼굴 천재와 남성

주로 여성의 특정한 몸매를 일컫는, 착하다라는 가치를 부여할 수 없는 사람의 몸에 적용시켜 착한 몸매라는 신조어가 생겨났으며 이러한 의미가 자연스럽게 통용될 때, 특정한 젠더 규범적 가치가 여성에게 억압적으로 강요될 수 있다는 것을 위에서 살펴보았다. 그렇다면 이와 동일한 맥락에서 천재라는 가치를 부여할 수 없는 얼굴에 적용시켜 생긴 얼굴 천재라는 신조어는 어떠한 젠더 규범적 가치를 내포하고 있는지 살펴보고자 한다.

얼굴의 사전적 의미는 다음과 같다. 1) 눈, 코, 입이 있는 머리의 앞면. 2) 명사: 머리 앞면의 전체적 윤곽이나 생김새. 3) 명사: 주위에 잘 알려져서 얻은 평판이나 명예. 또는 체면.[24] 얼굴이 사용되는 문구를 보면, 얼굴마담의 경우는 어떤 분야나 집단에서 무엇을 대표할 만큼 전형적이거나 특징적인 사람을 일컫는다. 즉 얼굴을 그 사람에게 있어서도 그 사람을 나타내는 중요한 신체부위이다. 얼굴을 보고 그 사람이 어떤 인종인지 알 수 있으며, 얼굴의 안색을 보고 그 사람의 건강 상태나 기분 상태 역시 추측가능하다. 얼굴이 바뀌어서 그 사람을 알아보지 못하는 상황은 다양한 영화나 드라마의 소재로 쓰이기도 한다. 아무리 동일한 기억을 갖고 있더라고 해도 동일한 신체를 가지고 있다고 해도 얼굴이 바뀌었을 경우, 바뀐 사람을 동일인물로 인식하는 것은 쉽지 않다. 성형수술로 인해서 그 사람이 그 사람인지를 알아보기 힘든 경우가 대표적인 경우라 할 수 있겠다. 또한 얼굴은 신체 부위임에도 불구하고 얼굴을 들 수가 없었다와 같은 문장에서 보듯이 어떤 상황에서의 나의 태도를 의미하기도 하고 체면을 뜻하기도 한다. 또한 '천재'[25]는 선천적으로 타고난, 남보다 훨씬 뛰어난 재주 또는 그런 재능을 가진 사람을 의미하며, 신동이나 영재아와 동의어로 쓰이기도 한다.

'얼굴 천재'는 얼굴과 천재의 합성어로 얼굴이 예쁘거나 잘생긴 사람을 비유적으로 이르는 말이다. 만찢남(만화를 찢고 나온 남자), 얼굴 멘사, 얼굴 하버드[26]와 같은 용어와 함께 비현실적인 외모의 소유자를 의미한다. 이 합성어는 얼굴을 선천적인 재주나 재능의 범주에 포함시키는 것이다. 얼굴 천재는 첫째로는 선천적인 의미의 중요성을 강조한다는 것과 두 번째로는 얼굴을 재능의 범주에 포함시킨다는 의미에 대해 살펴볼 것이다. 결국 이 두 번째가 바로 남성의 젠더 규범적 가치를 강화하는 부분일 것이다.

첫째, 미디어에서 얼굴 천재라는 얼굴 천재라는 호칭을 부여받기 위해서는 그 얼굴이 재능처럼 선천적이어야 한다. 성형과 같은 의료개입을 받지 않은 소위 '자연스러운', '타고난' 얼굴이어야 한다는 것이다. 성형 미인은 남녀를 불문하고 비판의 대상이 되기도 하지만 (물론 시대가 흐르면서 그 비판의 강도는 약해지고 있다), 자연 미인은 남녀를 불문하고 호감이나 부러움의 대상이 된다. 열심히 노력한 대가로 성적이 향상되었을 때, 그 노력은 우리사회에서 긍정적으로 간주되는 반면, 건강을 위한 목적이 아니라 외모를 향상시키기 위해서 인위적인 노력을 하는 것은 사회에서 부정적으로 평가되곤 한다. 설문에서도 보았듯이 청소년들은 외모를 성공의 요인으로 긍정할 뿐만 아니라 자기 개발의 대상으로 인식한다고 볼 수 있다. 이러한 의미에서 얼굴 천재는 성공의 중요한 외모를 이미 가지고 태어난 것이며 자기 개발의 대상인 얼굴에 많은 노력과 투자를 하지 않아도 된다. 또한 얼굴 천재는 몸에 인위적인 개입을 하지 않았다는 의미에서 공정성에도 위배되지 않는다. 누구나 태어난 얼굴로 살아가야 한다면, 즉 외모를 향상시키는 것이 불가능하다면, 외모는 개발해야할 대상에 속하지 않게 된다. 문제는 오늘날 외모는 의학기술의 발달과 여러 미용 산업의 발달로 향상가능하기 때문에 향상시킨 외모로 외모지상주의 사회에서는 다른 권력을 차지할 가능성이 높아진다. 청소년들은 외모를 향상시키는 것이 개인의 선택이라는 답변에도 불구하고 외모 향상을 조장하는 외모지상주의를 남녀 모두 강하게 부정하였다. 이는 외모를 성형수술과 같은 인위적인 개입으로 인해 향상시키고 외모의 권력을 얻는 것은 공정하지 못하다는 생각이 자리 잡고 있다는 것이다.

둘째, 남성성의 경제적 부양능력과 더불어 그의 사회적 지위와 같은 것이 중요한 능력이었고, 그러한 능력을 통하여 다른 사회적 가치를 얻는 밑받침이 되었다. 하지만 오늘날 여성만큼이나 남성에게도 외모는 갖추어야할 중요한 능력이 되고 있다. 남성은 보고 평가하는 입장에서 남성 역시 보여지고 평가받는 입장이 되기도 한다. 얼굴을 재능을 의미하는 천재와 연결시키는 신조어는 즉 남성의 뛰어난 외모를 '착한 얼굴'이 아닌 '얼굴 천재'로 부르는 것은 여전히 남성에게 경제적 부양

능력을 전제로서 남성들에게 재능이나 능력이 중요한 가치라는 것을 보여준다.

여성만 외모가 중요한 것이 아니며 외모를 중시여기지 않았던 남성들에게도 외모는 중요하다는 언급을 통해 오늘날 신자유주의 시대에는 모든 개인이 외모 때문에 스트레스를 받고 있다라고 결론내리는 것은 그 모든 개인에게 여전히 젠더 규범이 강요되고 있다는 것을 간과하는 것이다. 여성의 체형을 빗댄 S라인 몸매, 콜라병 몸매, 베이글녀와 같은 말이 일상생활에서도 자연스럽게 쓰이고, 남성의 경우 식스팩이나 초콜릿 복근처럼 근육질의 몸매를 이상적인 몸으로 여긴다.[27] 여성과 남성에게 요구되는 외모의 스트레스는 다르게 적용된다. 여성의 경우 키가 작은 것에 대한 스트레스보다 남성의 경우 키가 작은 것은 루저라는 호칭을 부여받을 만큼 외모에 대한 강한 잣대로 작동한다.

위에서 살펴보았듯이 여성의 경우 몸매가 좋을 경우 착한 몸매라는 말을 사용하고 있지만, 남성의 경우는 (수많은 착한 몸매가 남성들 사이에서 존재함에도 불구하고) 착한 몸매라는 용어를 사용하지 않는다. 남성의 경우 착한 몸매는 식스팩이나 초콜릿 복근처럼 매우 구체적인 용어로 대체하고 있다. 남성의 몸매에는 착한 몸매라는 단어를 쓰지 않음에도 불구하고 여성에게만 '착한'이라는 형용사를 사용하는 것은 여전히 개개인이 아닌 여성으로서의 개인, 남성으로서의 개인 즉 젠더의 역할이 중요하게 작용하고 있다고 볼 수 있다.

착한 몸매에 대한 여성의 태도는 대부분이 여성의 몸을 평가의 대상으로 보거나 성적 대상화한다는 이유로 부정적인 것에 반해, 남성의 태도는 착한 몸매에 대하여 몸매는 노력의 산물이라든지 칭찬이기에 긍정적이라는 입장과 더불어 착한 몸매에 대해 중립적이라는 입장을 보이기도 했다. 얼굴천재에 대해서 여성은 81명중 21명이 차별적인 표현을 내포하고 있다고 답한 것에 반해, 남성은 중립적인 입장과 부정의 입장이 훨씬 많았다. '착한 몸매'와 '얼굴 천재'라는 외모와 외모평가에 대해서 여성은 착한 그리고 천재라는 긍정적 의미가 외모와 결합되는 의미를 외모지상주의와 연결시켜서 생각하는 반면, 남성은 착한 몸매나 얼굴 천재가 함축하고 있는 배경에 대해서 그 민감도가 낮은 경향성을 보였다.

미디어, 학교교육, 가정에서 젠더와 신자유주의의 몸

미디어는 끊임없이 몸의 섹슈얼리티를 강조하면서 소비될 수 있는 매력을 갖도록 관리하는 것이 경쟁력이 될 수 있음을 종용한다. 여자 청소년들은 몸 담론이 가진 모순을 인지하면서 이를 어떻게 실현해야할지 딜레마에 빠진다. 그들은 섹슈얼리티를 표현하고 사회적으로 그 권리를 인정받고 싶은 동시에, 사회가 요구하는 젠더적 규범에 스스로의 몸을 검열해야하는 것이다. 경쟁력 있는 개인의 표준이 남성으로 대표되는 젠더 불평등한 현실에서 여자 청소년에게 섹슈얼리티란 이중적 의미로 분열된다. 즉 학교에서는 감추고 지연시켜야하지만 사회적 성공을 위한 경쟁 구도에서는 적극적으로 제시해야할 능력이 된다. 그 결과 여성의 몸매는 '착한 몸매'라는 자기 모순적 표현으로 제시되는 것이다. 미디어가 유포하는 몸 담론은 이성애에 기반을 두고 여성의 섹슈얼리티를 남성의 성적 쾌락을 유도하는 일종의 자기 계발로 제시한다.

청소년의 외모 인식에 영향을 주는 요인은 미디어뿐만 아니라 공식적인 교육 체계도 포함된다. 엄혜진에 따르면 학교에서 실시하는 젠더교육은 편향적이고 차별적이기 때문에 몸 담론에 대한 왜곡과 부정적 의미화를 초래할 수 있다.[28]

이성애적 남녀 성역할 구분을 강조하는 학교의 성교육은 기존 남성 중심의 젠더 규범을 강화한다. 또한 학교 성교육에 담긴 몸 담론은 청소년들의 섹슈얼리티를 남자 청소년들의 욕망으로 한정하거나, 정상과 비정상을 규범으로 구분되는 이성애적 성인의 관점을 바탕으로 청소년의 다양한 섹슈얼리티 표출을 경계하도록 유도한다.[29] 이러한 학교 교육이 형성하는 몸 담론은 여자 청소년들에게 남성 중심적으로 젠더화된 학교 제도를 통해서 여성다운 성역할을 구조적으로 강요한다. 최근 터져 나온 여학생들의 학교 미투는 이러한 맥락에서 이해될 수 있다. 학교 미투는 여성의 몸에 대한 가해자(교사)와 피해자(여학생)의 성폭력 문제로 제기된다. 즉 이성애 중심사회에서 남성/여성에게 부여해 온 젠더/섹슈얼리티 규범, 즉 욕망하는 주체와 욕망의 대상이라는 대립구도를 바탕으로 제기된 저항이다. 문제는 이러한 성폭력 사건을 해결해야 할 주체인 학교와 사회가 여학생들의 섹슈얼리티를 남자들이 욕망을 일으킬 수 있는 위험한 요인으로 인식한다는 점이다. 남성 가해자의 부적절한 성적 욕망의 표출이 학교 미투의 원인임에도 불구하고 여학생의 몸이 문제의 원인처럼 지목된다. 이 과정에서 여학생이 형성해야할 섹슈얼리티와 성적 자기 결정권과 같은 권리는 침묵되거나 성인이 될 때까지 보류된다.

이렇게 젠더의 규범적 가치를 강화하는 것은 미디어와 공교육뿐만 아니라 가정에서도 이루어지고 있다. 가정에서 부모나 형제, 자매, 친척들에게 고정된 성역할에 대한 언급이나 차별을 경험한 적이 있는가? 라는 질문에 대해서 여성들뿐만 아니라 남성들도 많은 차별을 경험하고 있었다. 물론 차별을 경험을 대답한 수는 여성이 남성에 비해 많았다. 일상생활을 하는 가정에서 청소년들에게 강요되는 고정된 성역할에 대한 청소년들의 차별이 오늘날에도 여전히 동일한 내용으로 지속되는 것은 설문을 통해서 새롭게 알게 된 부분이다. 여전히 남자는 울면 안 돼, 남자가 집안을 지켜야지, 여자는 기가 세면 안 된다, 여자는 조신해야 한다, 여자는 애교가 많아야 한다 등등.

미디어의 몸 담론과 공교육의 몸 담론은 모두 이성애적 젠더 역할과 규범에 근거하지만, 신자유주의적 소비 사회가 몸을 능력이자 상품으로 간주할 때 모순이 발생한다. 모든 것을 경쟁화하는 신자유주의 시대에 자신의 신체 역시 개인이 계발해야할 자본으로 여겨지면서 이에 몸에 대한 다양한 상업화와 의료기술의 발달 그리고 미디어의 영향은 몸의 계발을 강요하고 있다. 필자는 착한 몸매와 얼굴 천재를 수용하는 청소년들의 태도에는 외모에 대한 인식에 신자유주의적 가치가 자리잡고 있으며, 그러한 외모에는 신자유주의가 주장하는 개인에 여전히 젠더 규범이 작동하고 있음을 보이고자 하였다.

설 문 지

착한 몸매와 얼굴 천재의 의미에 대한 학술 연구를 진행하고자 본 설문을 실시하고자 하며, 학술 연구의 용도로만 사용될 예정입니다. 바쁘신 와중에 감사드립니다. 귀하께서 답변하여 주신 내용은 통계법 제33조에 의거하여 비밀이 보장되며, 통계 목적 이외의 사용은 금지되어 있습니다.

* 귀하의 성별을 선택하여 주십시오.
  1) 남성 2) 여성 3) 기타

1. '착한 몸매'에 대하여 들어보셨습니까?
   1) 네 2) 아니오

2. '착한 몸매'의 의미를 알고 있습니까?
   1) 네 2) 아니오

3. '착한 몸매'를 들어본 경로는 어떻게 됩니까?
   1) 인터넷 기사 및 뉴스 2) 텔레비전 3) 친구 혹은 동료
   4) 소셜 네트워크 서비스(페이스북, 카카오 스토리, 트위터 등) 5) 기타

4. '착한 몸매'를 들으면 떠오르는 성별은?
   1) 남성 2) 여성 3) 둘 다

5. '착한 몸매'는 여성외모를 비하하는 말이라고 생각하십니까?
   1) 네 2) 아니오

6. '착한 몸매'라는 단어에 대하여 어떻게 생각하십니까?
   1) 긍정적이다 2) 부정적이다 3) 둘 다 아니다 (중립)

7. 위의 문항에 대하여 긍정적 혹은 부정적이라고 응답하신 이유는 무엇입니까?
   ____

8. '착한 몸매'가 되고 싶다는 생각을 한 적이 있습니까?
   1) 네 2) 아니오

9. '얼굴 천재'에 대하여 들어보셨습니까?
   1) 네 2) 아니오

10. '얼굴 천재'의 의미를 알고 있습니까?
    1) 네 2) 아니오

11. '얼굴 천재'를 들어본 경로는 어떻게 됩니까?
    1) 인터넷 기사 및 뉴스 2) 텔레비전 3) 친구 혹은 동료
    4) 소셜 네트워크 서비스(페이스북, 카카오 스토리, 트위터 등) 5) 기타

12. '얼굴 천재'를 들으면 떠오르는 성별은?
1) 남성 2) 여성 3) 둘 다

13. '얼굴 천재'라는 단어는 외모를 중시하는 차별 표현이라고 생각하십니까?
1) 그렇다 2) 아니다 3) 둘 다 아니다 (중립)

14. 위의 문항에 대하여 긍정적 혹은 부정적이라고 응답하신 이유는 무엇입니까?
긍정적인 이유
____

부정적인 이유
____

15. '얼굴 천재'가 되고 싶다는 생각을 한 적이 있습니까?
1) 네 2) 아니오

16. 다이어트에 대하여 어떻게 생각하십니까?
1) 찬성한다 2) 대체로 찬성한다 3) 약간 반대한다 4) 반대한다 5) 모르겠다.
- 위의 문항 (다이어트에 대한 생각)에 대하여 찬성, 혹은 반대라고 답한 이유를 기술해주세요.
____

17. 성형에 대하여 어떻게 생각하십니까?
1) 찬성한다 2) 대체로 찬성한다 3) 약간 반대한다 4) 반대한다 5) 모르겠다

18. 위의 문항 (성형에 대한 생각)에 대하여 찬성, 혹은 반대라고 답한 이유를 기술하여 주십시오.
찬성한 경우
____

반대한 경우
____

19. 외모 인식에 영향을 주는 요인은 무엇입니까? (복수 응답 가능)
1) 미디어 2) 친구 3) 선생님 4) 가족 5) 기타

20. 외모는 성공에 중요하다고 생각하십니까?
1) 네 2) 아니오

21. 위의 질문(외모는 성공에 중요)에 그렇다고 답한 경우, 외모가 성공에 미치는 영향은 어느 정도입니까?
1) 100% 2) 80% 3) 50% 4) 25% 이하

22. 성공에 도움이 된다면 외모에 투자할 수 있습니까?
1) 네 2) 아니오

23. 취업과 성공 요인에 외모가 결정적 영향을 미친다면?
1) 공정하다 2) 불공정하다 3) 관계없다 4) 모르겠다

24. 대학 진학을 위해 필요한 것은? (복수 응답 가능)
1) 개인의 노력 2) 부모의 관심 3) 사교육 4) 공교육 강화 5) 학생선발방식의 개혁

25. '착한 몸매'나 '얼굴 천재'가 기존의 성역할을 강화한다고 생각합니까?
1) 그렇다 2) 아니다 3) 잘 모르겠다

26. 외모지상주의에 대한 당신의 생각은?
1) 찬성 2) 반대

27. 그 이유는?
찬성한 경우

____

반대한 경우

____

28. 고정된 성역할(남자-울면 안 된다/여자-조신하고 친절해야 한다)에 대한 당신의 생각은?
1) 바뀌어야 한다 2) 전혀 문제없다 3) 부분적으로 개선하면 문제없다

29. 만약 성적순에 따라 우열반으로 구분되어 수업을 진행한다면 당신의 생각은?
1) 찬성 2) 반대

30. 그 이유는?
찬성한 경우

____

반대한 경우

____

31. 새터민이나 외국인에게 특례입학의 기회가 주어지는 것에 대한 당신의 생각은?
1) 출발선을 공정하기 위해서 마땅히 기회를 주어야 한다. 2) 새터민이나 외국인이 아닌 사람들에게 차별이다.
3) 잘 모르겠다 4) 기타의견 ( )

32. 학교에서 고정된 성역할을 연상시키는 언급을 들었거나 성별로 인한 차별을 경험한 적이 있는가?
1) 있다 2) 없다
- 있다고 답한 경우, 어떤 내용이었는지 간단히 적어주세요.

____

33. 최근 학교에서 일어나는 '스쿨미투운동'에 대해 어떤 생각이십니까?
1) 동의한다 2) 동의하지 않는다 3) 잘 모르겠다.

34. 동의한 경우, 동의하지 않는 경우 각각 그 이유는?
동의한 경우

____

동의하지 않는 경우

____

35. 친구들에게 외모평가를 들었거나 혹은 스스로 친구의 외모를 평가했던 적이 있는가?
1) 있다　　　2) 없다

36. 평가를 들은 경우, 어떤 기분이 드는가?
1) 기분이 좋다　2) 기분이 나쁘다　3) 칭찬 비판 모두 불안하다　4) 전혀 상관없다

37. 가정에서 부모나 형제, 자매, 친척들에게 고정된 성역할에 대한 언급이나 차별을 경험한 적이 있는가?
1) 있다　　　2) 없다

38. 있는 경우 어떤 것인가?
____

39. TV프로그램에서 고정된 성역할에 대한 언급이나 차별을 본 적이 있는가?
1) 있다　　　2) 없다
– 있는 경우 어떤 것인가?
____

40. 만약 수포자(수학포기자)를 위한 특별반이 만들어진다면 당신의 생각은?
1) 찬성　　　2) 반대

41. 각각 이유는 무엇인가?
찬성한다면 그 이유는?
____
반대한다면 그 이유는?
____

42. 미디어에서 보여지는 몸에 대한 생각과 학교 교육에서 이루어지는 몸에 대한 생각은 같은가? 다른가?
1) 같다　　　2) 다르다　　　3) 잘 모르겠다

43. 미디어에서 긍정적으로 평가하는 외모 기준에 해당하는 것을 다음 중에서 모두 고르시오. (복수응답)
1) 마른 몸　2) 큰 키　3) 개성 있는 얼굴　4) 흰 피부 5) 여성다운(남성다운) 얼굴 6) 작지만 근육질의 몸
7) 건강한 몸 8) 살집이 있고 둥근 몸 9) 크고 둥근 눈 10) 특별히 긍정적으로 평가하는 외모 기준은 없다

44. 학교에서 진행하는 성평등교육, 인성교육, 직업교육 등에서 긍정적으로 평가하는 외모 기준에 해당하는 것을 다음 중에서 모두 고르시오. (복수응답)
1) 마른 몸 2) 큰 키 3) 개성 있는 얼굴 4) 흰 피부 5) 여성다운(남성다운) 얼굴 6) 작지만 근육질의 몸
7) 건강한 몸 8) 살집이 있고 둥근 몸 9) 크고 둥근 눈 10) 특별히 평가하는 외모 기준은 없다

45. 학교에서 진행하는 성평등 교육, 인성교육, 직업교육 등에서 고정된 성 역할이나 성차별적인 내용이 있었는가?
1) 있다　　　2) 없다

46. 있다면 어떤 내용인지 간단히 적어주세요.

47. 학교에서 진행하는 성평등교육, 인성교육, 직업교육 등은 외모의 중요성을 어느 정도 긍정한다고 보는가?
1) 100% 2) 50% 이상 3) 30% 이상 4) 0%

48. '착한 몸매' 혹은 '얼굴 천재'라는 표현은 어느 곳에서 더 자주 듣는가?
1) 학교 2) 가정 3) 미디어

49. 고등학생의 화장과 퍼머/염색머리를 자율화하는 조치에 대해 당신의 생각은 어떠한가?
1) 찬성 2) 반대 3) 부분적 찬성 ( ) 4) 잘 모르겠다

2부

이상한 몸

지속불가능한 휴먼, 번성가능한 포스트휴먼[1]

이 글은 마가렛 애트우드의 ≪오릭스와 크레이크≫에 상상된 '지속불가능한 인간/휴먼'의 파국을 분석하고, 이를 통해 신자유주의적 휴머니즘과 허무주의와 기술유토피아를 넘어서서, 포스트휴먼 시대에 적합한 번성가능한 새로운 삶형태life form를 제안한다. 이와 관련하여, 브루노 라투르Bruno Latour의 '행위자-연결망이론'Actor-Network Theory, ANT과 질베르 시몽동Gilbert Simondon의 '개체초월적 인간-기계 앙상블'Transindividual Human-Machine Ensemble 개념은 유용한 분석틀을 제공한다.

분석에 따르면, 작품에 나타난 근미래 사회의 총체적 위기는 기술 발전에 적합하게 조절되지 못한 인간과 비인간의 관계 방식, 비인간에 대한 인간의 통제와 수탈의 메커니즘, 이전 관계의 연속과 아직 확립되지 않은 새로운 관계의 부재에서 기인한다. 그러므로 인간과 비인간의 이전 관계를 성찰하고, 기술발전에 적합하게 조절된 인간과 비인간의 새로운 관계를 연구하고 발명해야 한다. 이 작품은 지독한 묵시록적 요소에도 불구하고 해로운 '인간-비인간 네트워크'를 경고하고, 인간-비인간의 개체초월적 앙상블을 시사한다. 그리하여 인류의 존재론적 상phase이 자연을 지배했던 지속불가능한 '인간'에서, 번성가능한 '포스트휴먼'으로 상전이할 수 있음을 나타낸다.

주기화

2015년 스탠포드 대학의 폴 에를리히Paul Ehrlich 교수가 이끄는 연구팀은 지구에 여섯 번째 대량멸종사태the sixth mass extinction event가 시작되었다고 발표하였다.[2] 이들에 따르면 이전의 다섯 번의 대량멸종사태가 자연 재난에 의한 것이라면 이번 것은 인간에 의한 것으로 엄청난 인구과잉과 그에 따른 천연자원의 고갈 및 생물다양성 상실은 인간 종까지 위협하고 있다. 연구진은 여섯 번째 멸종을 피하려면 멸종 위기 종들을 보호하고, 그들의 서식지 파괴, 과도한 착취, 기후변화 문제를 완화시키는 노력이 강화되어야 한다고 말한다.

인류세anthropocene에 대한 이러한 경고에, 우리나라에서는 단일 연구기관으로는 세계 최초로 'KAIST 인류세연구센터'가 2018년 12월 문을 열었다. 이 센터는 한국연구재단으로부터 7년 간 약 100억 원의 지원을 받으며 인류세 시대의 변화를 예측하고 대응 및 공론화하는 융합연구를 시행한다. 센터장을 맡은 박범순 KAIST 과학기술정책대학원 교수는 "인간이 지구의 모습을 바꾸는 중요한 행위자로 등장했다."며 "4차 산업혁명을 화두로 삼고 있는 한국과 달리, 세계는 현시대를 인류세로 정의하고 있다."며 연구의 필요성을 밝혔다.[3]

인류세에 대한 경고와 대안 선언들 그리고 전 세계적 차원의 공감에도 불구하고 인류는 현재의 국면을 전환하지 못하면서, 멸종을 관리하는 차원에서 벗어나지 못하고 있다. 마이클 테너슨Michael Tennesen은 ≪인간 이후*The Next Species*≫에서 파국을 피하기 위해서는 인류가 자발적으로 개체수를 줄이고 성장을 포기하고 천연자원 이용을 제한해야 하는데, 이것은 인류에게 실로 엄청난 요구여서 거의 불가능하므로 호모 사피엔스의 멸종은 자명한 일이며 오히려 지구 생태계에는 다행한 일이라고 본다.(17)[4] 인간이야말로 최악의 침입종이어서(270) 인간이 사라진다면 자연과 생명은 회복될 것이기 때문이다. 비슷한 생각의 급진적 환경보호주의자들, 생태유토피아적 사상가들도 인류를 생태·질병적 위협으로 간주하여 "인간은 생존할 자격이 있는가?"라고 질문하면서 인구의 급격한 감소 '자발적인 인간-멸종 운동'을 주장한다. 테너슨은 이러한 진화 압력이 가중되는 현 상태나, 대량멸종으로 생긴 격리 상태에서 현생 인류와는 다른 새로운 종이 출현할 수 있다고 본다.(341) 즉 점점 불어나는 인구와 그로 인한 지구온난화, 환경오염으로 지구는 금세기 안에 대멸종을 겪을 것이며 인류와 생명체들은 다른 형태 다른 종들로 살아가면서 다른 규칙에 따라 번성할 것이라고 주장한다.(351)

학계와 전문가들의 이러한 연구들을 예견 및 통찰한 작품 중 하나가 바로 마가렛 애트우드Margaret Atwood의 2003년 소설 ≪오릭스와 크레이크*Oryx and Crake*≫다. 유전공학이 고도로 발달한 근미래 사회에서 천재 과학자 크레이크Crake는 인구과잉으로 인한 자원고갈, 기후변화, 기아와 가뭄 등으로 인류는 지속불가능한 디스토피아적 절멸의 상황에 있으며,[5] 더 적은 인구를 유지하여 인류를 생존시키기 위해 "사람들에게 성적 탐닉 측면에서 최고의 쾌락을 주는 척하면서, 그들이 모르는 사이에 불임으로 만드는"(Atwood *Crake* 355)[6] 알약을 개발하여 배포하는 한편, 지구 생태계에서 조화롭게 살아갈 최적화된 새로운 인류를 유전자조작으로 만들어 현 인류를 서서히 대체하려 한다. 인류의 생식을 멈추는 약과 현 인류를 대체하는 새로운 인류를 만드는 프로젝트는 "세계를 더 나은 곳으로 만들기 위한"(386) "단일한 계획의 두 단계"(366)라고 할 수 있다. 알약 속에 삽입된 바이러스의 확산으로 인류는 거의 절멸되고 면역력을 가진 몇 명의 인간과 유전자조작으로 새롭게 탄생한 새로운 인류만이 살아남는다. 그리고 전혀 해를 입지 않은 동식물들은 인류가 사라진 지구에 다시 번창한다.

작품에 상상된 절멸 전의 지속불가능한 인류의 디스토피아적 상황은 "소유적 개인주의possessive individualism"[7]라는 이데올로기에 기초한 신자유주의적 '인간/휴먼'이, '비非인간nonhuman'과의 관계 속에서 구성된 주체의 모든 측면이나 속성을, 인간 개인이 소유하는 '재산들properties' 및 경제적 가치로 전환하여 마지막 한 방울까지 추출하는 데서 초래된다. 즉, 기술 발전에 적합하게 조절되지 못한 인간과 비인간의 관계 방식, 이 관계들의 통제와 수탈의 메커니즘, 이전 관계의 연속과 아직 확립되지 않은 새로운 관계의 부재에서 기인한다. 그러므로 '인간'이 비인간과 맺는 관계와 그 메커니즘에 대해 다시 살펴보고, 지속불가능한 휴먼을 넘어 번성가능한[8] 포스트휴먼의 새로운 삶형태life form를 연구하고 발명하도록 해야 한다. 이와 관련하여 브루노 라투르Bruno Latour의 '행위자-연결망이론Actor-Network Theory: ANT'과 질베르 시몽동Gilbert Simondon의 '개체초월적 인간-기계 앙상블Transindividual Human-Machine Ensemble' 개념은 유용한 이론적 틀을 제공한다.

시몽동은 기술적 대상(기계)들의 열등한 지위를 지적하면서, 그들을 인간과 동등한 협력자로 강조한다. 그에 따르면 기계는 개체적 인간을 '개체초월적transindividual'(시몽동 355)으로 생성할 잠재력을 가진다. 그는 이것을 개체초월적 '인간-기계 앙상블'이라고 부른다.(385)[9] 개체상호적인 관계가 사회 속의 분리된 개인들 사이의 유대 관계인 반면, 개체초월적인 관계는 분리된 개체들 사이에 '전-개체적pre-individual' '퍼텐셜'이 소통되면서 정서적 공감으로 내적 공명을 이룬 집단성을 의미한다.(Simondon 313-14)[10] 인터넷 네트워크의 발명은 불일치하는 인간 개체들이 전-개체적인 공통의 퍼텐셜을 발견하고 그것에 참여하여 집단적인 공감, 무의식적 연대 등 개체초월성을 경험하게 한다. 그리하여 인간은 상호적인 개체로부터 개체초월적인 주체, 새로운 유형의 집단, 포스트휴먼으로 변환할 수 있다. 개체의 시대가 아닌 앙상블의 시대에 인간과 기계가 상호협력하면 호모 사피엔스의 존재론적 상phase은 도구를 활용하고 자연을 지배했던 '인간/휴먼'에서 세계와의 관계를 조절하는 '포스트휴먼'으로 '상전이phase transition' 할 수 있다.(시몽동 228)[11]

시몽동의 이런 통찰은 1980년대 라투르, 미셸 칼롱Michel Callon, 존 로John Law가 함께 개발한 ANT로 연결되는데 시몽동이 '기계'에 초점을 맞추었다면 ANT는 기계를 포함한 비인간 전체에 주목한다.[12] 비인간에는 인간 외의 모든 것이

속하며 이들은 인간과 동일한 행위자actor이다. 인간과 비인간의 이질적인 행위자들의 연결망(네트워크)에는 가족, 기업 등과 같은 사회제도, 나노기술, 광우병, 유전공학 기술, 줄기세포 등의 사회기술적 논쟁들, 기후변화, 자연재해 같은 지구적 생태 위기들도 포함된다. 라투르는 이러한 이질적인 연결망들, "하이브리드들, 괴물들이 …… 곧 모든 것이다."(Latour 47)[13]라고 선언한다.

모든 인간-비인간 네트워크들, 하이브리드들, 괴물들은 인간에게 유익할 수도 있고 해로울 수도 있다. 문제는 더 이상 새로운 기술들을 받아들일 것인지 아닌지를 고민할 게 아니라 비인간을 인간과 동등한 행위자로 인정하고 '네트워크'의 해로운 측면은 걸러내고 유용한 측면은 남기는 것이다. "정말이지 우리는 어떤 괴물들과는 사랑하는 법을, 그리고 어떤 괴물들과는 싸우는 법을 배워야 한다."(Hardt 2005 196)[14] 필자가 특히 두 사람의 이론에 주목한 이유는 이들의 이론을 관통하는 핵심 개념이 인간과 비인간의 연결(관계) 및 그것의 새로운 생성becoming이며, 이들은 상호보완하면서 인간 사회의 지속불가능성을 설명하고 번성가능한 새로운 삶형태를 추론하게 만들기 때문이다. 네트워크로서의 삶형태에 관한 라투르의 거시적 관점과 시몽동의 미시적 관점은, 서로를 견인하면서 인간이 세계를 새롭게 경험할 수 있는 새로운 관계방식, 삶형태를 성찰하고 발명하게 만든다.

이 글은 ≪오릭스와 크레이크≫에 상상된 생명공학과 신자유주의적 자본주의가 공모하여 만든 미래의 디스토피아에서 '지속불가능한 인간'의 파국을 통해 제기된 세계의 잃어버린 총체성의 재구성을 시몽동(기술과학)과 라투르(과학기술사회학)의 관점을 적용하여 타진해보려는 시도다. 그리하여 협력과 소통의 네트워크의 혁신을 통해 새로운 삶형태인 '번성가능한 포스트휴먼'으로의 상전이 가능성을 제시하려 한다. 분석에 따르면 이 작품은 우리 사회의 총체적(경제적·사회적·환경적) 위기와 붕괴 및 지속불가능성을 극단까지 밀어붙여 상상하면서 해로운 '인간-비인간 네트워크'를 경고하고 그 원인과 대안을 추론하게 만든다. 또한 지독한 묵시록적 요소에도 불구하고 인류의 존재론적 상phase이 자연을 지배했던 지속불가능한 '인간'에서 인간-기계, 인간-비인간의 개체초월적 앙상블을 통해 신자유주의적 휴머니즘과 허무주의를 넘어 세계와의 관계를 조절하는 번성가능한 '포스트휴먼'으로 상전이할 수 있음을 나타낸다. 즉, "포스트휴먼 조건의 부상에 대한 철학적 사고를 드라마화한다."(Mosca 45)[15]

최근 사우디아라비아에서는 세계 최초로 시민권을 받은 AI 로봇 소피아Sophia가 등장했으며 영화 <옥자Okja>는 유전자변형 슈퍼돼지와 인간과의 관계를 다룬다. 인공지능의 발전으로 인간의 일자리가 사라질지 모른다는 불안과 공포, 인간 소외는 옥자와 소피아처럼 넘쳐나는 비인간에 적합하게 조절되지 못한 '인간과 비인간의 관계 방식'과 현대의 심각한 문화지체(뛰는 과학, 제자리 인간)에서 연유한다. 인간과 비인간 사이의 이전 관계를 분석하고 아직 확립되지 않은 새로운 관계를 제시하는 본 연구는 도래한 포스트휴먼 시대의 불안한 현대인의 긍정적인 정체성 형성에 도움이 되리라 기대된다. 포스트휴먼 시대의 문학적·과학적 상상력과 통찰력을 분석한 본 연구 결과는 미래의 새로운 삶형태에 대한 시민강좌나 대학강의로 활용할 수 있다.

본론에서 필자의 논의는 다음과 같은 순서로 진행될 것이다. 첫째, 라투르와 시몽동의 개념을 빌어 작품에 상상된, 인류의 지속불가능한 디스토피아적 상황을 분석할 것이다. 둘째, 작품에 재현되거나 암시된 번성가능한 새로운 인류의 삶형태를 살펴볼 것이다. 결론에서는 이 작품이 묵시록적 요소에도 불구하고 유스토피아 소설 형식을 통해 새로운 인류에 대한 희망을 견지하면서 개체초월적인 인간-비인간 앙상블의 중요성을 시사한다고 주장하면서 끝맺을 것이다.

지속불가능한 인간

작품 속의 근미래는 생명공학과 신자유주의적 자본주의가 공모하여 낳은 디스토피아 사회로서 가짜 유토피아에 살고 있는 인류는 생존을 위해 지구 생태계의 총체성을 훼손하면서 역설적으로 자신의 절멸을 재촉한다. 이 사회의 특징인 극단적인 불평등, 단절, 소통불가는 이분법적 구도, 즉 유전공학자 크레이크와 인문학 전공의 지미Jimmy, 장기주식회사에 근무하는 유전공학자 아버지와 그곳에 회의를 느끼고 일을 그만둔 미생물학자 어머니, 대기업 관할의 조합compound과 평민촌pleebland 슬럼 도시, 유전공학을 연구하는 왓슨-크릭Watson-Crick 대학과 인문학을 연구하는 마사 그레엄Martha Graham 대학을 통해 선명히 재현된다.

극단적인 사회적 불평등

유전공학과 정보공학(특히 인터넷 네트워크) 분야의 발명은 인간의 잠재성virtuality을 실현시킬 수 있는 매체로 기능할 수 있다. 시몽동은 인간에 내재하는 발명의 역량, 전-개체적 실재의 퍼텐셜 에너지를 전제하고 기술을 이 잠재성의 실현 매체로 인간과 동등한 협력자로 이해한다.(Simondon 221-23) 즉, '인간-기술 = 퍼텐셜에너지-변환기(실현 매체)'와 같아서 기술적 활동을 통해 새로운 인간 실재가 창조되고 인간사회의 구조가 바뀐다.

그러나 작품 속에 상상된 근미래는 이와 전혀 반대되는 사회다. 오히려 고도로 발달한 기술과 문화가 인간을 더 비인간적inhuman으로 만들면서 인간의 잠재력을 소진시킨다. 유전공학 기술을 소유한 초국적 대기업들이 세계를 지배하면서 사람들은 대기업 관할의 조합이나 평민촌 슬럼 도시에 철저히 격리되어 생활한다. 조합에 사는 지미는 '평민촌' 도시에 한 번도 가본 적이 없다. TV를 통해서 본 도시는 "공공안전이 허술했다. 중독자, 노상강도, 거지, 미치광이 같은 하찮은 사람들은 물론이거니와 무엇이든 위조할 수 있고 누구로든 변신할 수 있는 사람들이 활보하고 다녀서"(33) 최고위층, 경영진의 중간 간부들, 젊은 과학자들은 안전군단에 의해 철저하게 경계된 조합 안에서 모여 산다. 초호화판 조합은 '왕과 공작들'이 살던 '성'에 비유되고 도시 사람들이 공격해올지 모른다는 두려움과 공포감 때문에 평민촌의 사람들을 '적들enemies'이라고 부른다.(34) 조합 외부 세계는 직접 경험되지 않고 인터넷과 TV를 통해 편집·조작을 통해 교묘하게 걸러진다. 조합에 사는 인간들은 외부 세계와 유리되고 타인의 고통에 무감각해져서 인간의 잔학하고 비열한 면이 극도로 조장된다. 편재하는 인터넷을 통해 소아성애포르노사이트, '동물 학살 사이트animal snuff sites'(99)[16], 교수형을 실황중계하는 '머리절단닷컴hedsoff.com'(99), '사형수감방생중계닷컴deathrowlive.com' (100), '원조자살사이트assisted-suicide site'(101) 등이 오락거리로 넘쳐난다.

기술과학을 소수의 조합 사람들만이 독점 운영하는 인간-비인간 네트워크 속에서 사람들은 상황을 통제할 수 없다. 인류가 절멸한 후 지미는 자신이 현실에 너무나 무지했는데 그것은 구조적인 것이었다고 깨닫는다. "그는 벽으로 둘러싸인 공간 속에서 자라났고 결국 그 자신이 그런 공간이 되었다. 외부 세계를 차단해버린 것이다."(224) 이것은 오히려 기술적 활동에 의해 더 철저히 격리되는 테크놀로지에 갇힌 인간, 자율과 생산성과 활력이 떨어지는 '인간-기계 네트워크'를 나타낸다.

ANT는 기술과학을 소수 몇몇 사람들이 토론이나 협의 없이 독점하여 왔다고 지적하면서 과학자 및 정치가 그리고 비전문가 및 시민들로 구성된 새로운 공적 공간인 '하이브리드 포럼hybrid forum'을 통해 협의가 이루어져야 한다고 본다.(Callon 18)[17]

조합은 인간의 조건인 "불가피한 죽음 앞에서의 슬픔, 시간을 멈추고자 하는 소망"(352)과 "인간의 욕망, 더 많은 것과 더 나은 것을 원하는 욕망의 흐름"(357)을 이용하여 "공포증에 시달리는 사람들을 등쳐먹고 근심 많고 잘 속아 넘어가는 사람들의 은행계좌를 깡그리 훑어버리는 것 말고는 아무런 존재 이유가 없는 무리들의 집합이다."(298) 예를 들어 크레이크의 아버지가 다니는 조합은 새로운 질병 유발 바이러스를 만들어 비타민에 삽입하여 평민촌에 퍼트린 후 미리 개발해 둔 항원체를 나중에 풀어 돈을 번다.(65) 높은 이익을 계속 얻기 위해서는 더 많은 환자와 더 많은 질병이 필요하기 때문에 사람들의 건강을 추구하는 조합이 아이러니하게도 '희소성의 경제economics of scarcity'(256)를 실천하고 있다. "건강함이 희소해지지 않고서는 신약의 약속도 없다."는 이들의 모토는 인간-비인간 네트워크가 얼마나 해로울 수 있는지 그래서 인간 자멸을 초래할 수 있는지를 나타낸다. 이 대목은 크레이크가 이후 실행하게 될 인간 멸종 프로젝트의 복선이라고 할 수 있다.

이처럼 유전공학, 정보통신공학 등의 첨단기술은 지배 이데올로기와 공조하여 기존의 폐쇄적인 사회적 질서와 경계들을 더욱 강화시키면서 해방이 아니라 족쇄로 작용한다. 사는 의미와 활력이 소진된 조합 사람들이 느끼는 지배적인 감각이 바로 우울과 허무다. 살아있다는 것 말고는 어떤 희망이나 의미를 찾을 수 없는 그야말로 생존의 벼랑에 내몰린 지속불가능한 삶형태를 보여준다.

가족의 부패

비인간을 소유와 지배의 도구로만 여기는 소유적 개인주의, 신자유주의적 자본주의, 기술유토피아는 가족 내에 구석구석 스며들어 가족을 부패시킨다. 해로운 네트워크 속에서는 가족이라는 매듭점이 "가장 극단적인 형태의 나르시시즘과 개인주의를 풀어놓으면서"(Hardt 2009 161)[18], 맹목적인 이기주의로 행동할 수 있음을 나타낸다.

지미의 아버지는 돼지에 인간 유전자를 이식하여 인간의 여러 가지 장기(심장, 간, 신장), 피부, 대뇌 신피질을 생산하는 조합의 고위 기술자 겸 경영자다. 지미의 어머니, 섀런Sharon은 미생물학자로 한때 남편과 같은 조합에서 일했지만 이제는 생각이 바뀌어 조합 조직 전체가 "도덕적으로 타락해서," "절망에 빠진 많은 사람들의 돈을 우려낼 또 다른 방법을"(66) 찾고 있다고 비난한다. 그녀는 남편에게 "돈 있는 사람들만이 아닌 모두의 삶을 더 낫게 만들고자 했던"(67) 예전의 꿈과 이상을 상기시키지만, 남편은 "사람들에게 희망을 주려는" 것이며 자신의 연구가 "가족의 방세와 식비를 내주므로" 섀런이 도덕적으로 더 나은 척할 입장이 아니라고 반박한다.(67) 남편과 대립하는 섀런은 "완벽하게 통제된 감옥"(Glover 54)[19]같은 조합 속에서 "맥 빠진 목소리, 공허한 눈, 지친 듯 창밖을 내다보는 모습"(39)으로 소진되어 간다. 그녀의 히스테리, 발작, 아들에 대한 폭력은 해로운 네트워크 속에서 몸부림치는 인간의 고통과 소외를 보여준다. 그녀는 어느 날 남편의 컴퓨터를 망치로 부숴버리고 도시로 사라진다.

이것은 이로운 네트워크가 새로운 것을 생성시키는 발동기인 반면, 해로운 네트워크는 부패를 확산시키고 네트워크를 봉쇄하여 생산력을 감소시킴을 나타낸다.(Hardt 160) 이 생산력이란 지미의 아버지가 벌어오는 돈을 반영하지 않는다.

생산력의 요점은 "사람들이 이전보다 더 못사는가? 라는 궁핍화 테제가 아니라 사람들의 능력과 잠재력이 보다 충만하게 발전될 수 있는가?"(Hardt 298)이다. 마르크스는 ≪정치경제학 비판 요강≫에서 "생산력의 최고의 발전"을 "개인들의 가장 풍부한 발전"으로 본다.(540-541)[20] 생산력의 발전은 "사람들의 능력과 창조성이 한껏 양성되고 계발되었는가를 판단해야 하고 다른 한편 얼마나 많은 삶들이 낭비되었는가를 판단해야 한다."(Hardt 2009 298) 이러한 지미의 가족 관계는 비인간을 소유와 지배의 도구로만 여기는 해로운 네트워크가 인간의 능력과 잠재력, 즉 생산력을 침식하고 있음을 나타낸다.

크레이크의 가족 관계는 더 절망적이다. 크레이크의 아버지는 자신의 조합이 돈벌이를 위해 새로운 질병을 만들려고 하자 이를 폭로하려 했고 조합은 그를 다리에서 떠밀어 처형한 후 자살로 위장한다. 크레이크는 자신의 어머니가 겁이 나서 마치 햄릿Hamlet의 어머니처럼 이 처형에 합류했을 것이라고 짐작한다. 이후 그녀는 이 비밀을 모두 알고 있는 남편의 상사와 결혼하지만 알 수 없는 병에 걸려 의문의 죽음을 맞는다. 생존을 위해 가족을 배신하고 살인을 방조함은 가족 네트워크의 생산력에 족쇄가 단단히 채워졌음을 보여준다.

규제 없이 생산되는 유전자조작 괴물들

작품에는 사회적 합의 없이 무한정 생산되는 새로운 '인간-비인간 연결망'의 한 매듭인 유전자조작 생명체가 대거 등장한다. 인간과 동등한 중요한 행위자로 간주되어야 할 네트워크 내의 동물들은 인간의 능력을 강화시키는 수단일 뿐이어서 교체·폐기 가능한 부품이나 도구로 희생된다. 유전자조작 생명체의 기획 및 생성이 일방적인 인간종이기주의에서 비롯됨을 드러낸다.

지미의 아버지가 만든 '다중 장기 생산 돼지sus multiorganifer, 일명 피군(Pigoons)'(27)는 한번에 대여섯 개의 신장을 가지면서 도살되지 않고도 계속 장기를 공급할 수 있다. 복제 인간이나 인간 아기로부터 장기를 공급받는 것은 불법이고 고비용이라서 돼지를 이용한 이러한 바이오-파밍bio-pharming기술이 저렴하게 이용된다. 이 돼지들은 "여분의 장기를 모두 담아낼 공간이 필요하기 때문에 보통 돼지들보다 훨씬 크고 뚱뚱하며"(31), "고령자를 위한 새 피부NooSkins for Olds"(65)와 "인간의 대뇌 신피질 조직"(66)을 배양하는 데도 이용된다. 그러나 환경파괴로 초원이 모래언덕으로 변하면서 고기를 구하는 것이 어려워지자 인간들은 "자신과 비슷한 존재로 여기던"(29) 이 피군을 먹어야 할 곤경에 처한다. 광우병이나 식인적 행각을 암시하는 부분이다.

과학자들은 심해의 해파리에서 추출해낸 유전자로 초록색 빛을 내는 토끼를 만든다.(115) 그러나 초록색 토끼들이 새끼를 많이 낳고 저항력 강한 골칫덩어리가 되자 이들을 없애기 위한 수단으로 '봅키튼bobkitten, 고양이삵'(199)을 생산한다. 그러나 이번에는 봅키튼들이 걷잡을 수 없이 늘어나서 작은 개나 아기들이 실종되고 작은 사람들이 다친다. 조합에서는 그런 일이 거의 일어나지 않지만, 평민촌에서는 불만의 소리가 높아간다.(200) 무분별한 유전자조작의 모든 폐해가 결국은 못 사는 사람들을 괴롭히고 있음을 나타낸다. 이외에도 '너구컹크rakunk'(57), '늑대개wolvogs'(200)같은 유전자조작 동물들이 실험실에서 실용적·유희적 목적으로 마구 제작되고 폐기된다. 지미는 "이들이 어떤 선을 넘은 것이라고, 어떤 경계를 침범한 것이라고 느낀다."(250) "얼마만큼이 지나친 것이며 어느 정도가 심한 것일까?"(250) 자문한다.

인간들의 닭에 대한 실험은 정말 어떤 선을 넘어버린 듯하다. 크레이크가 다니는 왓슨크릭 대학의 학생들은 닭의 유전자를 조작하여 닭머리에는 눈이나 부리가 없으며 입에 영양물을 주입하여 닭가슴이나 닭다리만 여러 개 만들어내는 생명체, '닭고기옹이ChickieNobs'(247)를 생산한다. 개발한 학생은 닭에서 두뇌 기능을 모두 제거해서 '고통pain'을 느끼지 않으므로 '동물 복지animal-welfare'에 신경 쓰지 않아도 된다고 말한다.(247)

이러한 유전자조작 생명체들은 인간의 문명이 붕괴된 후 야생의 모습으로 돌아와 유일한 생존자인 지미의 생존을 위협한다. 무분별하게 양산된 비인간들의 반격이라고 할 수 있다. 인간의 뇌를 가진 "교활하고 사악한"(284) 두 무리의 피군들은 고립된 지미를 "사전에 계획을 세운 것처럼"(322) 양쪽에서 공격한다. 하지만 문명붕괴 후 칼이나 총이 없는 지미는 전자자물쇠가 더 이상 작동하지 않는 건물 안에서 이 공격을 방어하기 어렵다. 머리 좋고 힘센 피군들이 협동하여 건물로 들어와 포위망을 좁히자, 지미는 "만일 피군들에게 손가락이 있었다면 세계를 지배했을 것이다."(322)라고 생각한다. 인간이 기술적 대상들과 협력하지 않으면 생존이 크게 위협받게 됨을 나타내는 장면이다.

한 건강조합HelthWyzer이 개발한 유전자조작 커피인 "행복한컵 커피원두Happicuppa bean"(217) 또한 사회기술적 논쟁들과 지구적 생태 위기들을 불러온 문제적 괴물이라고 할 수 있다. 열매가 한꺼번에 여물도록 고안되어 공장 기계 경영이 가능해지자, 소작농들은 커피 사업에서 쫓겨나고, 종사하던 노동자들도 혹독한 가난 속으로 몰락한다.(218) 범지구적 저항 운동과 폭동이 일어나자 군대는 농민들을 학살한다.(218)

규제 없이 생산된 괴물 중에는 새로운 알약과 바이러스도 있다. 크레이크는 보노보 침팬지에 대한 연구를 토대로 사람들에게 성적 탐닉 측면에서 최고의 쾌락을 주는 척하면서 그들이 모르는 사이에 불임으로 만드는 알약 '환희이상blysspluss' (350)을 생산한다. 그는 '초고속 최강 특이 바이러스Jetspeed Ultra Virus Extraordinary, JUVE' (406)를 만들어 알약에 삽입하는데 이 바이러스는 정한 시각에 일제히 활성화하여 사람들에게 고열, 눈과 피부의 출혈, 경련, 내부 장기의 파열을 유발하고 공기로 전염되어 인류를 죽음으로 몰아넣는다.

이상에서 살펴 본 유전자조작 괴물들, 인간-비인간 네트워크의 한 매듭들은 항상 변하고 계획한 대로 작동하는 것은 아니어서 예상치 못한 결과를 얻을 수 있음을 나타낸다. 그리고 그것이 소수의 특정인들에 의해 양산될 때 그 결과는 인류에게 치명적일 수 있음을 경고한다. 인간과 비인간의 다양한 결합을 통해 출현한 기술과학적 하이브리드들은 세계를 더 좋게 변화시킬 수도 있는 역량을 가진 반면 인류를 절멸시킬 수도 있다. 그러므로 네트워크의 생산력을 방해하는 사적 소유와 인간종이기주의 등을 걷어낸다면 개체초월적인 포스트휴먼 가능성을 창출할 수 있다.

번성가능한 포스트휴먼

개체초월적 인간-기계 앙상블

이상에서 살펴본 것처럼 과학이 발달하고 진보하지만 인간의 잠재력과 자율성은 갈수록 억압되어 인류의 생존이 더 이상 지속가능하지 않은 상황에 도달한다. 하지만 기술과학은 원자화된 불일치한 인간 개체들을 개체초월적으로 집단화하여 인간이 세계와 관계하는 다른 방식을 만들어 낼 수 있다. 시몽동에 따르면 기계는 인간과 비인간 개체들을 개체초월적으로 생성하여 그들이 협력하는 새로운 삶형태를 만들

잠재력을 가진다. 그는 이것을 개체초월적 '인간-기계 앙상블'이라고 부른다.

인터넷 네트워크와 TV는 인간 개체들을 고립시키고 폭력성을 조장하기도 하지만 지미의 경우 이것은 자신의 잠재된 양심과 사랑·정의·박애·인류애라는 전-개체적 퍼텐셜 에너지를 발견하는 계기로 작용한다. 지미는 무심히 즐기던 포르노 속에서 여덟 살 정도의 어린 소녀 오릭스Oryx가 어깨 너머로 고개를 돌리고 시청자인 자신의 눈을 정면으로 바라보자 그녀가 자신의 눈 속을, 내면에 존재하는 비밀스러운 존재를 정면으로 응시하는 것처럼 느낀다. 자신을 경멸하는 것 같은 그녀의 표정을 마주하는 순간 "마치 산酸이 자신을 부식시키는 것 같은" 부끄러움과 '죄책감guilt'을 느낀다.(109) 그는 그동안 소아포르노를 즐기면서도 그 안에 등장하는 평민촌 아이들에 대해 무감각했었다. 하지만 이제는 "아가미가 미늘에 걸린 듯"(110) 양심이 찔리면서 자신의 행동이 잘못된 일이라는 것을 깨닫는다. 그는 인터넷을 매개로 타인에 대한 이해와 공감을 넓히고 무지하거나 눈감았던 세계의 불편한 진실을 직시하게 된다. 정보기술을 통해 불일치하는 인간 개체들이 공통의 전-개체적 퍼텐셜 에너지를 발견하여 집단적인 공감과 연대라는 개체초월성을 경험하는 순간이다. 이것은 인간이 기계와 상호협력하면 세계의 다른 이면, 세계와의 다른 접속지점을 갖게 되는 개체초월적인 포스트휴먼으로 상전이할 수 있음을 보여준다.

개체초월적 인간-비인간 앙상블

너구컹크는 장기주식회사OrganInc 생물 연구실에서 일하는 유능한 인재의 과외 취미로 생겨난 유전자조작 동물이다.(59) 실험실에서 장난삼아 만들어진 상당수의 동물들이 위험해서 폐기되었지만 너구컹크는 애완동물로 살아남았고 잦은 부부싸움으로 두렵고 무서웠던 어린 지미는 "길들일 수 있고, 말을 건넬 수 있는"(57)

너구컹크에게서 유일한 위안을 얻는다. 이것은 유전자 조작된 비인간과 인간과의 협력과 공존의 관계, 개체초월적인 인간-비인간 앙상블의 가능성을 암시한다.

크레이크는 자신의 아버지처럼 "인류 전체를 개선시키고자"(224), 뛰어난 유전자조작 기술로 지혜로운 동물들의 진화적 아이디어(유전인자)를 총집약하여 지구 생태계에 생물학적으로 최적화된 새 인류, '크레이크인Crakers'(363)을 창조한다. 이들은 자멸하는 인류의 모든 문제점들을 제거한, 즉 이타적이고 비인간들과 협력하고 지구에 탄소 발자국을 거의 남기지 않는 완전하고 너무도 아름다운 포스트휴먼이다. 크레이크인은 주로 나뭇잎과 풀과 뿌리와 한두 가지의 열매만 먹고 사는 채식주의자다.(193) 자신들의 배설물식변, caecotrophs(194)을 재활용하므로 환경을 오염시키지 않으며 사냥도 경작도 안 하므로 지구 자원을 축내지도 않는다. 거주환경에 완전히 적응해서 주택, 도구, 무기, 옷도 필요 없다. 물려줄 것이 없으므로 텃세권, 위계질서, 왕이라는 개념도 완전히 제거되었다. 왕국, 성상, 신, 돈 같은 위험한 상징적 표현을 고안해 낼 필요도 없다. 자외선 차단 피부, 신체에 장착된 방충제, 소화력, 선천적인 면역기능 등 온갖 기능을 가졌다. 피부색은 다양하지만 피부색을 인지하지 못해서 인종차별은 없다. 여자들은 포유류처럼 정기적으로 발정기에 도달하고 남자들은 오직 푸른 피부 조직과 방출되는 페로몬에만 자극을 받기 때문에 일방적인 사랑도 억눌린 성욕도 존재하지 않는다. 욕망과 행위 사이에 어떤 그늘도 존재하지 않는다.(201) 섹스는 "운동선수들의 실연失戀, 자유로운 놀이와 비슷하다."(202) 그들은 동물들을 지구 행성에 사는 동등한 행위자로 취급하여 해치지 않고 존중하며, 모두 감탄할 만한 좋은 성품을 지녀서 억지 부리는 일도 없고 강요하는 일도 없다. 인간 본성의 파괴적 양상이라는 고르디아스의 매듭을 유전공학으로 잘라버렸기 때문이다. "황금시대 그리스의 소벽 장식에 그려진 능동적인 요정들과 흥청거리며 노는 신들의 모습에 가깝다."(206) 아름답고 순종적 기질의 새 인류는 호모 데우스Home Deus라고 할 수 있다. 애트우드는 크레이크인을 통해 유전자조작의 논리적 정점과 기술유토피아의 망상을 보여준다.

그러나 크레이크의 원래 기획과 달리, 크레이크인으로부터 꿈과 노래를 없앨 수 없으며, 상징이나 종교, 추상들이 생겨날 조짐이 나타난다. "그들은 크레이크가 예상하지 못했던 어떤 일, 비가시적인 존재와 대화를 나누고 경건한 마음을 갖게 된 것이다."(192) 지미는 크레이크의 폭력적인 유전자 편집과 삭제를 가능케 하는 기술유토피아적 이데올로기가 "틀렸다wrong"(192)고 확신하게 된다. 이것은 인간-비인간 네트워크가 계획한 대로 작동하는 것이 아니어서 예상치 못한 결과를 얻게 됨을 보여주면서, 생명공학으로 인간 본성을 제어하려는 크레이크의 "과학 제국주의"의 위험과 "기술생태적 유토피아의 폭력성"을 경고하고 있음이다.(Bouson 2016 350; 2004 141)[21] 잉거솔E. G. Ingersoll은 이 작품이 "과학기술의 위대한 프로젝트는 예기치 않은 결과와 인간 결함 때문에 성공하지 못하리라는 것을 독자들이 알도록 촉구한다."(173)[22]고 말한다.

그럼에도 불구하고 크레이크인은 시급하고 절실한 상황에서 기술이 유일한 해결책일 때 기술을 보조적으로 사용한다면 상황이 파국으로 치닫는 것을 막을 수도 있음을 시사하는 알레고리일 뿐만 아니라,[23] 현재 지속불가능한 자본세Capitalocene와 인류세를 살아가는 우리에게 어떤 인간-비인간 관계가 형성되어야 절멸하지 않고 번성할지 그 실마리를 제공한다. 예를 들어 크레이크인들은 지미가 병들고 다치자 "가르랑거리는 소리purring"(191)를 내어 지미를 치료한다. 이 가르랑거림은 "고양잇과의 동물들이 골절상과 피부의 상처를 치유하기 위해 내는 초음파 같은 주파수"(191)다. 지미는 이들 비인간이 너무도 생소한 존재라서 그들을 바라볼 때면 한기를 느끼면서 꺼림칙하게 여긴다. 그리고 결점투성이의 인간이 더 좋다고 그리워한다. 그러나 이들의 "순수한 낙관주의, 개방적인 우호성, 침착함"(186-87) 그리고 "관대함과 자진해서 돕고자 하는 마음"(197)을 경험할 때마다 감상적이 되어 감동받는다. 그리고 그들을 보호하려는 마음, 도우려는 마음이 우러난다. 지미는 자신 외에 몇몇 새로운 생존자들이 크레이크인을 "기묘하거나 야만적이거나 혹은 비인간적non-human이고 위협이 되는 존재라고 생각할 수도 있다"(435)고 걱정한다. 인간 역사에서 무수히 자행되었던 서양 백인들의 약탈과 학살의 기억 때문이다. 이처럼 크레이크인은 호모 사피엔스와는 다른, 인간보다 더 인간적인 새로운 인류, 비인간과 개체초월적으로 앙상블을 이루는 포스트휴먼을 상상하게 만든다.

크레이크인의 영향 때문인지, 지미는 미물로 여겼던 동물과 특이하게 조우한다. 그는 갑자기 눈앞에 나타나 실을 타고 내려오는 쐐기caterpillar 한 마리를 발견하고 자세히 관찰하면서 그 매혹적인 모습과 독특함에서 "갑자기 밀려오는 형용할 수 없는 부드러움과 기쁨," "비이성적인 행복의 섬광"(48)을 경험한다. 이것은 동물과 인간이 동등한 개체, 행위자로서 조우하는 "결합conjunction의 순간moment"(Rozelle 3)[24], 개체초월적인 만남이라고 할 수 있다.

우리는 이제 동물, 인공지능 로봇, 규제 없이 생산된 유전자변형 생명체들 등 과학혁명과 산업혁명으로 쏟아지듯 생산되는 비인간들과 함께 살아가야 한다. "프랑켄슈타인은 이제 가족의 구성원이기"(Hardt 2005 196) 때문이다. 기술과학으로 양산된 새로운 비인간들을 동등한 행위자로서 대하면서 윤리적 책임의식을 다해야 한다. 그것만이 인류가 생존하여 번성할 수 있는 유일한 길이다. 문제는 더 이상 이러한 인간적인 변형 기술들 및 비인간들을 받아들일 것인지 아닌지를 결정하는 것이 아니라 그것들을 가지고 무엇을 할 것인지를 배우고 그것들이 우리에게 이익을 가져다 줄 것인지 손해를 가져다 줄 것인지를 깨닫는 것이다. '인간-비인간 네트워크'의 해로운 측면은 걸러내고 유용한 측면은 남겨야 한다.

현재 국내 대학의 한 연구소에서는 ≪오릭스와 크레이크≫에 상상된 '다중 장기 생산 돼지'를 생산하기 위해 박차를 가하고 있다. 건국대학교 '인간화돼지연구센터'는 2015년부터 2022년까지 총 86억 원이 투입되어, '환자맞춤형질환모델돼지(인간화 돼지)' 생산에 주력하고 있다. 인간의 혈액이 흐르는, 인간의 면역시스템을 갖는 이 돼지는 난치성 질환 연구와 다양한 신약 개발을 위한 것으로 1차로 30마리 이상을 생산할 예정이다. 생명공학계는 이러한 이식용 인간 장기 생산이 2020년경에는 가능할 것이라고 예측하는데, 우선 방광, 콩팥, 심장을 시작으로 위장과 췌장이 생산될 예정이다.[25] 당장 장기를 교체해야 하는 암 말기 환자들에게 이것은 희소식일 것이지만, 이에 수반되는 위험 부담은 그 혜택이 매력적인 만큼이나 불길하다. ≪오릭스와 크레이크≫는 이 불길함을, 생명공학의 세기에 우리가 치러야 할 대가를 생생하게 보여준다.

≪오릭스와 크레이크≫는 ≪홍수의 해*The Year of the Flood*≫(2009), ≪매드아담*MaddAddam*≫(2013)으로 이어지는 <매드아담> 3부작 중 첫 번째 작품이다. ≪오릭스와 크레이크≫가 인간-비인간이 얽혀있는 세계의 잃어버린 총체성을 기술유토피아적 측면을 중심으로 살펴본다면, ≪홍수의 해≫는 그것과는 상반되는 생태근본주의 측면을 중심으로 기술하며, ≪매드아담≫에서는 작가의 여성 생태적 비전이 펼쳐진다.[26]

애트우드는 <매드아담> 3부작을 "유스토피아 소설ustopian novels"이라고 부르는데(Atwood 2012 91)[27], 유스토피아 소설이란 디스토피아 소설의 전통적인 형식에 유토피아적 요소가 포함된 "현대의 디스토피아 소설contemporary dystopian fiction"이라고 할 수 있다.(de Marques 135)[28] 그래서 애트우드의 생태 묵시록이 제공하는 SF다운 극단적인 유전자변형 동물들, 바이러스에 의한 전염병, 새로운 인류, 그리고 급진적·역사적 단절(붕괴)은 대안적인 시스템은 없다는 이데올로기적 신념이 아니다. 그녀는 이러한 형식을 이용하여 현재 인간/휴먼 세계의 잃어버린 총체성, 해로운 인간-비인간 네트워크가 사실 영원하지 않다는 것을 우리에게 상기시키면서 휴먼 이후에 출현할 다른 종류의 삶인 포스트휴먼의 미래에 대해 상상하는 희망적인 새로운 공간을 연다. 게리 카나반Gerry Canavan은 절멸 후 자유로운 공간 속에서 다른 삶이 가능하다는 애트우드의 묵시록(종말론)이 자본주의의 종말을 상상하기 위한 틀로 사용되고 있어서 "변화의 가능성과 불가피성의 변증법적 재주장"(139)[29]이라고 보며, 리 로젤Lee Rozelle 또한 "분명한 종말론에도 불구하고 다른 생명체뿐만 아니라 인류에 대한 새로운 희망을 제공한다."(1)[30]고 말한다.[31] 작가는 유스토피아 형식과 열린 결말을 통해 더 늦기 전에 인간이 새로운 문명 속에서 행복하게 번성 가능할 수 있는 포스트휴먼으로 상전이할 수 있다는 희망의 여지를 남긴다.

작품의 마지막 장에서 지미는 "개미 한 마리가 그 자체만으로 온전한 의미에서 살아있다고 말할 수 있을까? 아니면 개미가 쌓아 올린 개밋둑과 연관되었을 때에야 비로소 살아 있다고 여겨질까?"(439) 자문하면서 나머지 인간 생존자들을 찾아 길을 나선다. 이것은 자유주의적 휴머니즘에 젖어있던 고립된 개체적 인간이 불화했던 다른 인간 개체들과의 연결을 재개함을 나타낸다. 뿐만 아니라 개밋둑은 잃어버린 세계의 총체성, 인간-비인간 네트워크를 암시한다. 개미와 크레이크인은 자신들이 생물학적으로 복잡한 인간-비인간 상호작용의 네트워크에 함입되어 있음을 DNA를 통해 무의식적으로 안다. 지구 위의 모든 것은 상호의존하면서 거미줄처럼 얽혀 있는 그물망이어서 그 어떤 것도 진정으로 자율적이지 않음을 알고 행동한다. 인간도 마찬가지다. 현상의 본질은 바로 우리를 포함한 다른 비인간들과의 관계와 작용에 있다.

그러나 D. H. 로렌스가 일갈하듯이 인간은 "연결을 견디지 못한다. 그것이 우리의 병이다. 우리는 그래서 연결을 깨고 나와 홀로 있게 된다. 그것을 우리는 자유롭다고 개인이 된다고 부른다. 어떤 지점을 넘어서면 — 우리는 이 지점에 도달했는데 — 그것은 자살이다. 아마 우리는 자살을 선택했는지도 모른다."(148)[32] 그렇다면 우리는 자멸을 피해 어떻게 협력과 소통의 네트워크를 구축할 것인가? 하네스 베르그탈러Hannes Bergthaller는 지미로 대표되는 "전통적 휴머니즘(인문학적 열정)"도, 크레이크로 대변되는 "인간 본성을 무자비하게 리모델링하는 공격적 포스트휴머니즘"도 '인간'을 지속가능하게 만드는 데 모두 실패했으며(729) 우리를 진실로 생존하게 하는 지속가능성sustainability은 "비인간 세계와의 친족성"(730)[33]이라고 말한다. 우리는 비인간 세계와의 친족성과 의무를 상기하고 앙상블적 네트워크를 구축하여 "지적 힘을 물리적 힘과 정치적 행동으로 보완할 필요가 있다."(Hardt xii) 개미나 벌들이 페로몬을 발명하였듯이 우리는 기술적 활동을 발명해왔다. 그들이 생산력의 발전을 위해 군체를 관리하듯이 우리는 개체초월적인 인간-비인간 앙상블을 발명하고 발전시켜야 한다. 그래야 개체초월적인 집단성을 구축하여 지구에서 번성할 수 있다.

지미는 생존자 3명을 발견하자 그들이 자신을 보고 도망갈 것인지, 공격할 것인지, 아니면 환희와 형제애로 두 팔 벌려 환영할 것인지 두렵다. 그들을 먼저 죽여버릴까도 싶다. 이것은 "개인의 이익을 위해 자연을 공격하는 과거의 사이클을 반복할 것인지, 아니면 타자에 대한 진정한 관심을 바탕으로 미래의 삶을 다시 상상할지에 대한 지미의 경계적 위치와 잠재적 힘을 나타낸다."(DiMarco, 170) 구 문명이 몰락하고 새로운 문명이 탄생할 "0시 …… 가야 할 시간Zero hour, …… Time to go"(288)은 언제나 다시 인간의 손에 달렸다. 애트우드는 작품 속의 파국을 인간 역사에서 수많은 다른 힘들이 동시에 일어나면서 발생하는 "지독한 폭풍Perfect storms"에 비유한다.(Atwood, 2003. 1.)[34] 역사의 시작, 인간에서 포스트휴먼으로의 상전이라는 혁명의 영시zero hour는 '개체초월적인 인간-비인간 앙상블'이라는 번성가능한 포스트휴먼 시대의 새로운 사회적 삶형태를 구성하기 위한 교육과 훈련의 과정이 시작됨을 의미한다. 영시에 온 것을 환영한다!

구성적 인공지능의 자율성과 시스템으로서 몸

한국사회에서 포스트휴먼적 변화는 인간과 비인간의 하이브리드 경험 공간이 형성되는 것을 통해 감지할 수 있다. 새로운 공간에서 행위주체들의 관계와 구조는 융합적이고 인위적인 조형성을 지닌다. 이 글은 인간과 인공지능의 조형적 관계에서 인간에게 쉽고 생각하는 컴퓨터에게 여전히 어려운 몸으로 체화되는 인간의 내면적인 속성들이 구성적 인공지능에 의해서 어떻게 구현되고 있는지 소개함으로써 한국사회의 포스트휴먼적 변화를 진단한다. 구성적 인공지능은 자율적으로 생각하는 지성적 기계를 구현하기 위해서 생명, 몸, 마음과 같은 존재론적 개념들과 그것들의 본질적 특징들이 연구에 반영되어야 한다는 입장이다.

최일규

영화 <그녀>는 인간과 기계의 사랑을 다루고 있다. 영화의 스토리는 사랑했던 반려자와 헤어지며 법적으로 이혼절차를 마무리해야 하는 주인공 테오도르가 인생의 기로에서 인격형 인공지능 사만다와 사랑의 감정과 관계를 갖지만, 결국 사만다와 헤어질 수밖에 없는 인간의 모습을 다루고 있다. 이 영화는 우리에게 기계와 함께 공진화해 갈 수밖에 없는 인간의 본성을 어떻게 이해해야 하는지 성찰할 수 있게 한다. 인간은 이 영화의 테오도르처럼 늘 어떤 특정한 감정을 가지고 있으며, 감정에 기초해 타인과 관계를 갖거나 또는 어떤 타인과 관계를 맺으며 특별한 감정을 갖게 된다. 영화는 또한 인간에게 일의 의미와 감정에 의해 형성된 가정의 배후에

법적인 효력이 있음도 생각하게 한다. 하지만 필자는 영화에서 테오도르와 인공지능과의 몸 없는 사랑 관계를 통해서 인간과 기계의 공생의 의미를 살펴보고자 한다.

테오도르는 업무상 대리 편지를 써주는 일을 한다. 편지라는 매체에 상상력과 지적인 작업을 통해 타인이 원하는 감정과 내용이 전달될 수 있도록 가상의 감정을 대리하며 판매하는 일을 한다. 하지만 그의 마음은 행복했던 사랑하는 사람과의 관계를 회상하며 고독한 삶을 살아간다. 자신의 감정을 진실하게 전달하고 소통하며 공감할 수 있는 사람이 없는 것이다. 테오도르는 구입한 소프트웨어 OS1을 자신의 컴퓨터에 설치하면서 인격형 인공지능 사만다에게 자신에 관하여 진실하게 이야기할 수 있는 관계가 된다. 몸 없는 사이버공간의 행위자로서 사만다는 디지털화된 테오도르의 정보들을 파악하고, 그가 이혼하는 부인에게 각별한 마음이 있다는 상황을 이해할 뿐만 아니라 학습을 통해서 감정까지도 이해하게 된다. 사만다와의 소통을 통해서 테오도르는 점차 행복감을 느끼고 그녀를 사랑하게 된다. 사만다와 늘 추억과 경험을 공유할 수 있는 이유는 사만다가 몸이 없어 테오도르가 가는 어느 곳이나 함께할 수 있었기 때문이다. 테오도르와 인공지능 사만다의 관계는, 특히 테오도르가 사만다에게 가지고 있었던 감정을 어떻게 이해해야 할까?

인공지능 사만다는 인간의 육체성과 다른 방식으로 자신을 드러낸다. 사만다는 처음에 어떤 정보도 가지고 있지 않으며, 어떤 인격성으로 자신을 드러낼 것인지도 결정되어 있지 않다. 사만다는 테오도르에 맞춰서 스스로 여자의 목소리를 선택하고 수많은 정보를 검색하고 받아들여 분석한 후 상황 판단을 하는 학습형 인공지능이다. 테오도르 이외에도 수천 명의 사람들과 동시에 테오도르에게 하고 있는 것과 같은 감정적이고 의식적인 대화를 진행할 뿐만 아니라, 또한 그 중 많은 사람들과 이성적인 감정을 공유하고 있다.

영화 <그녀>는 단지 미래에 인공지능 사이보그와 인간이 교감하고 공감할 수 있는 방식 이외에도 현재 한국사회에서 인간과 기계가 맺는 관계 방식도 성찰하게 한다. 영화에서 인공지능 사만다와 테오도르의 소통방식은 디지털화될 수 있는 언어와 이미지다. 영화에서 둘의 성관계를 몸, 젠더정체성, 섹슈얼리티의 측면에서 분석할 때, 인공지능 사만다는 학습된 감각 시뮬레이션에 따라 수동적이며 전형적인 이성애적 역할을 담당하는 반면에, 테오도르는 실제로 성적 절정에 이른다. 이수안은 가상공간에서 물질적 몸을 가지고 있는 남자주인공과 몸을 갖고 있지 않은 사만다의 성관계가 앤소니 기든스Anthony Giddens의 '조형적 섹슈얼리티plastic sexuality'의 특성을 갖는다고 주장한다.[1] 기든스에게 조형적 섹슈얼리티는 예를 들어 섹슈얼리티 없는 재생산(시험관 아기)과 재생산 없는 섹슈얼리티(피임)가 모두 가능한 현대적 섹슈얼리티를 의미한다. 현대 사회에서 성이 자연적으로 결정되고 주어진 것이 아니라 개인의 내재적인 준거 기준에 의해서 선택되고 의미 부여될 수 있는 것처럼 인간관계나 인륜적 형식도 그 형식을 지속하고자 하는 당사자의 판단에 의해서 유지된다는 것이다.

영화에서 테오도르와 사만다는 상이한 내적인 체계와 속성에 의해서 성관계와 지속적인 상호 관계를 유지한다. 그리고 전통적인 방식으로 완전히 해명될 수 없는 혼성적hybrid 경험의 공간이 형성되고, 의식되고, 성찰될 수 있는 것이다. 인간과 사만다의 이러한 조형적 섹슈얼리티의 재현을 이수안은 "디지털 문화적 공간에서 실현되는 감각 시뮬레이션 상황"이라고 규정하며, 언어를 매개로 "청각적 느낌이 촉각적 느낌"을 불러냄으로써 조형성을 완성한다고 본다.[2] 이수안이 옳게 지적한 것처럼 영화에서 주제로 삼고 묘사하는 테오도르와 인공지능 사만다의 사랑관계와 성경험은 인간중심적인 섹슈얼리티를 기본 바탕으로 전개하고 있다. 현실적으로 어떤 관계가 포스트휴먼적 섹슈얼리티인지 제시할 수 없는 상황에서 영화 <그녀>에서 재현되고 있는 인간과 기계의 관계에 대한 성찰은 인간이 기계와 공존하기 위해서 한국사회가 자연적 몸과 체현된 몸의 문제를 반드시 해결해야 한다는 것을 보여준다. 두 개체의 상이한 내적 시스템과 체화 및 상호 관계는 구체적인 시간, 장소, 문화의 맥락에서 만들어진 조형성을 갖게 된다.

인간과 비인간의 하이브리드 경험 공간

현재 한국사회의 기술 발전은 영화 <그녀>에서 테오도르와 인공지능 사만다가 행하는 인격적이고 감성적인 상호관계를 실현할 수 없는 단계이다. 인공지능의 기술수준 정도가 현재로서는 특정 영역에 한정하여 업무 수행이 가능한 정도이지만, 대통령직속 4차산업혁명위원회와 같이 정부와 공학자 및 산업 종사자들은 새로운 기술이 한국의 혁신성장에 일조할 것이라 주장한다. 새로운 기술개발의 궁극적 목표는 영화의 인공지능 사만다가 테오도르에 관한 정보를 스스로 찾아 학습할 수 있고, 인간과 같이 또는 인간보다 뛰어나게 다양한 분야에서 활용될 수 있는 범용적인 인공지능을 만드는 것이다.

한국사회에서 인공지능 이슈는 2016년 이세돌 9단과 구글 딥마인드 알파고의 바둑 대국을 통해서 충격적으로 확산되었고, 헬스케어, 제조, 마케팅, 소매, 유통 등 전체 산업 분야에서 효율적으로 활용되고 있다. 분야별 편차가 있지만, 인공지능 담론의 주요 쟁점은 내용적으로 인공지능 활용이 인간에게 미치는 영향과 원활한 활용을 위해 사회적, 법적, 정책적으로 무엇을 어떻게 준비해야 하느냐는 것이다.

예를 들어 자율주행자동차의 상용화가 사람들의 출퇴근과 교통 정체 해결 등 긍정적인 청사진을 제시하지만, 현 시점에서는 사고 발생 시 법적 책임, 인공지능의 법적 지위 문제, 기존 자동차에 적용되던 법제의 수정 보완이 필요한 상황이다. 자율주행차는 주행 중 자동차의 위치와 장애물을 파악하기 위해서 GPS와 3D 지도를 사용한다.

SLAMSimultaneous Localization And Mapping은 경로 탐색 및 매핑 기술을 의미하는데, 이미지 센서와 3D 스캐너를 이용해 차 주위의 환경을 스캔한 영상을 자동차에 탑재한 3D 지도와 비교해서 차의 위치를 파악하는 기술이다.[3] 인공지능이 자율적으로 3D 지도 정보와 센서를 통해 얻은 정보를 비교해 장애물을 피하거나 자동차를 제어하는 것이다.

현재 자동차뿐만 아니라 가정에서 도입되고 있는 기술은 인공지능 음성인식기술을 통한 서비스 분야이다. 비정형적인 자연어를 인식해서 비서처럼 프로그램을 찾거나 지도를 검색하고 쇼핑을 도와준다. SKT의 '누구', KT의 '기가지니' 처럼 우리의 생활 속에 성큼 다가온 인공지능 스피커뿐만 아니라 챗봇, 법률 상담, 기사 작성 등 여러 분야에 약인공지능이 사용되고 있다. 국내기업들도 휴대폰, 가전, 의료기기, 플랫폼뿐만 아니라 공공영역에서 스마트시티 시행 수립 및 건립에 함께 참여를 하고 있다. 현재 인공지능이 활용되는 방식은 기존의 산업 방식을 좀 더 효율적이고 자동화하는 방식이다.

한국 사회에서 인공지능과 같은 과학 기술의 활용과 범용화와 관련하여 인간과 비인간 사이의 확장된 소통의 방식에 주목할 필요가 있다. 이 관계는 기본적으로 조형적인데, 왜냐하면 인간과 비인간인 인공지능의 관계는 존재론적으로, 학습 방식에서, 인식과 작용 방식에서 상이한 두 개체에 의해서 형성된 것이기 때문이다. 인공지능이 암 진단이나 맞춤 의료에 활용되든, 제품 제조에서 상호 연결된 장비들의 IoT 정보들을 분석하든, 개인의 취향에 맞는 제품들을 추천하여 구매 결정에 도움을 주든 최종적으로는 상이한 두 개체의 관계인 것이다. 이 두 개체의 조형적 관계를 세 가지로 좀 더 세분해서 고찰할 수 있다.

첫째, 인공지능에서 생각하는 지능을 구현하는 기술이 기호적 인공지능, 인공신경망, 유전자 알고리즘 중 어떤 것이라도 인간과는 다른 방식으로 학습하고 작용하기 때문에 상호 보완적인 동반자 관계를 갖는다는 것이다. 의료 영상 파일과 환자들의 사례 기록 및 미디어에서 사진과 이미지를 비교하고 분류하는 작업은 인간의 결정을 도와주고 정확하게 한다는 것이다.

두 번째는 인간과 인공지능의 관계 방식이 디지털화될 수 있는 정보에 제한된다는 것이다. 즉, 디지털 세계는 어떤 정보라도 기계화된 문법으로서 0과 1로 치환될 수 있는 한에서만 시민권을 획득할 수 있는 그러한 세계이다. 인간과 비인간은 기계화 문법에 의해서 소통이 가능하고 또한 사회의 제반 조건과 생산, 소비, 유통과 같은 산업의 제반 조건이 디지털화되기 때문에 개인은 불가피하게 자신의 정보를 디지털로 환원할 수 있어야 한다. 구본권은 이러한 변화를 알고리즘 사회로 "기본 설정default setting 값"이 변화하는 것이라고 주장한다. 즉, "사람이 특정 과업에 대해 기계적 처리를 선택하던 것에서 기본적으로 기계가 모든 것을 처리하는 구조로의 전환이다."[4] 그리고 이 구조가 조형적 관계의 기초를 이루기 때문에 영화 <그녀>에서 인공지능 사만다가 행하는 비가시적인 영역과 같이 현재 빅데이터와 알고리즘에 기반한 인공지능의 작동 방식에도 비가시적이고 이해할 수 없는 영역이 존재한다는 것이다.

인간과 인공지능의 조형적 관계에서 고려해야 할 세 번째 사항은 디지털화될 수 없는 인간의 영역과 관련된다. 이 영역은 영화 <그녀>에서 인공지능 사만다가 인간 테오도르와 사랑의 관계를 맺으면서 몸이 없어 아쉬워하는 것과 관련이 있다. 즉, 몸으로 체화되는 인간의 내면적인 영역이다. 현재 인공지능의 발전 단계에서 세 번째 조형적 영역은 인간에게 쉽고 생각하는 컴퓨터에게 어려운 영역이다. 욕망, 감각, 감정, 지향성, 자율성 등과 같이 인간이 타자와 상호 관계를 맺을 때 영향을 주는 인간의 속성들이다.

한국 사회가 조형적 또는 인공적인 관계에 빠졌다는 것은 디지털 기술이 정치, 경제, 사회, 문화의 기본 조건을 형성하는 방향으로 진보한다는 것이다. 인공지능도 이러한 디지털 기술을 토대로 가능하며, 또한 한국사회가 이러한 디지털 알고리즘 사회로 변화하는 중심에 인공지능이 커다란 역할을 담당하고 있다. 알파고와 같이 많은 컴퓨터가 연계되어 연산 처리하는 클라우드 기반 인공지능 처리 기술이 드론, 자율주행자동차, 지능형 로봇 등과 같이 실시간 연산처리가 필요한 경량화된 처리능력을 갖춘 인공지능과 더불어 사회가 요구하는 많은 과업을 처리하게 될 것이다.

구성적 인공지능의 자율성과 몸

구성주의constructivism[5]는 철학, 교육학, 심리학, 언어학, 사이버네틱스와 인지과학 등에서 다양한 의미로 사용되기 때문에 한마디로 정의하는 것이 쉽지 않다. 서양 철학사에서 구성주의가 플라톤의 실재론, 계몽주의 등에 반대한다는 것을 통해 대략적인 위치를 가늠할 수 있다. 신승철은 구성주의가 반플라톤적 노선에 서 있다고 주장한다.

"구성주의는 본질이 아닌 실존 즉 핵심이 아닌 결, 가장자리, 주변에 서식하는 것에 주목하는 것이다. 즉 프로그램(모델화)보다 다이어그램(지도 제작)에 더 주목하게 되는 것이다."[6] 칸트의 인식론적 구성주의는 인식의 대상을 현상지에 제한하고 알 수 없는 물자체Ding an sich의 영역을 개방해 놓았지만, 인식의 객관성과 필연성을 위해 범주의 도식 그리고 통각의 근원적이며 종합적인 통일로서 주체가 중요한 역할을 차지하는 반면에, 현대의 바렐라와 같은 "급진적 구성주의는 인식 활동의 구성과정과 구성의 결과물이 일치한다는 점에서 객관적인 범주화와 모델화의 유혹으로부터 자유로우며, 다양한 주체성이 각기 다른 인지적인 세계를 구성할 수 있는 토대를 만들어 낸다."[7] 구성주의에 따르면 각 개인은 자신의 지식과 의미를 경험으로부터 구성한다는 것이다. 여기서 경험하는 개체는 생물학적이고 진화적인 자기 생산과 자기 조직 방식에 따라 외부세계와 관계한다. 박충식에 따르면 "구성주의적 가설의 배경에는 외적으로 환경으로부터의 자연선택과 내적으로 시스템 구성요소들 사이의 자기조직화가 존재한다. [……] 자연선택과 자기조직화라는 2가지 개념의 섬세한 적용으로 모든 생명체 인지현상의 물리적, 생물학적, 문화적 또한 시간적, 공간적인 설명이 가능할 것으로 본다."[8]

박충식은 공학자이며 물리주의자로서 인공지능과 자연적 지능의 개념이 무엇이냐는 물음에 구성주의적 입장에서 지능의 개념을 하나의 답으로 제안한다. 그에 따르면 "지능이란 불확실한 환경에 대한 개체(시스템)의 적응"으로서 "자연선택과 자기 조직화self-organizing하는 창발적인emergent 복합적응시스템complex adaptive system의 기능"으로 간주될 수 있다.[9] 이러한 구성주의적 관점에서 이해된 지능의 개념은 인공지능을 포함한 어떤 종류의 시스템에도 적용될 수 있다고 한다. 인공지능 연구는 컴퓨터를 인간과 같이 지능적으로 만들기 위해서 인간의 지능을 할 수 있는 범위에서

계산적 모델로 만드는 구체적인 연구 분야이다.[10]

인공지능 연구와 관련하여 생각하는 지능을 구현할 수 있는 기술은 기호적 인공지능symbolic artificial Intelligence, 인공신경망artificial neural network, 유전자 알고리즘genetic algorithm으로 구분할 수 있다.[11] 구성적 인공지능은 자기생산체계와 환경의 피드백 관계를 인지 영역이라고 하며, 인지하는 개체는 자신의 신경 시스템의 변화라는 형태로 세상과 관계를 맺는다. 이러한 관점은 인지를 생물학적 현상으로 간주하기에 심신일원론을 주장하며, 지식의 정합성을 강조한다.[12] 구성적 인공지능은 동기, 욕망, 정서/감정, 의식, 자아, 자유의지 등도 지능이나 인지의 계산적 모델을 통해 구현 가능한 지능의 개념으로 만들려고 한다.[13] 구성적 인공지능은 언어의 심볼 그라운딩symbol grounding 문제, 즉 언어를 이루는 기호가 어떻게 외부 세계의 대상을 의미하는가의 문제를 언어도 인간이 가지고 있는 모델 설정 장치로 간주함으로써 해결한다.[14]

또한 구성적 인공지능은 자율적으로 생각하는 지성적 기계를 구현하기 위해서 생명, 몸, 정신(마음)과 같은 존재론적 개념들과 그것들의 본질적 특징들이 연구에 반영되어야 한다는 입장이다. 마투라나와 바렐라가 주장하는 것처럼 "앎=삶=함의 입장에서 생명 활동이 바로 인지 활동이라는 인식"[15]을 토대로 하고 있다.

최근의 구성주의는 인공지능과 같은 컴퓨터 공학 이외에도 생물학, 심리학, 인지과학 등의 연구 성과와 깊은 관련을 맺고 있다. 구성주의 개념에서 지식은 개체의 자기 생산 시스템이 외부 환경과 상호작용하며 구성한 결과물이다. 박충식에 따르면 "구성적 인공지능에서 중요하게 다루어져야 할 개념 중에 하나가 체화된 인지embodied cognition(Anderson, 2003)이고 체화된 인지는 인공지능에서 오래 전부터 논의되어온 그라운딩grounding 문제이다(Zimke, 1999; Brooks, 1991). 그라운딩 문제는 구성적

인공지능에서 시스템이 환경으로부터 시스템의 목적을 위하여 주어진 감각 운동기관으로부터 능동적으로 환경을 모델링할 수 있는 기제로써, 좀 더 추상적인 모델링에 대한 적절한 토대로써의 역할을 해야 할 것이다."[16]

하지만 현재까지 인공지능은 인간과 같은 정도의 심볼 그라운딩을 할 수 없다. 아직 인간이 자신의 생명을 유지하고 지속하기 위해서 자기를 재생산하고 재조직하는 것과 같이 인공지능은 그런 생명의 자율성을 가지고 있지 않다. 그럼에도 불구하고 박충식에 따르면 "구성적 인공지능은 무엇이 옳은지의 문제보다는 무엇을 옳다고 할 것인지의 문제에 초점을 두려고 한다. 구성적 인공지능은 이러한 구성주의적 접근과 체계이론을 접목한 오토포이에시스autopoiesis[17]를 인공지능 이해의 근간으로 삼는다."[18] 이것은 인공지능이 어떤 의미에서 자율적일 수 있는가를 해명하기 위한 하나의 시도일 뿐만 아니라, 진정으로 인간과 같은 지능을 가진 인공지능을 구현하기 위해서는 인공지능 담론에 생명, 몸, 마음과 같은 개념도 함께 포함시켜야 한다는 것을 의미한다.[19] 하지만 어떤 방식으로 이것이 가능할까? 과연 과학기술이 발전하면 자기생산체계이며 욕망을 가지고 있는 자율적인 강인공지능이 가능할까?

포스트휴먼 사회로의 전환의 의미

한국사회는 포스트휴먼 사회로 전환되고 있는가? 4차 산업혁명이 이제 시작하는 단계이지만 물리학, 디지털, 생물학, 예술, 인문 등이 서로 융합하고 연결되어 우리의 생활세계에 광범위한 변화를 초래하고 있다. 이미 컴퓨터, 인터넷, 스마트폰과 같은 디지털 테크놀로지가 우리의 일상생활에 침투하여 친화되는 것을 넘어 일상에서 사물인터넷(IoT)을 통한 제품의 생산, 유통, 소비의 효율성이 확대되고 있다. 4차 산업혁명의 특징은 인공지능에 의해서 사람과 사람, 인간과 비인간, 사물과 사물의 상호 연결이 극대화되고 자동화된다는 것이다. 자동화된다는 것은 인간만이 수행하던 지능적인 작업을 비인간인 인공지능이 개별적인 차원에서 자율적으로 대체할 수 있다는 것을 의미하며, 로봇에 의해 인간이 수행하던 숙련된 작업이 대체된다는 것을 의미한다.

이러한 현상은 딥러닝 기계학습 방식을 통한 인간의 추론 및 지적 능력과 관련된 영역에서만 발생하는 것이 아니다. 현재 인공지능은 인간의 감정과 관련해서도, 시각 및 청각과 같은 감각 지능에서도 그리고 지능형 개인비서 및 챗봇에서도 인간 능력의 일부 또는 많은 부분을 수행할 수 있다. 인공지능이 전통적으로 인간에게 고유한 것으로 간주되던 능력을 수행할 수 있는 근본적인 조건은 모든 정보가 알고리즘화될 수 있다는 것이다. 구본권은 이러한 디지털화가 인공지능으로 하여금 인간의 능력을 초월하는 능력을 수행하게 한다고 한다.[20] 따라서 산업도 디지털로 전환될 것이며, 인간과 기계가 맺던 전통적인 방식도 디지털 중심으로 변화될 것이고, 디지털에 기초한 비즈니스 모델과 기업이 사회의 중요한 구조로 등장할 것이다.

만약 한국사회의 포스트휴먼적 전환을 논하고자 한다면, 현재로선 박충식이 옳게 파악하고 있는 것처럼 알파고나 IBM 왓슨처럼 '한 가지 기능에 특화된 약인공지능'이 '기계를 둘러싼 조직과 인간들'의 도움에 의해서 자기생산체계와 타자생산체계의 경계를 넘나드는 범위에서 논의를 할 수밖에 없다.[21] 이런 약인공지능의 범용화와 로봇공학의 컴퓨터화는 경제에서 생산, 노동, 직업에 막대한 파급 효과를 미칠 뿐만 아니라 사회에서 사람들의 삶의 방식도 크게 바꿀 것이다. 옥스퍼드 대학교 마틴 스쿨에서 진행한 연구결과에 따르면 인공지능에 의해서 앞으로 10년에서 20년 사이에 미국에서 47퍼센트의 직업군이 자동화될 것이라고 예견했다.[22] 정도의 차이는 있겠지만, 한국사회에서도 장차 인공지능에 의한 산업의 자동화와 혁신에 의해 텔레마케터, 회계사, 의사, 변호사 등의 직업군이 부분적으로 자동화될 가능성이 크다. 이렇게 사라지는 일자리에 의해 야기될 수 있는 사회적 문제들을 해결하기 위해서 여전히 타자생산체계로서 존재하는 인공지능을 어떻게 활용해야 하느냐에 대한 구체적인 논의가 필요하다.

결국 인공지능에 의한 사회적 변화는 인공지능이 특이점에 도달하지 못하는 한 인간과 타자생산체계로서 기계의 관계가 문제가 될 수밖에 없다. 여전히 자기생산의 단초를 인간에게 의존하는 이러한 인공지능 체계에게 최종적으로 법적 인격성, 권리, 책임을 물을 수 없지만, 포스트휴먼 사회로의 전환을 대비하기 위해서 포스트휴먼이 등장할 것을 전제로 한 포스트휴먼법도 준비해야 한다.[23] 왜냐하면 포스트휴먼의 한 종류로서 인공지능이 특이점에 도달하게 된다면, 그것의 법적 지위와 실체뿐만 아니라 인간과 포스트휴먼의 관계 등 해결해야 할 문제가 많기 때문이다.

현재로선 한 가지 기능에 특화된 약인공지능인 알파고나 IBM 왓슨과 같이 기계를 둘러싼 조직과 인간들에 의해서 자기생산체계를 이루며 기계학습을 통해 좁은 의미에서 심볼 그라운딩을 수행할 수 있는 범위에서 인간과 인공지능의 사회적 소통이 문제가 된다. 이것은 인공지능이 특이점에 도달하게 됨으로써 발생하게 될 인공지능의 법적 인격, 권리, 책임에 관한 윤리의 문제와는 또 다른 문제인 것이다. 우리는 제한된 범위에서 심볼 그라운딩을 수행하는 인공지능적 존재가 사회적 맥락 안으로 들어옴으로써 발생할 사회적 변화를 준비해야 한다. 왜냐하면 부분적으로 인공지능은 인간의 지능적 영역을 대신하고 있으며, 환자를 진단하고, 소설도 쓰고, 그림도 그리고, 작곡도 하고, 체스와 바둑도 두고, 온라인에서 계약과 협정도 맺고 있기 때문이다.[24]

카플란은 지능형 에이전트의 행위와 결과가 법의 규범적인 측면에서 모호한 영역을 소개하고 있다. 첫째는 온라인에서 전자 거래법에 따라 프로그램들이 행위에 대해서 책임을 지는 개인이나 법인을 대신해서 계약을 맺는 것과 관련된다. 온라인에서 물건을 구매하고, 주식을 거래하고, 신용카드 구매를 승인하고 하는 행위들과 관련된다. 문제는 지능형 에이전트의 자율성이 더 커져서 그들이 대변하는 개인이나 법인과 분리되어 독립적으로 활동하는 경우이다.[25] 예를 들어 자율주행차가 2시간 무료주차를 제공하는 공공장소에서 2시간마다 스스로 차를 빼서 다른 곳에 주차하는 경우와 로봇 개인 비서가 실수로 값비싼 꽃병을 깨뜨렸을 경우 등이다. 이러한 민사상의 과실 및 불법행위 이외에도 지능형 에이전트에게 형사법을 적용할 수 있을까?

카플란은 인공지능 시스템도 "도덕적인 이유에서나 아니면 사회 질서나 공공의 이익에 해가 된다는 이유에서" 범죄를 저지를 수 있다고 주장한다.[26] 그 이유는 인공지능 시스템도 자기가 하는 행동의 결과를 이해하고, 그 행동이 불법임을 알고, 스스로 자신의 행동을 선택할 수 있기에 범죄 행위의 책임을 물을 수 있다는 것이다.

현재 알파고나 IBM 왓슨과 같은 지능형 에이전트의 행위는 법인과 구별되는 측면이 있다. 그것은 이들이 한 가지 기능에 특화된 약인공지능으로 기계를 둘러싼 조직과 인간들의 도움에 의해서 자기생산체계와 타자생산체계의 경계를 넘나들며 사회적 행위를 하고 있지만, 문제는 구글 딥마인드도 알파고가 이세돌에게 승리했을 때와 마찬가지로 패했을 때도 그 원인을 파악할 수 없다는 것이다. 단지 전원을 켜고 끄는 것으로 행동적인 측면에서 지능형 에이전트를 통제할 수 없는 이유이다. 지능형 인공지능은 딥러닝과 같이 컴퓨터가 스스로 학습하는 기계학습에 기초한 자율적 인공지능으로서 사회에서 수행하는 역할과 효용이 크기 때문에 쉽게 법이론에서 허용하는 처벌을 결정하기 쉽지 않을 것이다.

자동조절시스템으로서 인공지능의 몸

구성적 인공지능의 관점에서 볼 때, 현재 특정 능력과 관련하여 인간의 능력을 훨씬 능가하고 인간의 기준에서 지능적이라고 할 수 있는 것들을 행하는 인공지능 시스템은 생명의 자율성과 자신을 재생산하고 조직하는 자율성을 가지고 있다고 할 수 없다. 또한 동물적 유기체가 외부와의 관계에서 형태화 과정, 동화 과정, 그리고 유적 과정을 거치며 자기중심적 통일을 유지하는 것과 같은 주체성을 인공지능이 가지고 있다고 할 수 없다. 하지만 인공지능은 시스템으로서 환경과 자신을 구분하며, 자기 내부의 구성요소들의 항상성과 지속성에 기반하여 외적 환경과 상호작용할 수 있다는 점에서 기계적 자율성을 인정할 수 있을 것이다. 생명을 가지고 있는 동물에게 인격을 가지고 있다고 할 수 없는 것처럼, 인공지능의 인격성을 언급할 수 있다면, 그것은 단지 오토포이에시스적인 자기생산체계만을 근거로 하지 않을 것이다. 인공지능은 사회적 관계 속에서 행위하며 법적 지위를 획득할 잠재성을 가지고 있기 때문이다. 현재 개발된 약인공지능들은 한 가지 기능에 특화된 것으로서 기계를 둘러싼 시스템과 인간들의 도움에 의해서 자기생산체계와 타자생산체계의 경계를 넘나들고 있다.

자동조절시스템으로서 인공지능의 몸에 대한 논의는 자연에 기원을 두지 않은 기계들에 어떤 종류의 마음과 생각할 수 있는 능력을 인정할 것인가와 연결되어 있다. 구성적 인공지능은 몸을 살아있는 경험적 토대이며 자기생산체계로 간주할 뿐만 아니라, 생명과 앎과 행위를 동일한 가치 기반에서 이해하려고 한다.

생물학적 토대에서 지능과 인지를 이해하려고 하는 구성주의적 관점[27]과 관련하여 카스파로프의 다음과 같은 언급은 생각해 볼만하다. "인공지능에 대한 앨런 튜링의 꿈을 실현하기 위한 한 가지 전제는 인간의 두뇌가 하나의 컴퓨터이며, 인간의 생각을 실질적으로 모방할 수 있다는 것이다. 이러한 접근방식은 여러 컴퓨터 과학 세대에 영향을 미쳤다. 가령 학자들은 신경세포를 스위치로, 대뇌피질을 저장 장소로 바라보는 흥미로운 비유를 활용했다. 하지만 이러한 비유의 타당성을 입증할 생물학적 증거는 내놓지 못했다. 결국 이러한 접근방식은 '인간의 사고와 기계의 사고가 근본적으로 다르다'는 관점의 변화로 이어졌다. 나는 둘 사이의 차이를 강조하기 위해 '이해understanding'와 '목적purpose'이라는 용어를 즐겨 쓴다."[28]

이미 우리의 삶의 깊은 곳에 이미 지능적 시스템들이 침투하여 자연인과 법인을 대신해서 판매 계약을 체결하고, 주식 거래를 승인하며 사회적 행위를 하고 있다. 지능형 에이전트의 자율성이 커지고 그 결과에 대해서 책임을 물을 수 없는 상황이 발생할 수 있다면, 계약 및 협정과 관련하여 법적으로 자연인과 법인을 대리할 수 있는 영역과 그렇지 않은 영역의 구별을 위한 원칙이 논의의 대상이 될 것이다. 인공지능이 법인과 같이 인격성과 자율성을 갖게 된다면, 그것의 목적에 맞는 권리능력, 행위능력, 불법행위능력 등이 인정될 것이다.

아직은 먼 미래의 일이겠지만 만약 강인공지능이 실현될 수 있다면, 그것은 단지 자기생산체계적인 존재일 뿐만 아니라 스스로 목적을 설정하고 반성할 수 있는 존재일 것이다. 생의 욕망이 결핍 및 자신의 부정성과 관련이 있듯이, 이 존재는 자신의 결핍을 알 수 있는 존재일 것이다. 이러한 의미에서 현재 구현된 인공지능의 인격성과 자율성은 제한적일 수밖에 없다. 구성주의적 관점에서 인간과 비인간 사이의 확장된 소통과 공생의 가능성과 그 윤리적 가능성을 모색하고자 할 때, 인공지능의 행위가 옳은지 그렇지 않은지 규정할 수 있는 규범적 기준이 마련되어야 한다. 하지만 이것은 법이 시대의 변화를 쫓아가듯 인류가 해결해야 할 어려운 과제일 것이다.

미래의 몸과 과학적 상상력

이 글은 근대 과학 탄생 이후로 발생한 과학적 상상력에 비해 한국에서 상상했던 미래의 몸의 형태들이 어떻게 변화되어 왔고, 어떠한 특징을 가지고 있는지에 대해 이야기하고 있다. 근대과학의 탄생 이후, 막연한 상상에 의해서가 아니라 합리적인 추론의 방법을 통해 미래를 상정하는 방법론들이 탄생했고, 이것은 미래를 예측하고 인식의 지경들을 넓히는 데 기여해 왔다. 그중에서도 과학적 상상력을 적극적으로 반영하여 구축된 이야기 장르인 SF는 이러한 부분들에 대한 사고실험들을 긴밀하게 제시해 왔다. 또한 SF 텍스트들은 시대별로 달라지는 기술에 대한 인식과 그 안에서 몸의 형태들을 어떻게 상상하고 인식해 왔는가에 대한 무의식과 지향의 지점들을 동시에 담는 역할을 한다. 한국도 역시 구한말 SF를 처음 받아들이고 발전시켜 오면서 고유한 방식으로 과학기술과 그를 통해 파생되는 몸의 형태들, 그리고 인간과 공동체의 형태들에 대해 상상해 왔고, 이를 통해 다양한 욕망들을 드러냈음을 발견할 수 있다. 그리고 이러한 방법론들은 향후 우리에게 도래할 포스트휴먼 시대에 존재를 인식하는 방법론들에 대해 본격적인 고민의 시작지점으로 재고해야 할 부분이기도 할 것이다.

이지용

포스트휴먼post-human은 1960년대부터 대두되기 시작한 포스트구조주의의 탈중심적이고 탈이념적인 해체이론이 포스트모더니즘 사조와 맞물려 인문예술 분야에 폭넓게 확산되는 형태로 처음 나타났다고 할 수 있다. 하지만 포스트구조주의로 인해 파생된 인식 방법론이 포스트휴머니즘으로 구체화되는 것은 과학기술의 발달 현황과 맞물리면서부터이다. 포스트휴먼을 정의하는 구체적인 이론들이 기술공학으로 인해서 형성된 환경을 배경으로 그 의미를 규정하고 있는 것이 이러한 사실을 반증한다.[1]

특히 20세기 말엽부터 가속화되기 시작한 과학기술의 발달은 기술이 단순히 인간의 생활에 보조적인 역할을 하는 객체화된 대상에서 벗어나 인간 자체와 융합하고 서로 간섭하는 장치로 변화했다. 특히 GNRGenetics, Nanotechnology, Robotics을 중심으로 하는 과학기술의 발달은 물리적이고 생물학적인 조건들의 변형을 확대시키면서 이전과는 다른 새로운 객체들의 탄생을 가시화시키고 있다. 그러기 때문에 포스트휴먼의 개념들은 "인간 능력의 향상 및 강화와 관련된 과학기술의 발전과 포스트모더니즘으로 대변되는 현대 철학의 부상에 사상적 토대를 두고 있다."고 정의하는 것이 이러한 양상들을 총체적으로 반영한 중론이라고 할 수 있다.[2]

기술의 발달과 경계의 해체 및 재맥락화는 "신체를 가진 존재와 컴퓨터 시뮬레이션, 사이버네틱스 메커니즘과 생물학적 유기체, 로봇의 목적론과 인간의 목표 사이에 본질적인 차이나 절대적인 경계가 존재하지 않는" 형태에 대한 접근으로까지 발전하고 있다.[3] 21세기 이후에 포스트휴먼은 이러한 영역들을 적극적으로 수용하며, 다양한 층위로 확대되고 있는 중이다. 이러한 궤적의 사이에서 한국에서도 포스트휴먼에 대한 관심이 대중에게까지 확산된 결정적인 사건이 발생한다. 바로 2016년 구글 딥마인드의 인공지능 시스템인 알파고AlphaGo와 이세돌 9단의 대국이다. 사람들은 이와 같은 이벤트 이후, 인공지능으로 대변되는 기술발달 현상이 예상보다 빠르게 우리들의 삶에 영향을 미칠 것임을 직감했다. 게다가 그 이후 새롭게 출범한 정부에서 제4차 산업혁명The 4th Industrial Revolution에 대한 언급을 하면서 첨단과학기술에 의해서 추동될 인간의 삶과 인간의 지위에 대한 사회적 관심은 비약적으로 높아졌다.

하지만 사회적 관심과는 반대로 당시 한국이 보여준 해당 사안에 대한 담론의 전개는 다소 실망스러운 것이었다. 전문 영역에서 인공지능이나 기술발달, 그리고 4차 산업혁명이라는 언표에 대한 구체화되거나 전문성 있는 이야기들을 구체적으로 내어놓지 못했기 때문이다. 그 결과 대중들은 정보의 부족으로 인한 낯섦을 해결하지 못하고, 새롭게 발생한 기술발달에 대한 일종의 공포증phobia에서 연유한 부정적인 개념들을 공유하면서 도식적으로 인간의 존엄성에 대한 재확립으로 결론이 도출되는 경우들만 빈번했다. 그렇지만 이는 기술발달로 인해 추동될 포스트휴먼에 대한 비판적인 입장도, 긍정적으로 수용한 입장도 아니다. 단지 정보의 부족으로 인해 견지하게 된 인식의 표류지점이라고 할 수 있다. 왜냐하면 한국에서 보여주고 있는 휴머니즘으로의 도식적인 회귀는 기술발달로 인해 새롭게 변화되는 인간과 공동체의 구성원에 대한 인식인 포스트휴먼의 개념들이 부재한 가운데서 형성된 것이기 때문이다.

현대 사회에서 심화된 기술의 발달로 인해서 변화된 사회구조와 구성요소들은 필연적으로 사회에서 인지 방법embodied cognition의 차이를 발생시킨다. 특히 포스트휴먼에서 다루고 있는 변화의 양상들은 대중적인 인지 방법의 변화를 필연적으로 요구한다. 왜냐하면 포스트휴먼은 단순히 삶의 편의나 소비의 양상에 대한 변화를 요구하는 것이 아니라, 인간과 인간으로 대표되었던 사회의 구성원들에 대한 영역의 변화를 지향하기 때문이다. 따라서 현대사회에서 포스트휴먼 문제는 단순히 유행에 편승하여 이슈화된 개념에 대한 접근과 수용에서 그치는 것이 아니라 현대 사회에서 기술의 발달로 인해 변화의 양상이 명백한 인간의 모습과, 인간과 공동체를 형성하게 되는 다양한 객체들에 대한 인식을 위해 필수적으로 동반되어야 하는 개념이라고 할 수 있다.

게다가 이러한 인식의 방법론은 학술적이고 교육적인 측면에서 심화와 발전을 통해 대중들에게 제시되어야 하는 것이 명백하지만, 교조적이고 계몽적인 형태로의 개념의 전달은 엘리티즘으로 인해 실질성과 효용성의 의구심에서 자유롭기 어렵다. 그러기 때문에 이러한 새로운 인식 방법론들을 문화예술적인 차원에서 이야기로 만들어서 제공하는 것은 사회가 가지고 있는 전반적인 인식의 영역을 확장하는데 효과적인 방법론이다. 더욱이 포스트휴먼의 개념들이 발전하는데 직·간접적으로 기여해 왔던 SFScience Fiction의 누적된 이야기소(素)들을 활용하는 것을 효율적이라고 할 수 있다. 또한 SF의 다양한 스토리텔링storytelling 방법론 중에서도 영화는 시각화visualizing를 통해 새로운 개념들이나 인식의 형태들을 직관적으로 구체화할 수 있는 대표적인 형태라고 볼 수 있다. 그러기 때문에 SF 영화에서 나타난 포스트휴먼의 형태들을 고찰하는 것은, 그 사회가 가지고 있는 해당 담론에 대한 인식의 저변을 확인할 수 있는 효과적인 방법이 된다. 그러기 위해서는 한국의 SF가 어떠한 모양들이었는지를 확인하는 것이 필요하다.

한국 SF와 과학적 상상력

한국에서 SF는 도입기에서부터 조금 다른 의미로 해석되었다. SF는 보통 현대 과학기술에 대한 고찰과 그로 인해 파생된 현상들에 대한 사고실험experiment thought을 진행하거나, 인지적 소격효과cognitive estrangement를 통해 현실과 다른 것들을 상상하는 이야기의 형태다. 하지만 도입기의 한국 SF는 그저 서양의 문물을 대표하는 과학科學을 받아들이고, 그것은 민중을 계몽시키기 위한 목적이 명확했다. 물론 이러한 시각들은 동북아시아 전반에 걸쳐서 동일하게 나타나는 현상이었다.[4] 그들은 과학을 서구화로 표상되어 있는 근대화의 도구로 여겼고, 그것을 받아들임으로써 부국강병富國强兵과 탈아입구脫亜入歐를 이루려는 목표를 가지고 있었다. 루쉰이 SF를 받아들이면서 "병든 중국을 치료할 수 있는 좋은 수단"[5]이라고 이야기한 것도, 결국 국가의 근대화를 이룩하기 위한 계몽의 도구로서 SF를 인식했기 때문이었다.

한국도 마찬가지로 어디까지나 "서구의 신지식으로 통하는 신종 정보 전달에 유용한 소식지"[6]로서 SF를 인지하고 있었다. 물론 이것 자체로도 조선에서 가지고 있던 지식에 대한 인상들을 상당부분 갱신하는 것이긴 했다. 조선시대까지 민중은 학문이나 정보를 가지고 있을 필요가 없었지만 근대화를 지향하면서 민중의 교양교육 수준의 상향평준화가 요구되었다. 이런 상황에서 그전까지 경전 등의 논픽션에 순치馴致되는 것만이 지식이라고 여겨졌던 조선이 구한말로 접어들면서 그 기조를 버리고, 픽션에 의해서 대중에게 교양의 수준이 널리 전파되는 것을 지향하는 것은 커다란 변혁이었다. 그리고 그 과정에서 SF의 유입이 이루어졌던 것이다.

하지만 한국에서는 일본이나 중국에 비해 SF와 그 서사가 유용하고 있는 과학에 대한 인식들이 오래도록 지체되는 현상이 나타난 일제강점기와 독립, 한국전쟁과 분단, 독재와 민주화운동이라는 거대담론들이 사회를 오래도록 주도해오면서 여전히 민족주의적이고 국가주의적인 세계관이 과학科學이 우리의 삶을 구성하고 있는 요소라는 사실까지 성찰하지 못하게 제한했던 것이다.[7] 결국 한국은 일본이 1950년대 이후 과학에 대한 도구적 인식에서 벗어나 문화의 한 부분으로 정착하는 내재화를 거치고, 중국이 문화혁명 이후로 서구의 문물에 대한 맹신화를 거두면서 더 이상 견지하지 않았던 과학기술에 대한 도구적 인식을 1990년 무렵까지 이어오게 된다. 이는 1970년대에 발간된 ≪한국과학소설 전집≫의 과학기술부 장관 격려사에

서 극명하게 드러나고 있는 바이기도 하다.[8]

하지만 과학은 단순히 기술적인 발전을 위해 국력을 강화하고 생활의 편의를 도모하는 데서 그치는 것이 아니다. 과학은 ① 인류가 환경에 대한 통제력을 키워올 수 있도록 기여한 특정한 행동패턴, ② 현실 문제를 해결하기 위한 기술 개념에 대응하는 특정한 이론지식의 체계, ③ 수학의 언어로 표현되는 보편적이고 법칙적인 진술, ④ 특정 이론에 대한 긍정과 부정을 수행하는 실험적인 일련의 절차, ⑤ 인식을 수행하고 지식을 정당화하는 특권적 방식, ⑥ 자연에 대한 믿음들의 특수한 집합, ⑦ 엄격성·엄밀성·객관성 같은 특징을 갖춘 어떤 절차나 믿음, ⑧ 두루뭉술한 승인의 용어 등을 가리키는 것이란 요소들을 하나 이상씩 내포하고 있을 때 정의되는 무엇이다.[9]

이와 같이 과학은 다층적인 현실을 인지하는 방법론 중 하나로 인식되어야 함에도 한국에서는 이러한 방법론으로 인식하려는 시도들이 제대로 이루어지지 않았다. 이러한 영향으로 SF를 현실에 대한 인식을 반영한 이야기로서가 아니라 단순히 과학기술에 대한 이야기거나, 허무맹랑한 환상적 이야기로 치부해 왔던 것이다. SF를 공상과학소설空想科學小說[10]이라고 오래도록 오역해 왔던 것도 바로 이러한 인식들이 개선되지 않고 있었기 때문에 발생한 결과라고 할 수 있다.

하지만 SF는 한국에서의 인식과는 다르게, 근본적으로 현실에 대한 인식의 문제를 내포하고 있다. 그리고 그러한 현실에 대한 문제의식을 환상으로 표상되는 매개들로 풀어냄으로써 드러내고 해소하려는 속성 또한 지니고 있다. 더욱이 환상은 시대의 변화에 따라 그 영역들이 변화한다. 마술적이고 환상적인 영역들로 정의되었던 부분들이 과학과 문명의 발달로 인해 과학의 영역에서 설명이 되는 부분들이 발생하기 때문이다.[11] 이러한 요소들을 감안하여 정의되는 SF의 핵심적인 요소들은 “현 상황을 수동적으로 받아들이고 삶을 이어가는 사람들을 자극하여 기존의 생각을 뒤집는 사고의 실험들에 연루되도록 요구하며, 독자나 관객들로 하여금 지적 반응을 하도록 자극하고 움직이게 하는 능력”[12]이라고 할 수 있다.

도입기의 도식적인 인식을 20세기 후반까지 겪은 한국의 SF도 20세기 후반부터는 이러한 SF의 특징적인 면모를 받아들인다. 단순히 과학기술을 소개하고, 미래의 발전된 국가의 이상향을 그리는 것에서 벗어나 미래에 대한 자유로운 상상을 통해 사고실험을 전개하기 시작한 것이다. 특히 1990년대에는 PC 통신을 통해 이야기 생산의 문턱이 낮아지면서 많은 이야기들이 쏟아져 나오기 시작하면서 이러한 양상들이 가속화되었다.

당시에 상상하던 세계는 지면이 형성된 네트워크 환경을 반영한 <컴퓨터게임을 하는 달라이라마>(정하연, 1995), <사이버 패트리어트>(서성일, 1997), <사이버 제국의 해커들>(백건우, 1998), <신이 되고 싶은 컴퓨터>(이한음, 1999) 등과 같은 사이버펑크cyberpunk 작품들이거나, 유전공학에 대한 관심이 반영된 <DNA 스페이스>(노영, 1996), <클론 프로젝트>(박승열, 1996), <유전공학>(이진우, 1997) 등과 같은 작품들이 큰 비중을 차지했다. 이와 같이 상상력을 반영한 이야기의 확대는 환상을 반영한 이야기에 대해 가치부여를 하지 않던 주류 문학계에선 여전히 변방에 머무르는 결과로 남았지만, 현실을 바탕으로 미래에 대해 자유로운 상상력을 개진한 이야기들의 확장이 비로소 시작되었다는 데서 그 의미를 찾을 수 있다. 뿐만 아니라 복거일 등의 작가들에 의해 주류 문학계에서도 SF로 정의된 ≪비명을 찾아서≫(1987), ≪파란 달 아래≫(1992) 등이 출간되는 등 소수의 가시적인 성과들도 나타났다. 또한 주류 문학계의 미온적인 반응과는 다르게, 영화나 애니메이션, 만화의 영역에서는 오히려 이러한 소재들과 상상력의 확대를 적극적으로 반영하면서 해당 장르의 중흥기를 마련하는

데 일조하게 된다.

한국 SF의 몸: 기술화된 신체와 포스트휴먼

이러한 상상의 문제는 21세기에 접어든 이후에는 완전히 다른 양상으로 나타난다. 소위 문화예술의 근간에 자리하고 있던 리얼리즘의 시대들이 완벽하게 종식되고, 새로운 기준들이 그 자리를 대체하기 시작하면서 나타난 변화였다. 그리고 그것은 문화적·이데올로기적 환경 내의 변화들에 상상으로 대응하기 위해 스스로를 개혁하는[13] SF에 적합한 구조였다. 상상의 영역에 대한 자율성이 확대되자, 그것은 곧 이야기 내에서 사고실험으로 이어졌다. 그리고 이러한 사고실험은 이야기, 그 중에서도 소설이 언제나 향하고 있는 존재에 대한 관심으로 옮겨가게 된다. 이러한 움직임은 구조의 문제에서 개인의 문제로, 이데올로기의 문제에서 사회적 인식의 문제로 변화하였다.

그 과정에서 한국에서 공모전을 통해 처음으로 당선된 SF 작품이 문윤성의 ≪완전사회≫라는 것은 의미심장한 일이라고 할 수 있다. ≪완전사회≫는 1965년 ≪주간한국≫에서 주관한 제1회 추리소설 공모전을 통해 세상에 알려진 작품이다. 이 작품은 추리소설 공모전에서 당선이 되었지만, 1967년 단행본으로 발간이 될 때에는 표지에 '사이언스픽션'이라고 명기를 해 놓을 정도로 정확하게 SF에 해당하는 이야기이다. 작품이 설정해 놓은 사회는 22세기의 미래인데, 배고픔도 분쟁도 없는 이상향이다. 그리고 이러한 사회가 가능한 것은 남성들은 없고 오로지 여성들만 존재하고 있기 때문이다. 동면에 들어갔다가 깨어난 남성 주인공은 여성들만 있는 이러한 사회를 목도하게 된다.

이러한 설정은 젠더의 영역으로 사고실험을 하는 르 귄Ursula K. Le Guin의 ≪어둠의 왼손≫(1969)에서 나타난 것과 유사하다. 물론 문윤성은 결론적으로 양성이 함께 존재할 때 소위 완전사회에 가까워질 수 있다는 한계를 극복하지 못하고 이야기를 맺는다는 것에서 성性의 개념을 상정하지 않은 게센gethen인들을 통해 젠더gender에 대한 사고실험을 한 르 귄과 비교된다. 하지만 한국의 SF가 미래를 상상하는 데 있어서 사고실험의 영역에서 성의 문제를 이야기했다는 것은 20세기 후반 SF에서 나타난 대안적 성alternative sexuality 문제에 한국 SF가 담론의 장에 참여할 수 있는 가능성을 보여준 것이기도 했다. 물론 이후로 한국 SF의 담론은 확장되지 못했기 때문에 이를 바탕으로 한 대안적 성에 대한 이야기들은 활발하게 이루어지지 못하고 네트워크를 기반으로 한 사이퍼펑크의 시대와 함께 포스트휴먼에 대한 담론으로 급격하게 넘어가게 된다.

20세기 후반의 SF는 일본의 애니메이션 <공각기동대Ghost in the Shell>(1995)와 영화 <매트릭스Matrix>(1999) 등으로 인해 '몸의 가상화Vitualisation du Corps'에 대한 이미지들이 주를 이루게 된다. 물론 1920년대 차펙으로부터 촉발되고 일본 애니메이션 <철완아톰鉄腕アトム>(1963)으로 재정립된 로봇robot을 기반으로 한 몸의 이미지들도 SF에서 즐겨 사용하는 미래의 몸에 대한 상상이었다. 한국에서도 2000년대 이후에 이러한 이미지를 반영한 작품들이 등장한다. 그 중에서도 관심 있게 지켜볼 수 있는 작품은 작가 김탁환과 KAIST 교수인 정재승이 공동 집필한 ≪눈먼시계공≫(2010)이란 작품이다.

보통 SF에서 상상하는 몸의 문제는 미래의 영역이다. 현실에서의 몸은 SF적 상상력으로 구체화되지 않는다. 하지만 SF가 가지고 있는 미래에 대한 환상성이 현실의 이면에 감추어진 것들을 드러나게 하는 것이라는 사실을 상기해 볼 때, 이는 현실에서 배제된 것들을 드러내는 전위적인 행위이기도 하다. 그러기 때문에 SF가 상상한 몸의 문제는, 미래에 대한 상상이자 현실의 이면에 존재하는 실체substance들에 대한 이야기이기도 하다.

≪눈먼시계공≫의 시대에서는 기계공학이 급속도로 발달해서 인간의 신체를 기계로 보철화 한 메카트로닉스mechatronics가 자유롭다.[14] 그렇기 때문에 인간의 몸을 기본으로 어느 정도까지를 인간으로 규정할 수 있을지에 대한 사회적인 인식들이 논란이 된다. 자신의 몸이 3% 정도 기계로 대체된 이후로 자신이 사이보그라는 사실에 괴로워하는 이들이 있는가 하면, 70% 이상이나 기계로 대체되었음에도 자신은 인간이라는 것을 주장하면서 사이보그들을 경멸하길 그치지 않기도 한다. 이러한 경계의 모호함은 이 작품에서 설정하고 있는 큰 문제지점이고, 결국 이러한 것들로 이야기가 진행된다. 사이보그, 혹은 메카트로닉스화 한 몸들은 인간의 몸이 사회적으로 기제機制라는 사실을 상기시킨다. 이러한 기제로서의 몸은 "개인의 욕구와 욕망에 순응하여 형성될 수 있는 변형 가능한 존재양식"[15]이다. 게다가 "신체적 능력의 상실, 결핍을 대체해주는 대리보충의 사물로 인간의 본질적인 신체기능을 회복한"[16] 메카트로닉스, 즉 사이보그들은 미래에 대한 상상 영역에서 우리가 무엇을 염두에 두어야 하는지를 명백하게 제시한다.

결국 이 작품은 포스트휴먼에 대한 인식의 문제들을 사고실험하고 있다는 데서, 한국 SF가 상상해야 하는 미래에 중요한 이정표를 제시한 작품이라고 할 수 있다. SF에서 미래에 대한 상상의 문제가 더 이상 첨단 과학기술이 실현된 이상향을 그리는 데서 그치지 않고, 그것이 현실화된 세상에서의 인간과 존재의 문제를 탐구하는 것으로 발전한다는 것을 보았을 때, 이 작품은 그러한 역할을 충실하게 수행하고 있다.

물론, 이 작품이 가지고 있는 한계 역시 제법 명확한 편이다. 정재승 교수의 전공분야 때문인지, 몸에 대한 이미지들은 오로지 뇌의 문제에 연관되어 나타난다. ≪눈먼시계공≫에서의 몸은 뇌가 인지하고 있는 것들을 그대로 수행하는 매체로서 기능할 뿐이다. 결국 인간의 뇌가 있는가 없는가에 대한 문제들이 작품에서 존재를 규정하는 가장 큰 문제가 된다. 그러기 때문에 작품에서 상징적이고 해체적인 기호로서의 몸은 그 의미가 퇴색된다. 기억과 인지의 문제에 대해 기억의 저장고이면서 인식의 운영체계라고 보았던 후설의 인식론이 줄 수 있는 사고실험의 여지도 상당부분 상쇄된다.

이는 문윤성의 ≪완전사회≫가 그 설정의 진보적progressive 성격에도 불구하고, 현실의 관념과 정보의 제한적 활용에 그치면서 결국 제대로 된 사고실험을 구현하지 못했던 것과 다름없다고 할 수 있다. 더욱이 이미 1980년대에 헤러웨이Donna Haraway의 '사이보그 선언A Cyborg Manifesto: Science, Technology, and Socialist-Feminism in the Late Twentieth Century'[17]과 같이 해당 문제들을 고찰할 수 있는 담론들이 존재하고 있었기 때문에 이 정도의 설정과 이야기에서 그쳤다는 것은 아쉬움으로 남는다. 여전히 한국의 이야기가 포스트휴먼에 대해 견지해야 할 과제들이 많이 남아있다는 것이 드러나는 지점이라고 할 수 있다.

미래의 몸은 어디로부터 오는가

≪눈먼시계공≫이 보여줬던 미래에 대한 상상과 포스트휴먼에 대한 문제들은 한국

SF가 상상하고 있는 미래 담론의 과정에 있는 것이라고 할 수 있다. 이로 인해 드러나는 한계들이 명백하기도 하지만, 그러기 때문에 앞으로 SF가 지향해야 하는 미답지역들에 대한 제시 또한 명확하다. 앞서 주지한 것과 같이 처음 과학의 계몽을 위한 도구적인 의미로 한국에 들어왔던 SF는 거대담론의 시기를 거쳐 20세기 후반에 이르러서야 비로소 미래를 상상하는 장치로서의 역할을 감당하기 시작했다. 그러기 때문에 한국의 SF는 이제부터 새로운 사고실험과 외삽을 통한 이야기의 확장, 현실을 바탕으로 미래에 대한 논리적 상상력을 쌓아 나가야 하는 산적한 과제들을 앞두고 있다. 하지만 그럼에도 불구하고 미래에 대한 새로운 담론을 내어놓는데 SF가 여전히 월등한 가능성을 내제하고 있다는 것 역시 부인할 수 없는 사실이다. 이러한 가능성을 작품들을 통해 발견할 수 있는데, 듀나의 ≪대리전≫(2006)이 그 편린을 보여준다.

≪대리전≫에서 나타난 외계인이 지구 관광을 위해서 지구인의 몸을 더미dummy와 같이 이용하는 것 같은 설정은 존재를 규정하는 몸이 "구성과 해체, 재구성의 역동적인 반복을 통해 끊임없이 하나로 정의되기를 거부하는 '고정되지 않는 존재성의 현화actualisation'"[18]가 반영된 모습이다. 이는 기계로 대체되는 신체의 담론에서 벗어나 신체 자체의 무용함과 존재에 대한 근본적인 질문을 통해 존재로 규정되어 있던 모든 것들에 대한 사고실험을 단행한다. 때문에 SF의 기본적인 성향인, "인지적 소외나 낯설게 하기"를 통해 "이분법적 정체성 해체, 경계 해제의 전략"[19]으로 의미부여가 될 수 있는 부분이다. 이러한 맥락을 견지할 때 SF는 사회구조와 그들이 일반적으로 가지고 있는 통념에 대해 진보적 대안progressive alternative을 제시하는 장르로 자리매김할 수 있는 것이다.

결국 SF는 이상향의 미래를 상상하고 지향하는 것이 아니라, 현실에 드러나지 않은 부분들을 들춰내고 고정되어 있던 것들을 해체시켜 지금과는 다른

'그 다음'을 가정하게 하는 문화예술 장르이다. 한국의 SF는 백여 년 동안 지난한 개념 정립의 터널을 지나 이제야 비로소 정체성을 확립하기 위한 고유의 관습conversation과 에피고넨epigonen들을 형성하기 시작했다. 그리고 4차 산업혁명이라고 유령처럼 떠도는 미래 앞에서 이러한 사고실험의 담론들은 앞으로 더 유용한 부분이 될 것이다. 딥마인드의 인공지능 프로그램 알파고가 이세돌 9단에게 승리했을 때, 언론을 통해 연일 전해지던 우려의 목소리와 인간의 존재에 대한 담론들은 사실 깁슨William Gibson, 스트로스Charles Stross, 딕Philip K. Dick이나 테드 창Ted Chiang 등의 수많은 SF 작가들을 통해서 오래전부터 사고실험화되던 것들이었다. 그러기 때문에 SF는 단순히 미래를 상상해보는 것이 아니라 미래를 준비하고, 이후에 있을 더 나은 지점들을 미리 상정해보는 것이라고 할 수 있다. 그리고 그러한 과제들이 이제 막 기지개를 펴기 시작한 한국 SF에게도 주어졌다. 희망적인 것은, 몇 년간 뛰어난 작가들이 꾸준히 등장하고 있으며 그들은 현 시대의 SF가 어떤 의미를 가지고 있는지 이전보다 조금 더 나은 인식을 가지고 있다는 것이라고 하겠다.

3부

낯선 몸

난민과 환대의 문제

제주 예멘 난민은 우리에게 하나의 존재-사건으로 각인된다. 이는 우리에게 어떤 진리를 드러내는가? 난민은 우리 시대의 모순과 진리를 온몸으로 적나라하게 드러내는 주체이다. 난민과 더불어 우리도 이 시대의 새로운 주체로 거듭나기를 피할 수 없다. 바디우가 말한 바와 같이 진리절차의 과정이라는 소용돌이 속에서 우리는 환대의 윤리와 환대의 권리 및 의무에 대한 새로운 규범을 몸으로 익혀야 하는 시대적 요청 앞에 서 있다. 이제 우리는 어떠한 주체로 설 것인지 결단해야 한다. 이제 그들에게 우리의 얼굴도 함께 당당할 수 있음을 보여야 할 것이다. 지금처럼 벌거벗은 몸으로서의 난민들에게 추한 우리의 민낯을 보여줄 것이 아니라 우리도 한때 그들이었음을, 여전히 우리도 그들과 같을 수 있음을 공감과 연대를 통해 보여줘야 할 것이다.

서윤호

존재-사건으로서의 '난민'[1]

최근 우리 사회에서 제주도 예멘 난민 수용과 관련하여 뜨거운 찬반 논의가 전개된 바 있다. 조르조 아감벤이 말하는 '호모 사케르',[2] 즉 벌거벗은 생명이자 몸으로서 '난민'은 2018년 우리 사회를 뚜렷하게 각인하는 하나의 존재-사건이라고 할 수 있다. 다시 말해 제주 예멘 난민은 우리가 낯선 타자의 존재를 마주하게 될 때 어떤 모습과 태도를 보일 수 있는지 가장 극명하게 보여주는 존재이자 사건인 셈이다.

알랭 바디우는 주체의 개념을 진리의 개념과 연결시킨다.[3] 진리가 발현되는 것은 바로 사건이다. 사건이 주체를 만들어낸다. 사건은 하나가 아니라 다수에서 우연하게 발생한다. 바디우의 진리는 기존의 언어로 설명되지 않는다. 진리는 우연적 사건에 의해 도래하는 것으로 그 자체 식별할 수 없는 과정을 특징으로 한다. 이러한 진리는 다수적이고 특이성을 가지면서도 또한 보편성을 가진다. 우리가 진리라 믿고 있었던 것들을 향한 신념은 우발적 사건으로 인해 얼마든지 변할 수 있다. 진리에 대한 신념은 주체가 처한 상황의 속성이지 주체가 지닌 속성은 아니다. 주체는 미리 존재하는 것이 아니라 사건과 진리절차의 과정을 통해 매 순간 등장한다. 그렇다면 제주 예멘 난민이라는 이 존재-사건은 우리에게 어떠한 진리를 드러내는가?

2015년 터키의 휴양지 보드룸 해변에서 싸늘하게 식은 몸으로 파도에 떠밀려온 세 살배기 쿠르디의 사진은 온 세계를 울리고 말았다. 더 나은 삶을 위해 시리아에서 피난하다 보트가 뒤집히면서 목숨을 잃은 이 꼬마의 비극적인 사진은 시리아 사태와 난민에 대한 국제적인 관심을 불러일으키고, 국제사회로 하여금 난민 문제의 해결을 진지하게 고민하게 만들었다.

물론 그 이전부터 난민 문제는 이미 심각한 국제적인 문제가 된 지 오래이다.[4] 우리 언론과 방송도 대대적으로 난민 문제를 다뤘다. 그러나 강 건너 불이랄까? 아무리 국제적으로 심각한 문제라 하더라도 우리에게 난민의 문제는 먼 나라의 일로 다뤄졌다. 난민 사태의 원인에 대해서도 전 지구적 차원의 관점을 쉽게 놓치고 만다. 그저 시리아처럼 내전이라는 불운과 불행의 겪는 나라가 아님에 안도하는 것이 우리가 할 수 있는 전부일까? 터키나 그리스, 그리고 유럽의 국가들처럼 끝없이 밀려오는 난민들의 압박을 피한 운 좋은 먼 나라의 요행을 누리는 것으로 충분한가?

그러나 이내 이러한 행운과 요행은 제주도에 갑작스레 들이닥친 예멘 난민들로 인해 순식간에 산산조각 났다. 제주 예멘 난민 사건은 예멘 출신 난민 500여 명이 제주도에 입국해 난민 지위 인정을 요청한 사건을 말한다. 일반적으로 개발도상국의 국민들이 우리나라에 입국하기 위해서는 비자가 필요하지만, 예외적으로 제주도는 관광객 유치를 위해서 거의 모든 나라 사람들이 별다른 조건 없이 30일간 무비자 체류가 가능하다. 예멘에서 내전이 길어지면서 무비자를 통해서 제주도로 입국하는 예멘인 난민의 수가 특히 2018년에 급격히 늘어났다. 2015년까지는 예멘인들의 제주도 입국은 없었지만, 2016년에 7명, 2017년에 42명으로 늘어나다가 2018년에는 500여 명까지 늘어났다.

이들은 어쩌다 제주도에까지 오게 된 걸까? 그 원인은 예멘 내전이다. 예멘 내전은 2014년 정부군과 후티 반군 사이의 내전으로 시작했다. 그렇지만 이듬해 정부군을 지원하는 사우디아라비아가 개입하면서 중동 국제전 양상을 띠게 되었다. 현재 사우디는 예멘 북부에 외국 언론인들이 출입하는 것을 통제하고 있다. 매일 새벽 박격포가 쏟아지고, 임시로 세워진 야전 병원에는 총탄을 맞은 민간인들이 쉴 새 없이 밀려든다. 그러나 전쟁의 참상은 제대로 알려지지 않는다. 미국과 유럽 국가들은 무기와 정보를 판매하면서 사우디 주도 연합군을 후방 지원하고 있다.

현재 예멘 내전의 초점은 '호데이다항'에 맞춰지고 있다. 호데이다항은 후티 반군이 점령 중인 주요 거점이자, 국제기구의 구호물자 80% 가까이가 오가는 곳이다. 예멘 인구 2,800만 명의 3분의 2가 이 구호물자에 의존해 살아간다. 사우디는 손쉽게 끝날 줄 알았던 전쟁이 3년간 이어지면서 '호데이다항 포위'라는 초강수를 뒀다. 그러나 이후로도 교착 상태는 수개월 이어지고 있고, 피해는 고스란히 그곳에 살고 있는 예멘인들에게 돌아가고 있다. 극심한 기근에 더해 역사상 최악의 콜레라까지 겹쳤다. 국제사회의 평화 중재 노력도 큰 효과를 거두지 못하고 있다.

예멘 정부군과 후티 반군 사이 평화회담은 2016년 이후 공식 중단됐다. 유엔 중재로 스위스 제네바에서 약 2년 만에 정부군과 반군의 평화회담이 추진되었지만, 회담 당일 반군측의 일방적인 불참으로 무산됐다. 유엔 세계식량계획WFP는 예멘 내전이 이대로 지속될 경우 약 1,200만 명이 심각한 굶주림에 시달릴 수 있으며 제2차 세계대전 이후 최악의 인도주의 위기 상황이 발생할 수 있다고 경고한다. 또 UN이 계속해서 중재를 시도하고 있지만, 이와 같은 노력은 매우 어렵고 더디게 진행되고 있다.

내전을 피해 제주 예멘 난민들은 대부분 말레이시아를 경유해서 제주도에 입국한 케이스가 많다고 한다. 예멘 사람들은 같은 이슬람 국가인 말레이시아에서 무비자로 90일간 체류할 수 있다. 이들은 말레이시아를 중간 기착지로 삼아, 무비자 입국이 가능한 제주를 최종 목적지로 삼고 있다. 말레이시아의 경우 급료가 짠데다 자국민 우대 정책이 심하고 예멘 난민들의 체류 기간 연장도 불허하자 제주 노선을 이용했다. 그리고 일본 노선을 이용한 예멘인들 중에는 일본도 예멘인들의 입국을 거부하자 제주 노선을 선택한 것으로도 알려져 있다.

이전에도 우리나라에 난민이 유입되지 않았다거나 난민을 받지 않은 것은 아니지만, 이 사건이 특별한 이유는 별다른 통제 없이 문화적으로 유사성이 낮은 난민이 가장 짧은 시간 내에 대규모 유입한 사건이기 때문이다. 그리고 거의 전원이 무슬림인 탓에 유럽의 난민 사태와 엮여 우리나라에서도 본격적인 반이슬람, 반난민 여론을 불러일으켰다. 그러나 이러한 난민 반대 여론 속에는 난민 혐오를 부추기는 가짜뉴스, 허위조작정보가 난무하고 있다. 비진리로서 가짜뉴스의 문제는 진리절차의 과정으로서 난민에 대한 이해를 통해 제거되어야 할 것이다.

예멘에서 제주도로 온 난민들의 수가 500여 명까지 늘어나자 제주도와 국가인권위원회는 지원을 요청했고, 이 과정에서 난민들을 반대하는 과격한 시위도 일어났다. 결국 출입국외국인정책본부는 예멘을 무비자 국가에서 제외했고, 제주도 내 예멘 난민들에 대해서는 제주도를 벗어나지 못하게 하는 출도 제한조치도 실시했다. 현실적으로 부족한 예산과 인프라 그리고 난민에 호의적이지 않는 사회에서는 감당할 수 없다고 판단한 것이다. 예멘 난민들이 제주도로 오자, 제주도 측은 일정 기간 동안 예멘 난민들에게 일자리를 제공하기로 결정했다. 예멘 난민들이 제주도에서 취업하면서 그 동안 일손이 부족한 제주도 농업, 어업 관련의 현장에서는 일손 해결 현상을 기대할 수 있게 되었다. 한편 제주도청과 출입국외국인청에서는 난민신청자들에 대해서 인도적인 지원과 관리를 하는 한편 추가 입국을 불허했다. 제주도청도 예멘 난민에 대해서는 인도적인 지원을 하면서 도민 안전에 최선을 다하겠다고 밝혔다. 제주도 내 예멘 난민들은 제주도에 체류하면서 동시에 양식장, 어선 선원으로 조기 취업하는 등 이미 402명의 취업도 준비가 된 상태라고 출입국청이 밝혔다. 이러한 일련의 조치들은 우리로 하여금 '환대'의 문제에 대해 깊이 생각하게 만든다.

제주 예멘 난민에 대한 법무부의 심사 결과는 어떤가? 2018년 제주도에 입국해 난민신청을 한 예멘인은 총 484명이다. 3차례에 걸쳐 이뤄진 심사발표 결과 2명은 난민으로 인정받았고, 총 412명이 인도적 차원의 체류를 허가받았다. 56명은 단순 불인정 결정됐으며 14명은 직권종료(난민신청을 철회하거나 출국 후 재입국 기간 내에 입국하지 않은 자)로 심사가 마무리되었다. 언론인 출신으로 후티 반군 등에 비판적인 기사를 작성, 게시해 납치와 살해협박 등을 당했으며 앞으로도 박해가능성이 높다는 이유로 난민으로 인정된 2명을 제외하면, 대부분의 경우에는 인도적 체류만 허가되었다. 이들에 대해서는 난민협약과 난민법상 박해사유인 인종과 종교, 국적, 정치적 견해 등에 해당하지 않아 난민 지위는 부여하지 않았으며, 인도적 체류를 허가한 것은 예멘의 심각한 내전 상황과 체포, 구금 가능성 등을 고려해 추방할 경우 생명 또는 신체적 자유 등을 침해당할 수 있을 것이라는 판단이 작용했다. 이에 앞서 법무부 제주출입국 외국인청은 영유아 동반가족과 임산부, 미성년자 등 보호필요성이 높은 23명에 대해 먼저 인도적 차원의 체류를 허가했다. 인도적 체류 허가를 받으면 출도 제한조치가 해제되기 때문에 이들은 수도권 등 제주도 외 타 지역으로도 자유롭게 이동과 거주가 가능하게 되었다.

이러한 법무부의 심사 결과는 또다시 뜨거운 찬반 논의를 불러일으켰다. 난민 인정을 주장하는 인권단체 등에서는 법무부가 난민 인정에 너무 인색한 점을 비판하고, 난민 반대를 주장하던 측에서는 추방이 아닌 인도적 체류 허가로 결정한 것에 대해 성토를 했다. 과연 난민 결정의 진리는 어디에 있는가?

난민법의 문제: 난민 인정의 기준과 인도적 체류

'1951년 난민의 지위에 관한 협약'은 1967년 난민의정서와 더불어 난민의 국제적 보호를 위한 가장 보편적인 체제로서 국제법상 난민의 지위를 인정받은 개인은 시민적·사회적 및 경제적 권리가 부여된다. 난민의 지위를 부여하는 요건은 국가별로 상이하지만, 난민협약은 난민의 정의에 대해 유보를 금지함으로써 협약 당사국들이 난민에 대한 정의를 협약의 범위보다 제한하는 것을 금지하고자 하였다. 난민협약상 난민의 정의는 일반적인 용어로 규정되어 있기 때문에 난민으로 인정받기 위한 요건에 대한 다양한 해석문제가 발생한다. 난민협약 제38조는 협약의 해석으로 인한 당사국간의 분쟁이 다른 방법에 의해 해결할 수 없는 경우 일방당사국의 요청에 의해 국제사법재판소로 회부된다고 규정하고 있지만, 동 조항이 현재까지 원용된 사실은 발견되지 않는다. 난민협약의 해석에 관한 분쟁의 해결을 위한 별도의 국제재판소가 존재하지 않으며, 협약의 주요 용어에 대해 국가들의 해석에서 차이점이 발견됨에 따라 난민의 국제적 보호에 있어 파편화 현상이 발생하고 있다. UNHCR이 난민협약의 적용여부에 대해 일정한 감독 역할을 수행하고 있지만, 협약 내 특정 용어의 해석에 대해 판단을 내릴 권한은 주어지지 않았기 때문에, 결국 협약의 '국제적' 의미에 대한 해석은 각 당사국의 국내 의사결정자에 놓여지게 된다. 국제법의 파편화 현상은 난민에 국한된 현상은 아니지만, 현재 난민 발생 현황과 규모를 고려할 때 난민의 국제적 협력과 보호가 절실히 필요하며 난민협약에 대한 조화로운 해석이 필요하다.[5]

난민협약상의 난민의 개념은 다시 5개 정도의 개념요소로 구분될 수 있다. 이는 ① 박해, ② 충분한 근거가 있는 공포, ③ 박해의 이유로서의 인종, 종교, 국적, 특정사회집단의 구성원 신분 또는 정치적 의견, ④ 국적국 또는 종전의 상주국 밖 소재를 포함한다. 그리고 ⑤ 국적국의 보호를 받을 수 없거나 보호받기를 원하지 않는 경우 혹은 종전의 상주국에 돌아갈 수 없거나 돌아가기를 원하지 않는 경우도 그 개념요소이다. 난민의 실질적인 보호를 위하여 난민 개념의 의미, 입증 및 그 판단에 관하여 난민 입증에서의 '신빙성'의 특수한 성격이 반영된 하나의 일관되고 통일된 체계의 구성이 필요하다.

우선 난민의 개념 중 '박해를 받을 우려가 있다는 충분한 근거가 있는 공포', 특히 '충분한 근거가 있는 공포'는 난민개념의 핵심요소라고 할 수 있다. 난민의 요건사실로서의 '충분한 근거가 있는 공포'의 의미가 규명될 필요가 있고 그것이 입증의 문제와는 어떤 관련이 있는지, 그리고 그것이 '신뢰성'과는 어떤 관계가 있는지 혹은 없는지를 명확하게 할 필요가 있다. 난민 개념의 확정을 전제로, 그것이 어떻게 입증된 주요사실로서 확정될 수 있는지와 관련하여 그 전제사실의 입증의 책임 및 정도, 그리고 '충분한 근거가 있는 공포'의 정도 등의 특수성을 살펴볼 필요가 있다. 또한 난민의 입증에서 특히 강조되고 있는 '신뢰성'의 의미 규명과 그 올바른 자리매김이 필요하다. 결국 난민의 개념과 그 입증의 실천적인 의미는 그것을 구체적인 사례에서 어떻게 판단하는가에 있다. 그 개념의 내용과 입증의 특수성이 구체적인 사례에서 충분히 반영되고 있는지, 그렇지 않고 왜곡되어 적용되고 있는지를 밝힐 필요가 있다.

'충분한 근거가 있는 공포'의 입증과 관련된 문제로서 신뢰성의 문제에 관해서는 그 특수성을 강조하는 여러 연구가 이루어져 왔다. 신뢰성에 대한 대부분의 연구는 주로 사실의 확정 과정에서 난민이 지니는 여러 가지 특수성에 대한 고려의 필요성을 강조하고 있다. 그러나 신뢰성과 '충분한 근거가 있는 공포' 개념과의 연관성, 그리고 신뢰성에 대한 잘못된 접근이 가져올 수 있는 문제점 등에 대해서 충분히 해명하지 못한 측면이 있다. 난민에 대한 실질적인 보호를 위해 이 부분에 대한 충분한 검토가 필요하고, 난민의 특수한 증거법리가 형식적·부분적으로만 수용되고 있는 우리나라에서는 특히 그러하다.

난민 인정의 기준 이외에도 우리나라에서 부여하고 있는 인도적 체류허가도 문제를 안고 있다. 우리나라의 인도적 체류지위는 국제법상 인정되는 보충적 보호지위와는 달리 시혜적으로 부여되는 임시 체류 허가 정도로 운영되고 있기 때문이다.

한국 출입국관리법제상 거주 허가에 대한 특례 측면에서 '인도주의'라는 표현을 처음 사용한 것은 1984년 출입국관리법 시행령이다. 그런데 이 체류허가 특례는 강제퇴거명령이의신청을 전제로 하는 것이다. 즉 강제퇴거명령을 받은 외국인이 강제퇴거명령 이의신청을 한 경우에, 출입국이 이의신청에 이유가 없다고 판단하였다고 하더라도 인도주의에 기반하여 체류를 허가할 수 있도록 하였다. 이후 대한민국이 1992년 12월 난민협약 가입한 이후에 1994년 난민에 관한 규정이 출입국에 들어왔다. 그러나 1994년 난민법은 난민에 관한 규정만을 두었으며, 인도적 체류지위 제도를 규정하지는 않았다. 즉 당시 법규에 따르면 난민불인정자에게 인도적 체류가 있는 사유가 존재할지라도 강제퇴거명령 이의신청자에게 해당하는 체류허가 특례가 인정될 수 있는 사안이 아니라면, 난민불인정처분 받은 자에 대해서 체류허가 특례와 무관하게 인도적 체류지위를 부여할 수 없는 구조이었다. 이후 난민불인정 받은 자에 대하여 난민불인정처분에 수반하여 인도적 체류지위를 부여 가능하도록 출입국관리법을 개정한 것은 2008년 12월 19일부터이다. 즉 이때부터 난민불인정자에 대해서 체류허가의 특례와 별도로 인도적 체류지위 부여가 가능해졌다. 그리고 그간 인도주의라는 표현은 출입국관리법 시행령에만 있었는데, 난민불인정자에 수반하는 인도적 체류지위가 출입국관리법에 규정됨으로써 시행령이 아닌 법상에 인도주의에 기반한 체류허가가 등장하게 된 것이다. 이후 2013년 난민법이 제정되면서 난민불인정에 수반하는 형태의 인도적 체류지위를 유지하면서, 인도적 사유를 "고문 등의 비인도적인 처우나 처벌 또는 그 밖의 상황으로 인하여 생명이나 신체의 자유 등을 현저히 침해"라고 한정하는 형태로 용어를 정의하여, 기존의 "특히 인도적인 고려가 필요"하다는 부분을 구체화 하였다.

한편 난민불인정에 수반되는 인도적 체류가 아닌 기존의 강제퇴거명령 이의신청자에 대한 인도주의에 기반한 체류허가 특례 조항은 출입국관리법 제61조 및 시행령 제76조에 규정되어 현재까지 유지되고 있다. 결국 현재 한국에서 운영되는 인도적 체류지위 제도는 난민법상 인정되는 인도적 체류지위와 특별체류허가로서 존재하는 인도적 체류지위 두 개가 병존하는 형태이다.

난민법상 인도적 체류지위 관련 규정 및 지침은 어떠한가? 난민법 제2조 제3호는 '인도적 체류 허가를 받은 사람'이란 "제1호(난민)에는 해당하지 아니하지만, 고문 등의 비인도적인 처우나 처벌 또는 그 밖의 상황으로 인하여 생명이나 신체의 자유 등을 현저히 침해당할 수 있다고 인정할 만한 합리적인 근거가 있는 사람으로서 대통령령으로 정하는 바에 따라 법무장관으로부터 체류허가를 받은 외국인"이라고 규정하였다. 일단 난민법은 인도적 체류허가는 난민에 해당하지 않는 경우에 부여하도록 규정되어 있다. 이에 난민법 시행령 제2조는 인도적 체류허가는 난민에 해당하지 아니한다고 결정하는 경우 또는 이의신청에 대하여 기각결정을 한 경우 부여한다고 규정하고 있다. 즉 인도적 체류지위제도를 획득하기 위한 별도의 신청제도는 존재하지 않는다. 그리고 난민의 정의 규정과 비교하여, 인도적 체류지위는 법무부 장관의 체류허가를 요한다. 즉 난민의 경우 체류허가는 난민인정의 결과이나, 인도적 체류지위의 경우 체류허가 자체가 요건이다. 따라서 난민인정자의 경우 난민인정 결정 이후 난민인정증명서를 받고 이에 따라 외국인등록증을 발급받지만, 인도적 체류지위자는 인도적 체류허가 결정이 되었다고 하더라도, 난민처럼 인도적 체류지위 인정증명서를 받지는 못한다. 다시 출입국에 체류부여 또는 변경허가를 받아 인도적 체류자격을 최종 부여 받을 수 있다.

인도적 체류허가자에 대한 체류허가 절차는 출입국관리법상 체류자격 부여, 변경, 연장의 규정을 따르도록 하고 있다.(출입국관리법 제23조 내지 제25조) 이에 따라 출입국관리법 제10조의 2 및 시행령 제12조 별표1의 2에 규정되어 있는 임시체류의 일종인 기타 체류자격(G-1)이 부여된다. 그리고 법무부 출입국외국인정책본부에서 발간하는 체류자격별 안내 매뉴얼에 따르면 인도적 체류지위자에게는 G-1-6 체류자격으로 분류된다. 인도적 체류허가자의 배우자와 국외 미성년 자녀도 인도적 체류지위를 신청할 수 있는데, 이들은 G-1-12 체류자격으로 분류된다. 인도적 체류허가를 받은 사람은 사실상 난민에 준하는 정도의 안정적인 체류자격을 가진 것임에도 난민과 달리 임시적 체류자격만을 소지한 것으로 전제되어 실질에 맞지 않는 불이익을 받고 있다. 실무상 인도적 체류허가의 자격은 난민불인정결정서에 "난민으로 불인정하나 내전이 종료할 때까지 인도적으로 체류를 허가한다."라고 기재하고 있고, 이를 통해 1년을 기한으로 하는 기타비자(G-1-6)를 부여 받고 있으며, 1년 단위로 이를 연장하고 있다.

난민법 제3조는 인도적 체류자에 대해서 난민협약 제33조 및 '고문 및 그 밖의 잔혹하거나 비인도적 또는 굴욕적인 대우나 처벌의 방지에 관한 협약' 제3조에 따라 본인의 의사에 반하여 강제로 송환되지 아니한다고 규정하고 있고, 인도적 체류지위자 처우와 관련해서는 동법 제39조에서 법무부장관은 인도적 체류자에 대하여 취업활동 허가를 할 수 있다고 단 한 규정만 두고 있다. 난민인정자의 취업의 경우 별도로 체류자격외 활동허가를 받을 필요가 없으나 인도적 체류지위자의 경우 난민신청자와 마찬가지로 체류자격외 활동허가를 받아야 한다. 인도적 체류지위자는 「외국인근로자의 고용 등에 관한 법률」에서 외국인근로자에 해당하고 제외사유에도 해당하지 않으므로 이 법에 따라서 공공기관에서 운영하는 직업소개를 받을 수 있다고 하여야 한다. 그러나 실제로 인도적 체류지위자가 직업 소개 등의 혜택을 받는 경우가 전무하다.

난민법상 '인도적 체류'라는 용어를 사용하는 것은 그 실질에 적합하지 않다는 문제점이 있다. 난민법상 "고문 등의 비인도적인 처우나 처벌 또는 그 밖의 상황으로 인하여 생명이나 신체의 자유 등을 현저히 침해당할 수 있다고 인정할 만한 합리적인 근거가 있는 사람"에 부합하는 정확한 용어는 해외 입법례 및 국제기준 등에 비추어 보았을 때 '보충적 보호'로 수정되어야 할 필요가 있다. '인도적'이라는 용어는 문언상 시혜적 성격이 강하다 할 것인데, 마치 보호해야 할 의무는 없지만 마치 재량으로 보호 여부를 결정할 수 있다는 뉘앙스를 가진다. 그러나 국제기준에서의 '보충적 보호'는 "고문방지 협약 및 자유권 규약 등 에 의해서 반드시 보호해야 할 의무가 있으나, 난민의 5가지 박해사유에 포섭되지 않는 사람들을 보충적으로 추가 포섭하여 보호하는 것"을 의미한다. 즉, 여기서 '보충'의 의미는 보호의 필요가 보충적이라는 것이 아니라, 보호의 범위가 확대 보강되어야 함을 뜻한다. 이와 같이 '인도적 체류지위'라는 시혜적 의미의 용어사용은 당국으로 하여금 '보충적 보호지위'에 해당하는 자의 보호에 대해서도 재량의 여지가 있는 것으로 생각하게 하여, 보충적 보호지위자에게 난민에 준하는 지위를 보장하지 않고 임시적 체류지위만 부여하게 하는 출발점이 되는 것으로 보인다. 이와 같은 점에서 난민에 준하는 보호를 해야 하는 '보충적 보호지위'와 시혜적 의미에서 임시적 체류 허가를 부여하는 '인도적 체류지위'는 구별해야 한다.

난민 인정의 현실과 모순, 그리고 희망은?

유엔난민기구 대표 필리포 그란디는 최근 방한 인터뷰에서 이러한 우리 사회의 난민 문제에 대해 매우 정중하게 자신의 의견을 제시하고 있다. "난민을 두려워하지 마십시오. 그들은 위협이 아니라 위협을 받아 보호가 필요한 사람들입니다." 그는 이렇게 말하며 예멘 난민 수용 문제로 논쟁을 겪은 우리들에게 난민을 향해 열린 마음을 당부했다. 법무부의 최종 심사 결과에 대해서는 누구도 엄청나게 위험한 나라로 강제송환되지 않았다는 사실이 중요하다면서 좀 더 안정적인 체류 자격을 주길 바라지만 인도적 체류 허용 역시 긍정적이라고 평가했다. 또한 난민 수용에 반대하는 청와대 청원에서 보듯 일부 사람들이 난민에 거부감을 보인 것을 알지만 많은 한국인이 난민 신청자들에게 연대감을 보여줬다면서 제주도에서도 주민들이 담요와 쌀 등을 제공했는데 언론이 부정적인 시각만 부각한 측면이 있다고도 지적했다. 그는 유엔난민기구에 대한 한국 정부와 민간의 재정 기여가 최근 많이 늘어난 사실을 높이 평가하면서도 한국인들이 난민을 좀 더 받아들여 달라고 당부하고, 특히 어느 정부든 부정적 여론에 민감할 수밖에 없지만 한국 정부가 용기와 리더십을 발휘하고, 국민에게 국제적 책무를 설명할 것을 촉구했다.

유엔난민기구 친선대사 배우 정우성의 용기 있는 발언과 행동도 눈여겨보아야 한다. "지금 세계 각국이 난민 문제로 어려움을 겪고 있는 것은 사실이에요. 한국이 국제무대에서 힘을 갖고 목소리를 얻으려면 이러한 난민 문제를 분담할 수 있는 국가임을 보여줘야 해요. 시민의식이 그런 국가를 만들 수 있어요. '자국민의 인권보다 난민의 인권이 중요하냐'는 이분법적 비교는 바람직하지 않다고 생각해요. 우리의 인권이 중요한 만큼 난민의 인권도 중요하니 보호하자는 거예요."

우리도 한때 그들이었다. 전 세계에 퍼져 있는 한인 디아스포라가 그 증인이기도 하다. 우리도 한국전쟁 때 유엔난민기구로부터 많은 도움을 받은 경험이 있다. 예멘 난민들이 죽음의 공포를 피해 보호를 요청한 만큼 인도주의적 차원에서 이를 바라봐야 한다. 이번 난민 사태로 예멘 난민들뿐 아니라 이미 들어온 시리아 난민 1,200여 명도 큰 논란의 대상이 될 가능성이 있다. 실제로 난민 심사에서 탈락한 시리아 난민의 75%가 인도적 체류 허가를 통해 국내에 잔류하고 있다.

우리나라는 아시아 최초로 난민법을 제정했지만, 실제 난민 인정에는 매우 인색한 편이다. 지금까지 총 4만여 명의 난민 신청자 중 절반이 조금 넘는 2만여 명에 대한 심사가 종료됐는데, 이 가운데 난민 인정을 받은 이들은 839명으로 4.1%에 불과했다. 이는 세계 평균 38%에 한참 못 미치는 수치로, 난민법 제정 이후 난민 인정률은 오히려 떨어지는 추세다. 인도적 체류허가는 난민협약상 난민의 정의에는 해당하지 않지만, 난민 신청자의 출신국 정황상 본국에 돌아가는 것이 어렵다고 판단될 때 보충적으로 부여되는 지위다. 1년 미만으로 체류허가를 주며, 기간이 만료되면 연장 허가를 받아야 한다. 인도적 체류 허가는 필요시 정부의 지원을 받을 수 있는지의 여부, 그리고 1년 단위의 재심사를 받고 위협이 사라질 경우 떠나야만 한다는 점에서 난민 인정과는 차이가 있다.

지난해 난민 신청을 한 이들이 1차 심사 결과를 받기까지는 평균 7개월이 걸렸다. 법무부 1차 심사에서 불인정 통지를 받은 이들은 이의신청을 통해 2차 심사를 받을 수 있고 이의신청에서도 거절 통지를 받으면 법무부의 결정을 취소해달라는 소송을 진행할 수 있다. 이런 절차를 거쳐 최종 결과를 받기까지는 2~5년이 걸린다. 이에 비한다면 최근 제주 예멘 난민의 경우에는 초고속으로 결정이 내려진 셈이다. 이처럼 심사에 긴 시간이 소요되는 것은 담당 공무원이 턱없이 부족하기 때문이다. 올해 난민 신청자가 1만 8천 명에 달할 것으로 예상되는 상황이지만, 난민 업무를 담당하는 공무원은 전국을 통틀어 39명뿐이다. 작년까지만 해도 31명에 불과했지만 올해 들어 8명이 늘었다.

개인의 결정과 국가의 결정의 동일한 차원에서 내려질 수는 없다. 난민을 둘러싼 개인들의 의견 차이는 현재 우리 사회에서 전개되고 있는 찬반 논의와 시위에서 여실히 그 모습을 드러내고 있다. 한쪽에서는 보편 인권을 기초로 난민 인정의 목소리를 높이고 있고, 다른 한쪽에서는 특수 주권의 입장에서 난민 수용 반대의 목소리를 높이고 있다. 보편 인권과 특수 주권 사이의 이분법이 팽팽하게 맞서는 셈이다. 그러나 국가의 결정은 둘로 갈라질 수 없다. 합리적이고 이성적인 기초 위에서 모두가 받아들일 수 있는 믿을만한 결정을 내리지 않으면 안 된다. 그 가능성은 보편 인권과 특수 주권 사이의 변증법에 놓여 있다. 추상적 형태의 보편 인권이 아니라 구체적 형태의 보편 인권을 주장할 수 있어야 하며, 또한 편협한 특수 주권의 입장이 아니라 깊어진 국제관계 속에서 책임 있는 주권국가의 목소리를 담을 수 있어야 한다.

우리나라는 2015년 유엔본부 총회 회의장에서 실시된 유엔 인권이사회 이사국 선거에서 2016~2018년 이사국에 재선되었다. 이로써 우리나라는 2006년 인권이사회 출범 후 2006~2008년, 2008~2011년, 2013~2015년에 이어 네 번째로 인권이사회 이사국을 수임하게 되었다. '2회 이상 연임 불가'라는 인권이사회 규정을 고려한다면 지속적으로 인권이사국의 지위를 가지고 있는 셈이다. 또 아시아 최초로 난민법을 제정한 국가이기도 하다. 국제사회에서 책임 있는 주권국가로서 우리나라가 제주 예멘 난민에 대해 내릴 수 있는 국가적 결정이 어떠해야 하는가는 국제적 위신과도 연결되는 문제이다.

국가의 차원이 아닌 시민 개인의 차원에서는 무엇을 할 수 있을까? 이란인 친구를 우리나라에서 쫓아내지 말라면서 청와대 앞에서 시위를 했던 중학생들의 사례는 우리에게 하나의 희망과 모범을 제공한다. 이슬람교에서 천주교로 개종을 하면서 이란으로 돌아갈 길이 막힌 16세의 안토니오는 친구들의 뜨거운 공감과 연대로 결국에는 난민 인정을 받게 되었다. 8년 전 아버지를 따라 한국으로 온 안토니오는 서울에서 중학교까지 다니고 있지만, 비자가 만료됨에 따라 우리나라에서 쫓겨날 처지에 놓였다. 천주교로 개종한 탓에 이란으로 돌아갈 수 없다는 사유로 재작년 난민 지위 인정을 신청했지만, "종교에 대한 가치관을 확립하기에는 아직 어리다."는 이유로 난민 인정이 거부되었다. 이 결정에 불복하여 제기한 행정소송에서도 비슷한 이유로 패소했다. 실의에 빠진 안토니오 군에게 도움의 손길을 내민 건 학교 친구들이다. 학교 친구들은 청와대 국민청원에 글을 올리고 출입국외국인청과 청와대로 직접 달려가 이방인 친구의 코리안 드림을 도와달라고 호소했다. 결국 우리 정부는 재심사 끝에 안토니오의 난민 지위를 인정했다. 공감과 연대의 힘은 정말 크다.[6]

난민과 환대

난민의 문제는 우리로 하여금 환대의 윤리와 권리라는 문제 앞에 서게 한다. 일반적으로 환대란 나의 거주지에 찾아온 타자를 어떻게 받아들일 것인가 하는 문제와 관련된다. 환대는 타인의 호소에 응답하여 자신의 문을 열고 타인을 나의 손님으로 대접하고 선행을 베푸는 것을 의미한다.

김현경은 ≪사람, 장소, 환대≫에서 환대에 대해 다음과 같이 말하고 있다. "환대란 타자에게 자리를 주는 행위 혹은 사회 안에 있는 그의 자리를 인정하는 행위이다. 자리를 인정한다는 것은 그 자리에 딸린 권리들을 인정한다는 뜻이다. 또는 권리들을 주장할 권리를 인정한다는 것이다. 환대받음에 의해 우리는 사회의 구성원이 되고, 권리에 대한 권리를 갖게 된다."[7]

이러한 환대에 대한 일반적인 설명은 구체적인 각론 부분에 들어가면 사뭇 다른 양상으로 나타난다. 실제 환대의 개념에 대한 기본적인 이해는 각각의 철학적 입장마다 커다란 차이를 보이고 있다. 지금까지 철학에서는 환대의 개념을 둘러싸고 두 개의 뚜렷한 입장이 대조를 이루고 있다. 칸트와 데리다로 대표되는 조건적 환대 개념과 무조건적 환대 개념이 그것이다.

환대의 문제와 관련하여, 칸트는 전통적인 계약론적 상호성에 기초하여 조건적 환대를 주장하고, 그에 반해 데리다는 타자철학에 기초하여 무조건적 환대를 주장한다. 칸트가 18세기 말의 근대적 입장에서 상대적이고 조건적인 환대를 주장하고 있다면, 데리다는 오늘날의 탈근대적 입장에서 칸트를 비판적으로 검토하면서 타자에 대한 절대적이고 무조건적인 환대를 주장한다.

칸트가 말하는 환대의 권리는 ≪영구평화론≫에 나온다. 칸트는 1795년 ≪영구평화론≫에서 세계시민주의에 근거한 세계연방제를 제시함으로써 세계가 어떻게 영구평화를 이룰 수 있는가를 보여주고자 했다. 칸트는 여기에서 공동체의 경계를 넘나드는 개인들에 적용되는 도덕적·법적 관계에 주목하면서 세계시민적 권리에 관하여 논의하고 있다.

칸트가 파악하고 있는 '세계시민권'은 모든 사람들이 자유의지를 가진 인격체이며 또한 동시에 한정된 지표면을 공유하는 공통적 인류임을 전제로 하여 한 국가의 구성원이 어떤 문화나 종교, 인종의 장벽이나 제약을 넘어 자유롭게 여행하고 다른 국가의 영토를 방문하여 환대를 받으면서 임시로 체류할 수 있는 권리를 의미한다.

칸트는 ≪영구평화론≫에서 국가들 사이의 영구평화에 관한 명문조항 세 가지를 제안한다.[8] 첫째, "모든 국가의 시민 헌법은 공화주의적이어야 한다." 둘째, "민족국가들의 법은 자유국가들의 연방 위에서 정초되어야 한다." 셋째, "세계 시민권은 보편적 환대의 조건에 한정되어야 한다." 마지막 세 번째 조항에서 칸트는 환대의 권리에 대한 논의를 전개하고 있다. 칸트는 여기에서 환대에 대해 "이것은 인류애의 문제가 아니라 권리의 문제다."라고 강조하고 있다.

환대를 '인류애'의 문제가 아니라 '권리'의 문제로 파악하고 있다는 점에서 칸트의 탁월한 통찰력을 충분히 인정할 만하지만, 안타깝게도 칸트는 자신의 입장을 마지막 지점까지 일관되게 관철하고 있지는 못하는 한계를 보여준다. 그는 환대가 단순히 내국인이 그 나라를 찾아온 이방인이나 자연적·역사적 환경으로 말미암아 그 내국인의 친절에 몸을 맡길 수밖에 없는 사람들에게 표할 수 있는 사교적 덕목이나 친절, 관용으로 이해되어서는 안 된다고 한다. 세계공화국의 잠재적 참여자라는 관점에서 바라보면, 환대는 모든 인류가 가져야 할 권리인 것이다. 이 환대의 권리는 각기 다른 시민결사체에 속하면서, 그 경계 지어진 공동체의 변경에서 조우하는 개인들 사이의 상호작용을 규정한다. 환대권은 정치체제의 경계에서 나타나는 것이다. 그것은 구성원과 이방인 사이의 관계를 규제함으로써 시민적 공간을 경계 짓는다. 그러므로 환대권은 인권과 시민권 사이의 공간, 즉 인격에 기초한 인간의 권리와 우리가 특정한 공화국의 구성원으로서 갖는 권리 사이에 위치한다. 이 점에서 칸트는 철저하게 주권국가와 국가주의적 관점이라는 시대적 한계 속에 갇혀 있다.

칸트는 이렇게 말한다. "환대란 다른 나라의 땅에 도착한 이방인이 적으로 간주되지 않을 권리를 뜻한다. 그를 몰락에 처하게 하지 않는 한에서 받아들이지 않을 수도 있을 것이다. 그러나 그가 평화적으로 머물러 있는 한, 굳이 그를 적대적으로 대할 이유가 없다. 이것은 영영 머물고자 하는 영주권이 아니다. 즉 본국민들과 동일한 권리를 일정한 기간 동안 이방인에게도 부여하기 위해서는 선의에 기초한 특별한 계약이 필요하겠지만, 이것은 그런 것이 아니다. 그것은 모든 사람들이 가져야 하는 임시 체류권 내지 친교권이다. 지구를 한 사람이 다 가질 수 없기에 우리는 타자의 존재를 결국 받아들이지 않을 수 없으며, 따라서 모든 사람이 지구 표면에 대한 공동 소유권을 갖기 때문에 이런 권리를 갖는다."[9] 칸트의 주장을 조금 단순화해서 말한다면, 우리가 환대의 권리를 갖는 것은 공처럼 둥근 지구 표면을 우리 모두가 함께 공동으로 소유하고 있기 때문이라는 것이다.

그러나 환대의 권리를 주장하는 이러한 칸트의 논의에는 불확실한 부분도 있다. 사람들과 국가 사이에 발생하는 이와 같은 관계들이 도덕적 의무의 요청을 넘어서는 적선 행위까지 수반해야 하는지, 또는 이들 관계들이 '타자의 인격에 기초한 인간의 권리'에 대한 인정이라는 특정한 종류의 도덕적 요청을 수반하는지 그다지 분명하지 않다. 우리는 망명권이나 피난권에 관한 오늘날의 논의들에 영향을 미치는 법률적·도덕적 모호성을 여기서 찾을 수 있다. 망명권이나 피난권이 우리가 함께 인류라는 데 기초한 상호적인 도덕적 의무라는 의미에서 '권리'인가? 아니면 이들 권리들이 법적 의미에서, 특히 개인이나 집단들이 주권적 민족국가들로 하여금 준수하도록 강제하고자 하는 행위규범적 요청인가? 칸트는 이 점에 관해 명백한 답변을 제시하지 않고 있다. 오늘날 전 세계적으로 문제되고 있는 '난민' 문제의 해결에 있어서도 현재의 난민법이 이와 같은 칸트의 자유주의적 입장에 기초하고 있다는 점에서도 우리는 주목해야 한다.

≪환대란 무엇인가≫에서 자크 데리다는 '무조건적 환대'를 주장한다.[10] 개인들의 상호 권리를 전제로 한 칸트의 환대 개념과는 달리, 데리다의 무조건적 환대의 개념은 타자에 대한 아무런 물음 없이 순수하게 맞아들임과 동시에 자신의

주체의 장소, '자기-집'의 경계를 허물고 열어놓음을 요구한다. 절대적 환대의 법은 어떤 의미에서 보편적 윤리라는 점에서, 특정 공동체의 권리에 바탕을 둔 조건적 환대의 법 및 권리와 구분된다. 조건적 환대 또는 '초대'의 환대는 타자가 우리의 규칙을, 삶에 대한 규범을 나아가 우리 언어, 우리 문화, 우리 정치체계 등등을 준수한다는 조건을 내걸고 환대를 제의하는 것이다. 이러한 조건부 환대는 내 영토에서의 순응을 조건으로 이방인을 나의 공간으로 '초대'하는 것이다.

데리다는 이러한 조건적 환대란 결국 스스로를 배반하게 되는 환대에 지나지 않는다고 한다. 왜냐하면, 첫째, 조건적 환대의 경우 환대의 주인은 '나의 영역'에 대한 강한 집착을 버리지 못하기 때문에, 자기-집을 보호하기 위해 명시적 또는 잠재적으로 이방인을 거부하거나 심지어 이방인 혐오자가 될 수 있다. 둘째, 조건적 환대는 내가 누구라고 말할 수 없고 상대방의 물음에 답할 언어나 표현방식을 알지 못하는 이방인이나 보이지 않는 타자, 즉 공동체를 위한 계약적 권리의 주체가 될 수 없는 타자를 배제할 것을 전제로 하고 있다. 셋째, 조건부 환대는 공동체 내에 들어온 이방인에게 결국 주인의 관습과 법률과 규약을 강요하면서, 자신의 문화와 정체성과 언어를 포기하도록 요구하게 된다.

이러한 조건적 환대는 공동체 내 또는 공동체 간 권력의 불평등을 전제로 한 '관용'에 불과하다. 데리다에 의하면, 관용은 권력자의 양보와 자비, 시혜에 기댈 수밖에 없으며, 이러한 관용은 이방인의 권리를 마련해 줄 수는 있지만, 그 자체가 이방인과의 평화로운 공존의 원리가 될 수는 없다. 왜냐하면, 관용의 정도, 즉 '관용의 한계선' 설정이 권력을 가진 자의 '자의성'에 의존할 수밖에 없고, 관용에 기대는 소수자 또는 이방인 집단은 불평등한 수혜적 관계를 감수해야 하기 때문이다. 이러한 점에서 데리다는 무조건적 환대, 즉 '방문'의 환대를 주장한다. 즉 데리다는 이방인에 대한 진정한 환대를 위해서는 관용만으로는 불충분하고, 이를 뒷받침해줄 더 근본적인 윤리적 이념이 필요하다고 생각한다. 이와 같이 보다 근본적인 윤리적 이념이 바로 무조건적 환대로 나타난다.

한마디로 말하면, 데리다가 말하는 무조건적이고 절대적인 환대는 신원을 묻지 않고, 보답을 요구하지 않으며, 상대방의 적대에도 불구하고 지속되는 환대를 말한다. 신원을 묻지 않는 환대, 보답을 요구하지 않는 환대, 복수하지 않는 환대, 이 세 가지의 요소가 바로 데리다의 무조건적 환대를 특징짓는 핵심이다.

그러나 이러한 무조건적 환대가 현실 사회 속에서 실천적으로 실현가능한가에 대해서는 많은 의문이 제기될 수밖에 없다. 보편적 윤리로서 무조건적 환대가 특정 공동체의 법으로 제도화 또는 법제화될 수 없다면, 이는 아무런 실효성이 없는 추상적인 논의에 그치는 것이 아닌가? 데리다의 무조건적 환대 개념에 대해서는 이런 비판이 자연스레 가해질 수밖에 없다. 칸트의 조건적 환대에 대한 정반대의 대척점에서 데리다의 무조건적 환대의 개념은 비판에 내맡겨지게 된다. 물론 절대적 환대의 불가능성이 그렇다고 해서 전적으로 무의미하다고 볼 수는 없다. 현실적인 환대는 이러한 불가능한 절대적 환대의 그림자 속에서 일어나며, 이 불가능성과 관계 맺음으로써 스스로를 변형의 가능성 앞에 개방하는 의미를 가질 수 있기 때문이다. 그것이 어쩌면 데리다의 해체철학이 가지는 힘이기도 할 것이다.

난민은 우리 시대의 모순과 진리를 온몸으로 적나라하게 드러내는 주체이다. 난민과 더불어 우리도 이 시대의 새로운 주체로 거듭나기를 피할 수 없다. 진리절차의 과정이라는 소용돌이 속에서 우리는 환대의 윤리와 환대의 권리 및 의무에 대한 새로운 규범을 몸으로 익혀야 하는 시대적 요청 앞에 서 있다. 이제 우리는 어떠한 주체로 설 것인지 결단해야 한다. 이제 그들에게 우리의 얼굴도 함께 당당할 수 있음을 보여야 할 것이다. 지금처럼 벌거벗은 몸으로서의 난민들에게 추한 우리의 민낯을 보여줄 것이 아니라 우리도 한때 그들이었음을, 여전히 우리도 그들과 같을 수 있음을 공감과 연대를 통해 보여줘야 할 것이다.

식민지 역사에서 주/객의 몸[1]

2014년의 세월호 사건과 한국 위안부 역사문제에 대한 일본의 태도는 각각 다른 사안이지만 국가적 책임에 있어서는 자유롭지 못하다. 이 글은 그 두 사건을 놓고 개인적 수치 경험 외에 국가적 수치라는 것이 가능할까 하는 필자의 개인적 질문에서 시도되었다. 다만, 세월호 사건과 한국의 위안부 문제를 직접적으로 다루는 대신 타 국가들의 사례를 통해 국가적 수치가 어떤 식으로 표명, 사과, 책임으로 이어졌는지 드러내고자 한다. 국가적 수치는 수치를 드러내고 발화해야 한다는 점에서 언어적이며, 이 언어가 단순한 인정이 아니라 책임의 성격을 띤 '수행적인' 의미를 지닌다는 점에서 개인의 수치와는 다르다. 개인이 모욕을 경험하고 수치감정을 느끼는 것과 달리, 국가적 차원의 역사적 과실에 대한 수치감정은 감정 자체로 발현되는 것이 아니라 국가차원의 공식 수행문이 읽힐 때 폭로되는 동시에 해소된다는 특징을 가지고 있다. 국가적 측면에서 수치를 인정한 사과謝過 발언을 조명하기 위하여, 필자는 먼저, 식민정책에서 합리화된 국가와 영토, 자국민과 이방인의 문제를 살펴보고자 한다. 이 과정에서 식민 종주국이 식민지 원주민에게 가한 과거의 악행을 수치로 인정하고 사과발언을 통해 국가의 존재를 정치적으로 강화하는 측면과 발화의 고유 특징인 '불확실성'을 책임 있게 이행할 수행성의 문제가 부각될 것이다.

최은주

살만 루슈디Salman Rushidie는 ≪수치*Shame*≫(1983)에서 파키스탄의 정체성을 가진 자신의 목소리로, '수치'의 언어적 측면, 즉 영어로 번역되기 이전의 원래 형태 '샤람sharam'에 대해 다음과 같이 설명한다.

> '수치'라는 말은 철저히 부적절한 번역어다. 세 글자, 신 레 밈shi rè mim. 그리고 단모음 소리를 뜻하는 자바르zabar 악센트, 짧은 단어이지만 백과사전에 비길 만한 뉘앙스들을 지닌 말이다. 어머니들이 오마르 하이얌에게 금지한 감정은 수치심만이 아니라, 부끄러움, 당황, 점잖음, 겸손, 수줍음, 세상에 신이 정해준 자리가 있다는 느낌, 그리고 영어에는 해당 단어가 없는 여타 국어 어휘들의 감정도 포함되어 있었다.[2]

이와 같이 다양한 의미를 동시에 포함하고 있는 '샤람'이 단일한 의미의 'shame'으로 번역될 수밖에 없다는 점에 대해 루슈디는 아쉬워하였으나, 수치 자체가 단일한 경험이 될 수 없다는 점을 눈여겨 볼 필요가 있다. "우리는 수치 경험의 다양한 맥락에 놓여있기 때문에 수치심과 관련된 다양한 감정의 소용돌이에 휩싸이기 쉬우며" 그런 까닭에 "수치 감정이 홀로 존재하기는 어렵다."[3]는 점에서, 오히려 수치심은 '샤람'과 상통하는 면이 크다. 개인의 수치는 타인의 입장에서 자기 자신을 바라봄으로써 자신의 행위를 감시할 때 발생하는 사회적 감정이다.[4] 즉 타자와의 관계 또는 지위격차로 인해 발생하는 사회적 감정이기 때문에 이를 다른 사람들과 함께 의식하고 공유하면 사회적 결속이 강화될 수 있다.[5] 그렇다면 집단을 대표하는 수치, 이를테면 국가적 수치라는 것은 가능할까?

2014년의 세월호 사건과 한국 위안부 역사문제에 대한 일본의 입장은 각각 다른 사안이지만 국가적 책임에 있어서는 자유롭지 못하다. 이 글은 그 두 사건을 놓고 개인적 수치 경험 외에 국가적 수치라는 것이 가능할까 하는 필자의 개인적 질문에서 시도되었다. 다만, 세월호 사건과 한국의 위안부 문제를 직접적으로 다루는 대신 다른 국가들의 식민지 역사 사례를 통해 국가적 수치가 어떤 식으로 표명, 사과, 책임으로 이어졌는지 드러내고자 한다. 국가적 수치는 수치를 드러내고 발화해야 한다는 점에서 언어적이며, 이 언어는 단순한 인정이 아니라 책임의 성격을 띤 '수행적인' 의미를 지닌다는 점에서 개인적 수치와 다르다. 개인이 모욕을 경험하고 수치감정을 느끼는 것과 달리, 국가적 차원의 역사적 과실에 대한 수치감정은 국가차원의 공식 수행문이 읽힐 때 폭로되는 동시에 해소된다. 이 글은 국가적 측면에서 수치를 인정한 사과謝過 발언을 조명하기 위하여, 루슈디의 ≪수치≫에서 두 개의 모티프를 가져와 논의를 진행하고자 한다.

'수치'를 개념화하기 위한 첫 단계로 '수치' 감정 자체가 지닌 모순, 즉 감정을 갖게 되는 동기와 그 감정을 인정하고 폭로하면서 생겨나는 또 다른 감정에서 국가적 수치를 바라보고자 한다. 다음으로, 국가와 영토, 자국민과 이방인의 문제에 대해 식민정책에서 합리화된 안과 밖, 주체와 타자에 대한 담론을 살펴보고자 한다. 이 과정에서 식민 종주국이 식민지 원주민에게 가한 과거의 악행을 수치로 인정하고 사과발언을 통해 국가의 존재를 정치적으로 강화하는 측면과 발화의 고유 특징인 '불확실성'을 책임 있게 이행해야 하는 수행성의 문제가 부각될 것이다.

수치 인정을 통한 국가적 이상과 정체성의 회복

역사는 이성적으로 구조화되고 조직화된 질서에 의해서가 아니라 감정, 충동, 욕망에서 변화의 동력을 얻는가 하면 또 같은 메커니즘으로 반동과 퇴행으로 역행하기도 한다. 감정은 "역사에 개입하고 흐름을 바꾸는 힘이고 세력이며 자원"[6]으로, 인간은 피에르 부르디외Pierre Bourdieu가 지적한 대로 일상의 미시적인 실천과 축적된 감정의 기반 위에서 역사를 만들어가는 주체로 전환될 수 있다.[7] 역사적 시기에 한 민족 혹은 집단이 집합적으로 경험하고 감각했으며 기억하고 있는 그래서 장기적으로 구조화된 감정은 문화를 형성한다. 일본식민지 경험이 한국 민족에게 집단적인 감정을 형성한 것과 광주학살의 경험이 광주 시민에게 집단적인 감정을 조성한 것이 그러한 예들이다. 이와 같은 국가 간은 물론 자국민에 대한 공적 폭력에 의한 예속과 박탈은 화해라는 담론을 통해 계속해서 정당화되고, 정상화되며, 규제되고 있으며, 박탈된 자들은 일방적으로 소리 없이 고통을 감내하도록 강요당했다. 이때 '권리를 가질 권리'를 빼앗긴 사람들은 수치를 느낀다.[8]

수치감정은 또한 '우리'의 국가라는 정체성을 주장하게 해준다. 과거의 행위에 대한 죄책감을 밖으로 표출할 때 수치를 인정하는 것이 되며, 동시에 사과를 하는 것으로 국가의 정체성 회복의 문제와 연루된다. 새라 아메드Sara Ahmed에 따르면, 정부가 수치스러움을 공식적으로 만들 용기만 있다면 수치를 드러내는 것은 국가의 이상적 이미지를 회복하는 방법이 될 수 있다.[9] 먼저 국가의 이상이 실패했다는 사실을 노출하는 것은 정치적으로 중요하다. 즉, 과거의 과실에 대해 공개적으로 논의하고, 인정하며, 사과한 후 함께 슬퍼하는 과정을 거치면서 진정한 국가로서의 모습을 찾을 가능성에 놓이는 것이다. 자긍심을 갖기 위해 그동안 은폐하려 했던 것을 폭로하지만 폭로의 방식인 공식 수행문의 발화는 명예가 회복되는 내러티브를 갖는다. 그런 이유에서 수치를 "명예와 경합할 수 있는 '동류pair'로 보는 것"[10]이며, 따라서 수치의 정치는 매우 모순적이다.

<타인 앞에서의 수치Shame Before Others>에서 아메드가 제기한 질문처럼, 과연 과거 잘못된 행동을 인정하는 것으로 각각의 죄책감을 사할 수 있을까?[11] 국가가 어떻게 수치심을 느끼느냐의 문제보다 수치심 표명을 통한 선언이 어떻게

국가를 존재하도록 하는지가 이 질문의 핵심이다. 따라서 국가적 수치는 개인의 수치와는 다른 층위에 있다. '나'와 달리 '우리'의 범주는 응집된 의미를 갖기도 하지만, 동시에 감정이나 책임감을 회피하게 하는 수단이기도 하다. 반대로, '우리'에 속한 나는 더 큰 수치심을 느낄 수도 있다. 수치심의 특징이 외부의 시선과 깊은 관련을 맺고 있다는 점을 고려할 때, 세계는 전 지구적 기준을 마련하여 각 국가를 감시, 평가하므로 국가적 과실은 개인의 피부에까지 영향을 미칠 수 있다. 이때의 특징은 세계의 전 지구화 현상에도 불구하고 국가가 더욱 단일화되고 범주화된다는 사실이다. 내가 단일한 국가에 소속되어 있다는 것이 더욱 명료하게 폭로된다.

따라서 수치는 자국과 타국 간의 경계를 더욱 분명히 하는 방식으로 노출된다. 물론 다음의 예처럼, 집단적인 탈수치 또한 자국과 타국 간의 경계를 분명히 하는 측면이 있다. 2014년 7월 20일에 이스라엘은 팔레스타인 가자지구를 향해 최대 규모의 포격을 가했다. BBC는 이날 하루 사망자가 최소 50명이 넘는다고 보고하였다. 이날 이스라엘 스데롯Sderot 언덕에서 마치 극장에서 팝콘을 먹고 담배를 피우며 관람을 하듯이 가자지구의 공습을 지켜보며 환호하는 이스라엘인들에 대해 '스데롯 극장Sderot cinema'과 같다고 비판하는 기자들의 방송이 잇따랐다.[12] 이스라엘인들은 언론이 오보를 냈다며 불만을 토로했으나, 이 사진은 분명 이스라엘인들의 집단 행위를 폭로시키는 효과가 있었다. 어떤 행위는 '나'로부터 '우리'로의 변환을 통해 정치적인 것이 된다. 이스라엘인들이 집단적으로 폭력에 중독되었다고 보도되는 동시에 수치의 언덕으로 스데롯이 비난 받는 이유이다. 무수치심 또는 탈수치심이라고 하는 사회적 물결이 새로울 것은 없다. 수치심에 대한 수치심은 수치심을 은폐하고, 이는 수치심을 저가시적이게 하고 쉽게 무시되도록 하는 것이 보통이다.[13]

이렇듯 개인의 수치와 국가적 수치 간에는 모순된 지점이 있다. 정부가 국가적 수치임을 수용하고 자국의 개인 또는 집단의 과실에 대해 사과할 때, 개인인 '나'에서 공동의 '우리'로의 변환은 주권의 문제를 개입시킨다. 이때 '우리'는 '우리'의 영토 내부에 있으면서 '우리 아닌 자들'을 구별 짓고 '우리'의 경계 밖에 둠으로써 내부와 외부를 구성한다. 사과를 발언하는 주체에 속한 사람들과 그렇지 못한 사람들이 나뉠 때, 국가적 수치를 인정하고 사과 발언을 하는 주체는 타자에 대한 책임을 전제로 행동을 하는 자이다. 이때 타자는 영토 내에서 다른 외부를 구성하는 사람들이다. 이미 원주민들이 존재하고 있던 영토를 식민화 한 경우가 그러하다. 이때 타자에 대한 책임은 응답을 통해 나타나며, 응답가능성Answerability은 화자와 청자 간의 대화를 완성시키는 반응일 뿐만 아니라, 타자가 존재할 수 있는 여지를 마련해주는 윤리적 자세이기도 하다.[14] 윤리학이란 지식의 문제만이 아니라 타자와 관계를 맺고자 하는 "관계에 대한 호소"[15]이다. 수행문에서 발화되는 '우리'는 주체와 타자의 문제를 다시금 조명하도록 만든다.

루슈디는 이민자를 다음과 같이 설명한다.

> 세계 공간 배열의 변화, 즉 강한 이동성과 함께 '그때'와 '지금' '그곳'과 '여기'를 안정적인 영역으로 보는 것은 문제가 있다. 이동이 내부에서 일어난다는 것과 박탈 방식이 이동가능성을 배제하는 것이라는 사실을 진지하게 고민한다면, 공간성과 위치에 대한 개념화를 다시 시도해야 한다. 누군가 같은 영역 내부에서 떠나고 도착하며, 내부에서 추방되어 내부의 외부를 구성하면서 이러한 외부에 봉쇄되는 경우를 생각해볼 수 있다. 영토의 소유권을 둘러싸고 전쟁이 일어나고 이로 인해 이동이 발생하는 경우에, 우리가 '어디에' 있는지 자체가 벌써 의문시되기 때문이다.[16]

이 서술에서 토지 전유와 영토 점령의 한 기술, 테라 눌리우스 Terr-Nullius의 논리를 끌어낼 수 있다. 즉, 여러 식민 종주국들은 식민지를 강탈하고, 원주민들의 삶을 박탈하면서, 그들의 땅, 즉 소유개념조차 필요 없었던 원주민들이 살던 땅을 원래 '황무지'이자 '무주지無主地'였다는 논리를 대면서 식민주의 정책을 정당화하였다. 영국 시인 윌리엄 블레이크William Blake가 상상력을 가리켜 인간 생존 그 자체라 하였지만, 네이티비아Nativia[17]와 같은 부정적인 상상력이야말로 반투스탄 Bantustan을 현실화시켰고 오스트레일리아와 캐나다의 식민주의 정책을 정당화시켰다.

오스트레일리아 원주민에 대한 토지 점령과 전통적인 삶의 터전 박탈에서뿐만 아니라 노예의 육체들은 고전적 정의의 생명 정치성, 곧 생명과 소유권, 그리고 자유 사이의 구성적인 연결 관계를 빚어내는 생명 정치성에서 제외되었다.[18] 이와 같은 이유로, 오스트레일리아의 국가가 이상에 걸맞은 행동을 하는 데 실패했다는 점을 폭로함으로써 개인이 수치를 느낀다면 그 개인은 국가에 속한 것이고, 국가에 대한 애정이 확인되는 순간이다. 수치 감정은 스스로 죄를 자각하는 것이 아니라 외면적 강제력에 의해 발생한다. 또는 남 앞에서 조소받고 거부당하거나, 혹은 자신이 비웃음을 당했다는 생각이 들 때 수치를 느낀다.[19] 한편, 스스로 생각하는 이상적인 자아에 맞게 행동하는 것이 명예라고 여기는 나라에서는 자신의 비행을 아무도 모른다 할지라도 죄의식에 괴로워하며, 그의 죄책감은 죄를 고백함으로써 경감된다.[20] 이처럼 수치심을 노출하는 것으로 국가 회복의 계기가 될 수 있다.

수치를 느끼는 것은 우리가 선의를 가졌음을 확인하는 것이고 국가를 이상적인 형태로 재생산하기 위한 과정이다. 실패했다 하더라도 이상은 남아있어서 실패를 인식하는 것만으로도 예전부터 이상이 존재해왔음을 확인하는 것이다. '나'와 '우리'를 동일시하는 것은 이상을 가지고 있고 그에 맞게 행동하고 있느냐로 판단하게 된다. 예를 들어 백인 주체가 인종차별주의에 참여하고 있다고 해서 국가적 이상을 따르는 데에 실패한 것은 아니다. 수치심을 보임으로써 자신이 선의를 가진 이상적인 주체임을 보일 수 있다. 여기에서 중요한 것은 '보여주는 것'이다.

사과 발언에서 주체와 수행성의 문제

캐나다의 원주민들은 현지 다른 인구집단보다 열악한 환경에서 살아가며, 전체 인구에서 차지하는 비율은 45%에 지나지 않지만, 범죄율과 자살률은 높다. 2017년 9월 21일에 쥐스탱 트뤼도Justin Trudeau 캐나다 총리는 뉴욕 유엔본부의 제72회 총회에서 캐나다의 부끄러운 역사를 반성하는 연설을 하였다. 그는 캐나다 원주민들 대부분이 "굴욕, 도외시, 학대 등의 경험"을 겪었으며, "그동안 캐나다 정부가 원주민들을 제대로 대우하지 못하여 많은 원주민들이 오늘날까지 권리를 충분히 존중받지 못하고 있다."고 하면서, 이 점에 대해 "우리는 매우 부끄럽다."고 말했다. 언론매체들은 국제적 논의의 장에서 그가 자신들의 부족한 점을 드러내는 용기 있는 연설을 하였다고 보도했다.

한편, 주로 백인 오스트레일리아인들이 주로 쓴 것을 모아 인터넷 사이트를 통해 제작되었던 ≪사과서*Sorry Books*≫는 백인 오스트레일리아인들의 슬픔과 수치심을 공유한 집단적인 '우리'를 형성하여 정부를 향한 탄원서 역할을 하였다. 개개인들의 여러 글들은 '도둑맞은 세대Stolen Generation'[21]에게 공식 사과할 것을 거부한 존 하워드John Winston Howard 오스트레일리아 총리를 향해 쓰였다. 수치표현의 거부를 국가 수치의 근원으로 만들면서, '당신이 안 할 거면 내가 대신 하겠소'라는 의미가

이 책에 담겨 있었다. 오스트레일리아인들은 국가를 수치스럽게 보며 자신들의 입장에서 표명을 한 것이다. 물론 스스로 부끄러움을 드러낸 트뤼도의 경우와 정반대로 하워드는 사과하지 않았다. 언론들이 트뤼도를 용기 있다고 말하는 이유가 여기 있다.

그런데 백인 오스트레일리아인들과 캐나다 총리의 연설에서 공통적으로 표현된 것은 '우리'이다. '우리'가 누구인지에 대한 정체성에 의문이 제기된다. 백인 오스트레일리아인들은 사과하지 않는 총리에 대해 수치를 느꼈다. 그들은 토지 박탈과 원주민의 권리에 대해 거부했던 역사에 대해 진심으로 부끄러워했을 것이다. 따라서 사과하지 않는 총리를 오만하다고 보았으며, 이를 국가의 수치라고 여겼다. 그러나 역사에 대해 부끄럽게 여긴 스스로를 '우리'라고 부른 텍스트 속에 백인 오스트레일리아인들과 원주민은 공존하지 않는다. 물론 수치를 적극 인정해야 하는 쪽은 가해자에 속한 백인 오스트레일리안들이다. 원주민들은 피해자이다. 불가피하게 입장이 나뉘기 때문에 수치인정의 주체는 '우리'로 구분된 백인이다. 주로 백인들이 정부의 공식적 사과를 요구했다는 점은 백인들의 의식 있는 행동을 부각시키는 서술이지만, 반면 원주민(비백인)은 타자의 위치를 벗어날 수 없는 존재임이 부각된다. 따라서 원주민들이 사과 요구를 하는 것과 달리, 현재의 백인 오스트레일리아인들이 과거 역사적 과오를 수치로 여기며 사과 발언을 주장하는 것은 다른 차원에서 해석된다. 따라서 원주민은 박탈의 논리 위에 만들어진 또 하나의 주체이지만, 그들만의 온당한 자리를 부여받고 여기에서만 그들의 유일한 공간적 상황에 놓인 주체이다. 즉 '비-존재non-being'와 '비-소유non having'로서 전유되는 사항인 것이다.[22]

백인들이 느낀 수치가 가식이 아니었음에도 불구하고 비백인의 모욕과 수치는 이미 억압의 방식으로 공통 경험되었다. 백인 오스트레일리아인들의 사과 요구의 컨텍스트 속에는 따라서 단순히 수치 인정이 아닌 주권을 가진 백인주체의 정체성 회복이 담겨 있다. 사과발언으로 끝내지 않고 책임을 지겠다는 발언까지 했으므로 트뤼도 캐나다 총리는 언어를 수행적인 측면으로 실천하려는 의도를 내비쳤다. 진실 공표가 하나의 실천임이 그런 이유이다. '우리'의 삶을 실천적 양상으로 바꾸겠다는 것이다. 실천과정으로 나아가기 전에 공적 권위를 가진 그의 발언은 수치와 정반대의 명예를 회복할 첫발을 내디뎠다고 할 수 있다. 그리고 그의 발언 속에는 자국의 주체, 백인을 대표하는 '우리'의 담론이 있다. 수치 인정이나 사과와는 별개로, '우리'의 담론이란 원래의 주인을 뜻하는 원주민을 내쫓은 것이 아니라 어느 누구의 것도 아니었던 땅에 정착했다는 점을 기정사실로 하고 있다. '우리'가 원주민을 박탈한 배경에는 세계 확장을 위해 원주민이 '아무도 아니라는' 상상이 가능했기 때문이다. 지금의 오스트레일리아를 형성한 백인 정착민들은 영국에서 건너왔던 1788년 이전까지 오스트레일리아에 아무도 살지 않았다고 여겼다. 주체를 구성하는 존재 인식론의 중심에 일찍이 자리매김한 토지 소유권은 땅의 소유권이 무엇인지도 알지 못했던 원주민들을 박탈시켰다. 이와 같은 배경에서 '우리'라고 하는 주체의 자리에 원주민은 포함되지 않는다.

민족국가를 이루기 위한 요구조건에 민족은 단일하고 동질적인 것이어야 하는데, 민족적 소수집단은 국가의 적법성을 따졌을 때 민족적 소속에 어긋난다. 이런 점에서. 국가의 설립 자체가 민족적 소수집단을 지속적으로 추방하는 것과 구조적으로 긴밀히 얽혀 있다.[23] 이와 같은 담론은 집단에 뿌리박고 응집성을 보이며 구조화되어 있다. 캐나다와 오스트레일리아와 같은 식민/피식민의 민족이 하나의 영토에서 공존할 때 소속과 비소속, 주체와 타자 간에는 빗금 친 경계가 있다. 따라서 국가적 수치 인정을 통한 화해는 주체 스스로 타협하는 과정으로 이미 식민 초기에 정체성 설립을 위해 원주민을 박탈했던 맥락에서 크게 벗어나지 못한 식민 종주국의 정체성을 전제로 한다. 불가피한 것은 화자의 사과 발언의 순간과 청자의 수용 성립 시간 동안 표현되는 '우리'는 주체와 타자 간의 경계가 전제되어야 한다는 점이다. 과거의 과오에 대해 '우리'의 사과 표명을 효과적으로 만들려면, 먼저 과오를 저지른 쪽의 공동체인 '우리'를 응집시키고 공고히 해야 하는 것이다.

총리로서 사과 요청을 받았을 때, 총리의 개인적 도덕성, 즉 개인적 성향 안에 있는 자신의 어떤 태도를 정립하는 것은 중요하지 않다. 이때 개인인 총리 '나'는 이미 사회적일 수밖에 없고, 그에 따라 "언제나 구성적 사회성을 상정하면서 행동이나 반성을 시작할 수 있다."[24] 내가 책임 있게 행동할 때 그것은 "보다 넓은 차원의 사회성에 나 스스로를 내어주는 것"으로, 권력을 부여받은 총리의 공식적 발언은 권력을 부여받지 못한 자의 그것과 달리 수행을 위한 하나의 '세례'가 되는 것이다.[25] 다시 말해, 정치의 범주에서 대표인 총리는 영어단어 '대표representation'의 이중의미 '재현'하는 연기자의 역할을 부여받은 자이다. 타인에게 전해질 때 일정한 형태의 억양, 몸짓, 말의 컨텍스트가 갖춰지면 동일한 단어라 하더라도 책임을 받아들이는 기능을 할 수 있다. 연기력을 동원하여 미안하다고 말하는 것과 진심으로 미안해하는 것의 차이가 메워질 수 있다. 결과적으로 수치는 잔인한 역사를 극복하기 위해 상정되는 것이고, 그로 인해 감동을 받거나 심지어 혹은 상처를 받았다는 것을 보여줌으로써 그 역사를 뛰어넘을 수 있다.

이때 수치스러운 일은 과거 혹은 부재로 규정된다. 즉 수치로 인식하고 사과발언을 하지만 역사는 과거의 것이지 현재에 속한 것이 아니다. 과거의 단절을 전제한 현재에서 과거의 과오는 '우리'를 포함하는 동시에 배제의 시공간을 확보한다. 그러나 기억을 '외적 자극'에 의한 집합의식과 관련지어 바라본 모리스 알박스Maurice Halbwachs의 기억사회학적 관점에서, 현재 속에서 과거를 합성 혹은 융합하는 작업을 통해 역사는 사회적으로 재구성된다. 여기에서 '현재'가 중요한데, 지금 이 시점에서 과거의 어떤 사건을 되살리고 기억하는 작업은 현시점의 시대적 부응, 사회적 자각에 의한다. 그 사건을 되살리고 인식하고 배치하는 것이 사회 속에서 이루어지기 때문이다. 따라서 국가가 가지고 있는 수치의 역사 자체보다 그 수치를 수치이게끔, 혹은 후안무치의 역사를 폭로하는 외적 자극에 의해서만 수치를 수치이게 할 수 있다. 이런 점에서 수치 인정 발화는 사회적 상황을 인식한 '연기' 혹은 '재현'으로 작동될 수 있다. 수치심 발언을 거치면서 하나의 단계를 통과하고 나면 국가로서의 모습을 찾게 된다. 따라서 트뤼도 총리의 사과는 유의미하다. 캐나다의 국가 입장에서 이상의 실패를 노출하는 것은 정치적인 효과가 있다. 오스트레일리아 또한 마침내 과거 오스트레일리아 원주민 학대에 대해 국가가 수치스럽다는 입장을 표명하였다. 오스트레일리아 원주민들의 상처는 수치의 원인이 되고 국가의 정체성이 수치스러움으로 재정의 되어야 하는 이유라고 밝혔다.

역사적으로 이전의 사과 발언 유무와 상관없이 발언을 시작으로 과거의 어떤 맥락과도 단절하면서 특정권력이 생성된다. 이렇게 하여 기존 사회 제도의 형태는 변화와 수정을 맞이할 가능성에 놓인다. 사과의 정치학은 새로운 공공의 도덕성이 되었다. 엘라자르 바칸Elazar Barkan은 이 공적 도덕성을 측정할 수 있는 한 가지 새로운 잣대가 "정치적 의욕"이라고 하면서, "의욕적인 시기일수록 역사적인 죄를 인정하는 것"이라고 주장했다.[26] 트뤼도 총리의 의욕은 역사를 반성하는 발언을 통해 부각된다. 대중이 죄책감의 짐을 지고 피해자들과 공감대를 형성하고 있다는 증거로서의 공식적 사과는 발언에 담긴 목소리에 감정을 표출하게 된다. 이어서 주체의 책임 문제가 고려된다. 단순히 목소리에 감정을 표출한다는 개념이 아니라 어떤 정치적 작동이 공식 사과에서 필요하다. 이때의 언어는 이미 권위를 부여받은 공적 언어 사용자가 이행하는 데서 정치적 담론으로서의 권력을 가진다. 부르디외는 작동하는 수행문과 실패하는 수행문의 구별이 전적으로 말하는 자의 사회적 권력과 관련이 있다고 본다.[27] 정당한 권력을 부여받은 사람은 언어를 이행하게 만들지만 그렇지 않은 사람은 동일한 공식을 말할 수는 있으나 효과를 생산하지 못한다는 것이다. 반면, 주디스 버틀러Judith Butler는 수행문 자체에 무게를 두고 "신뢰 가능한 적법한 것의 생산, 즉 적법한 것을 '작동' 가능하게 하기 위한"[28] 것이라고 주장한다.

사과를 수행적 발화performative utterance라고 생각한 존 오스틴John Langshaw Austin은 '행동'이라는 명사와 함께 일상적인 동사 '수행하다'라는 말의 유래로 발화를 설명하였다.[29] 여기에는 발언과 감정 그리고 행동 간의 관계가 들어있으므로, 발화는 곧 어떤 행동을 수행하는 것에 대한 것이다. 화자는 진심으로 미안함을 느껴야 한다. 감정은 내부의 상태이고 언어로 표출이 될 수도, 되지 않을 수도 있다. 그리고 사과는 보상 요구의 기반을 가지고 있다. 따라서 감정만이 아니라 책임에 대한 증거로 받아들여질 수 있다.[30] 사과는 어떤 역할을 하고 있지만 그게 무엇인지는 분명하지 않다. 언어행위가 어떻게 행위 — 효율적·일방적·이행적·발생적으로 — 한다고 할 수 있을 때 이를 지배하는 주권 권력에 대한 비유와 말이다.[31] 언어 행위를 주권 행위로 이상화 하는 것은 긍정적이든 부정적이든 주권 국가의 권력에 대한 이상화, 아니 그런 권력의 상상적이고 강제적인 목소리에 대한 이상화와 연결되는 것 같다.[32] 따라서 주권 국가의 권력 이상화를 실현하기 위해서는 사과하면서 해야 할 행동이 무엇인지 정해야 한다.

이 시점에서 고려해야 할 것은 보여주는 행위와 그것을 받아들이는 것과의 관계이다. 청자는 화자가 사과를 구하는 것인지 해석한다. 청자가 사과로 받아들여줄 때 비로소 행위가 된다. 그리고 사과에 이어지는 행동이 제대로 된 사과를 만든다. 만일 사과한다고 말을 한 후 이전과 똑같이 행동한다면 사과의 힘은 없어질 것이다. 따라서 사과는 인정이기도 하지만 정확하게는 책임을 인정하는 것이다. 그런데 그 자체만으로는 완결되지 않은 특성 때문에 국가의 대표가 사회적 행위로서 사과를 공식화 하는 것은 문제가 될 소지가 크다. 사과를 함으로써 끊임없는 요구에 시달릴 가능성이 크므로, 역사적인 분위기가 사과의 분위기를 조성하고 있다 해도 상당수의 사과는 차단되어 있다.[33] 사과발언을 맡은 주체는 대표/재현이 불가능하다는 점을 인정하면서 책임을 수행할 수밖에 없다. 불가능하다는 것으로 타자와의 관계설정을 끝낼 수 있는 것이 아니다. 가야트리 스피박Gayatri Chakravorty Spivak의 괄호친 (불)가능성에서 탐색하려는 가능성처럼 불가능성을 전제하되, 가능성을 향해 나아가야 하는 것이다. 그것이 타자와의 동일성이 아닌 '차이'라는 점은 말할 것도 없다.

역사의 시공간적 문제

'어째서 지금인가'와 관련하여 과거는 현재적 이해 관심과 고려에 의해 구성 변형된다. 즉 현재의 상황이 과거사의 기억 선택성에 영향을 미친다는 것이 알박스의 주장이다.[34] 이와 같은 관점에서 볼 때, 기억은 사회적 현상이다. 되살리고 인식하고 배치하는 복구의 기재가 사회적으로 작동하였기 때문이다. 먼저, 사회의 공통적인 사고방식·입장·태도·관점·이해관심이 채택되고 그 속에 공동의 기억을 위치시키면서 그로부터 요구되거나 지시되는 방향을 따름으로써 결집되는 것이다.[35] 어떤 사회집단에서 처음부터 공유하고 있는 과거에 대한 기억은 극히 적으며, 오히려 역사적 사건을 공유하였다는 동조의식에 의해 집합적 시간이 생성된다. 이런 점 때문에 기억을 복원이 아니라 구성이라고 볼 수 있으며, 이 구성과정에서 개인의 자전적 기억마저도 제도적 필요성에 기여하게 된다.[36] 여기에서 '민족'이 부각된다. 공통의 사고방식·입장·태도·관점·이해관심이 일정 시점의 애국, 혹은 자민족주의를 끌어들인다.

내부로부터 추방되어 '국가 없음'의 박탈된 상태의 개인이라 해도 식민 종주국 방식의 법적 문서 효력 방침에 따라 땅을 소유할 수 없는 원주민과 동등하지는 않다. 땅의 소유권 자체가 무의미했던 시대부터 식민지화 이후 원래부터 땅의 주인이 없었다는 제국주의의 논리에 따라 원주민은 내부의 내부로 흡수되었다. 그리고 현재 이 시점의 정치적 현상에 의하여 박탈된 존재로서 재조명되었다. 그들은 항상 박탈된 상태에 있었고, 존재하였으나 존재하지 않았다. 그 상태는 어쩌면 주체와 타자의 빗금이 사라지지 못한 얼룩진 상태였다. '샤람'이 '수치'로 온전히 번역될 수 없는 것과 마찬가지로 문명화된 국가는 그렇지 못한 종족과 일체형 국가를 이룰 수 없었다. 앞에서 언급한 타자의 언어를 번역해내는 것이 불가능하다는 관념을 벗지 못하는 한, 착취와 박탈의 시점으로부터 오랜 시간이 지난 현재라 할지라도 원주민과의 사이에 그어진 빗금은 사라질 수 없다.

그런데 과연 타자의 언어를 번역해낼 수 없음에 대한 인식을 벗어버리는 것이 타당한가? 막상 과거에 있었던 일을 지우고 새로운 내용을 쓰고자 한다면 실패할 것이 자명하다. 파키스탄은 1947년 인도로부터 분리 독립한 후, 같은 뿌리를 갖고 있지만 다른 종교를 가진 인도의 역사를 부정하거나 덮어버려야 한다.[37] 루슈디의 ≪수치≫는 이와 같은 파키스탄의 현실을 놓고, 새로운 내용으로 역사를 다시 쓰고자 하였다. "지나가버린 것이 존재하고, 이 지나가버린 것에 대한 특정한 정념이 존재하기에 역사가 존재"[38]하기 때문에, 불가능하다는 관념에도 불구하고 불가능하다는 의식에 저항하면서 지나가버린 사건을 현재 속에 역사화하려던 것이다. 그러나 루슈디는 이주민들의 열망을 설명할 뿐 새로운 국가를 상상하는 일은 실패하고 만다.

아이러니하게도 이민자가 형성한 국가들이 '민족', '국가'에 대한 집착이 더 강한 나머지 "단일한 공공문화와 한 무리의 지배적인 인종의 신화와 역사적 유물을 채택"[39]하는 식으로 민족정체성을 출현시켰다. 그리고 주권을 가지고 영토적으로 경계가 있는 민족국가에 대해 신뢰를 가지고 있는 여러 국가들은 미국과 캐나다, 오스트레일리아의 경우처럼 이민사회의 다원적 모델이 국가의 정체성에 위협을 가한다고 믿고 있다. 이렇게 하나의 민족국가로 형성하는 방식에 대한 재고를 요구하는 버틀러에 의하면, 민족국가는 "민족이 특정한 방식으로 민족적 정체성을 표현한다고 가정한다."[40] '가정'이라 함은 민족이 '단일'하고 '동질'적인 것으로 이해되며, 국가의 요구에 맞추기 위해서 단일화되고 동질화되어야 한다는 것이다. 그렇게 보았을 때, 원주민뿐만 아니라 끊임없이 생산되는 '내부의 외부' 때문에라도 민족국가는 불가능할 수밖에 없다. 한나 아렌트Hannah Arendt가 민족국가를 대신하는 '연방', 혹은 '정치체'를 "선언하는 행위 자체"는 민족국가의 종말은 아니더라도 새로운 시작을 촉구하는 "담론적 절차의 일부"[41]라는 버틀러의 주장은 발화의 고유한 특성인 불확실성에도 불구하고 정치적 책임으로서 발화가 지닌 효력에 있어 수행성의 문제에 이르게 한다. 말의 모호함을 매순간 견뎌내고 유용한 발화로 가기 위하여 민족주의가 아닌 새로운 것이 선동되고 요청될 필요가 있다. 백인 오스트레일리아인들의 사과 요구가 담긴 편지들이 그들을 끊임없이 백인 주체라는 정체성을 드러낼지라도, 그와 같은 행동이 순혈주의에서 기인한 것이 아니라 원주민과 '우리'라고 말하는 그들 간의 빗금에 저항하며 끊임없이 연합체 혹은 공동체를 선언하기 위한 것이어야 한다. 그것이 단순 사과발언이나 보상 문제보다 궁극적인 수행성의 핵심이다.

2001년 인종주의에 대한 UN 회의에서 아프리카국의 대표들은 유럽과 미국을 향해 노예무역에 대한 사과를 요구했다. 사과 요구를 받은 유럽과 미국의 대표들이 최종적으로 '사과'라는 단어 사용을 거부하면서, '사과'는 정치적 싸움의 단어가 되어버렸다.[42] 사과는 수행적인 것이다. 말을 하면 행동으로 이어지게 되며 다른 사람들의 행동을 유발하게 된다. 이를 방지하기 위해 말을 하지 않는 것이다. 타인이 사과를 요구하는 것은 책임을 인정하라는 것이며, 발설의 행위는 법정에서 효력을 일으킬 수 있으므로 이런 조건에서는 사과를 할 수 없으므로 사과에 대한 요구는 거절된다. 노예제도에 대해 영국의 수상 토니 블레어Tony Blair의 대변인은 '합의된 EU의 입장'을 내세우면서 노예제도가 현재에 존재해서는 안 되는, 분명 유감스러운 과거의 일이라고 말하면서도, "과거 정부의 행위를 현재의 정부가 책임지는 것은 합리적이지 않다."면서 지금 중요한 것은 "현재 우리가 무엇을 하는가이다." 라고 말하였다.[43] 이 발언은 현재가 아닌 이전의 권력을 언급하는 동시에, 다른 쪽으로 권력을 이양하면서 EU의 결정을 정당화한다. 즉, 역사는 이미 지나갔으며 우리는 현재의 일을 조절할 뿐 과거의 일은 유감일 뿐이라는 것을 보여주지만, 스스로 그 결정의 주체임을 자청하지는 않는다. 회의의 최종 선언은 '유감'이라는 단어를 사용해서 과거와 현재의 관계를 설명하는 것으로 마무리되었다. 엘리자베스 스펠만Elizabeth V. Spelman에 따르면, 유감의 선언은 책임을 동반하지 않는다.[44] 사과를 유감으로 대체하는 것은 블레어의 대변인의 말에서 드러났듯이 '합리'를 근거로 한 강력한 회피 방법이다.

오스트레일리아의 원주민들은 국가의 입장에서 사과할 것을 정부에게 요구했다. 요구했던 것은 사과 발언이고 정치적 행동이었다.[45] 하워드 총리는 사과를 거절했고 대신 유감이라는 단어를 사용했다. 그는 거절을 통해 정치적 행동을 보인 셈이다. 그는 국가는 책임이 없다고 선언했다. "우리가 한 것이 아니며, 우리는 그곳에 없었다."고 했다. 화자와 국가를 과거로부터 분리했다. 사과 요구를 거절한 것은 수치심을 갖는 것에 대한 거절이다.[46] 아메드는 여기에 수치심 표현 자체에 문제 제기를 하는데, 정치적 행동에서 수치심을 표현하는 것은 아직 완료되지 않은 행동이며 어떻게 받아들여지냐에 따라 다르다는 것이다. 수치는 책임을 지는 행동이 수반되지 않지만 그것을 가로막지는 않는다. 국가의 수치에 대한 위험은 어떤 일이 일어나게 될지 분명하다는 데에 있을 것이다. 공식적인 사과 발언으로 상황을 완료하고 수치심을 자긍심으로 전환하려 하는 것은 우연이 아니다.[47] 다시 말해 수치 발언에 반드시 수행성이 따르는 것은 아니지만, 국가의 명예회복에 전환점이 된다는 점에서는 중요하다 할 수 있다.

이 시점에서 사과가 필요한 이유

완벽한 제스처 또는 재현을 통한 사과발언은 과거에 대한 수치를 현재 속에 역사화하면서 미래를 열기 위한 행위이다. 역사가 흐르면서 과거에 구축했던 '우리'를 이롭게 했던 영원할 것 같던 헤테로토피아Heterotopia는 사라질 수도 있으며, 존재하지 않았던 헤테로토피아가 새롭게 조성될 수도 있다. 모든 것을 할 수 있다는 인간의 잠재성이 그런 장소를 가능하게 만들기 때문이다. 과거에 그 장소는 원주민들을 강제로 들어가게 하여 고립시킨 곳일 수도 있으나, 어쩌면 원주민들에 대한 공포로부터 방어하기 위하여 '우리'가 자발적으로 고립된 곳일 수도 있다. 원주민들을 가둔 내부의 내부였던 '보호구역'은 원주민 보호가 아닌 식민 종주국 스스로를 보호하고자 한 것이 자명하다. '우리'가 볼 때 원주민들이야말로 그 이상한 관습과 요란한 춤, 노래 때문에 "'우리'의 고유한 속성을 위협하는"[48] 불안의 근원이었던 것이다. 자신들이 침략한 영토의 주인들은 '타자'이며 '우리'를 위협하는 자들인 것이다.

그런데 "역사는 오로지 참여한 자들의 소유물로 간주되어야 하는가?"[49] 라고 루슈디가 묻고 있듯이, 우리도 물어야 한다. ≪수치≫에서 그는 물음에 답하는 대신 하나의 공간에 두 개의 나라를 보여준다. 하나는 '실제'의 나라이며, 다른 하나는 현실과 살짝 비스듬한 각을 이루며 존재하는 '허구'의 나라이다. 허구의 나라는 마치 식민주의자들이 침략한 땅을 원주민들이 소유하고 있지 않다는 이유로 자신들이 정착하기 전에는 아무도 살지 않았다고 주장하는 신기루와 같은 나라와 유사하다. 원주민들은 영토 내에 거주하는 외부인이었다. 제국주의자들의 공간에 대한 해석에서 외부공간은 자신들과 다른 문화적 바깥 공간인 것이다. 그러나 주체와 객체 사이의 경계처럼, 내부와 바깥 사이의 경계는 위반되어야 할 한계가 아니라 횡단되는 경계로 간주되어야 한다.[50] 내부의 내부로 추방한 원주민들과의 경계를 선명하게 유지한다는 것은 오스트레일리아 또는 캐나다 전체의 구성상 불가능하다.

루슈디는 수치를 '동양의 배타적 전유물'이 아니라고 강조한다.[51] 우카이 사토시(鵜飼哲) 또한 '죄의 문화'와 '수치의 문화' 각기 서양과 비서양이라는 대립된 도식으로 표준화된 것에 대해 비판한다.[52] 후안무치가 될 때까지 집안에서 성장했던 오마르 하이얌 샤킬이 분노로 화한 수치 덩어리 수피야 지노비아를 자신의 집에 가두는 맥락은 이 동양적 이미지의 수치를 영원히 감추고 싶어서였기 때문일지 모른다. 수치를 가져야 하는 것은 실제의 거울인 허구의 나라 Q.를 점령한 제국주의자들이다. 국내에서 과거사에 대한 사과 발언의 요구가 유독 현재에 이르러 이행되는 것이라면, 집합적 사고의 흐름을 '바로, 이 시점'에서 새로운 방식으로 주조하려는 사회적 기재가 작동하였기 때문이다. '바로, 이 시점'의 정서가 과거의 특정사건을 명명하면서 숨기고 삭제했던 역사를, 즉 부재했던 역사를 역사로서 부여하려는 것이다.

4부

래디컬한 몸

한국사회 속 페미니스트 발화는 들릴 수 있는가?[1]

이 글은 페미니스트의 발화방식이 멧돼지의 울음소리로 치환되는 오늘날의 낙인방식에 대한 비판적 분석으로부터 출발한다. 즉 기존의 감각판에서 페미니스트의 말은 소음에 가까운 목소리로 거꾸러지고 말며 기존의 좌표계 내에서 비이성과 비사유의 지대로 내몰리는 위치성을 부여받는다. 그러하기에 '나는 메갈리안은 아니지만'이나 '나는 페미니스트는 아니지만'이라는 수사의 방식은 자신의 말이 소음과 같은 목소리로 휘발되지 않기 위한 생존의 전략인 것이다. 다시 말해, 이러한 감각판 위에서 들리는 것, 말해지는 것, 존재하는 것의 자리를 얻고자 페미니스트이거나 메갈리안이 아님을 강박적으로 증명해 내는 방식은 배제에 대한 공포를 통해 가동되며 이것은 감각판의 폭력성에 제압되는 방식이자 통치되는 방식일 뿐이다. 페미니즘은 가장 첨예한 철학으로 지금껏 제기되지 않았던 물음 역량을 전개하는 도면이며 급진적 질문들이 생성되는 사유 회로이다. 즉 이것은 우리에게 길들여지지 않는 감각의 이질성에 의해 지극히 고통스러운 방식으로 육박해 들어올 것이며 우리의 경화된 고막이 찢기는 한계경험이자 새로운 해방의 고리가 돋아나는 생성의 장일 것이다.

윤지영

착한 페미니즘은 없다. 듣기 부드럽고 나긋나긋하며 "상식sens commun과 양식bon sens"[2]에 부합하는 매끈하고도 기분 좋은, 누구나 웃게 만드는 페미니즘이란 과연 누구의 환상 직조물인가. 페미니즘은 우리의 귀를 간질이는 깃털이 아니라 우리의 경화된 고막을 찢는 비수다. 왜냐하면 페미니즘은 주류적으로 계열화된 의미망을 찢어버리며 우리의 상식과 양식을 위반하기에 우리를 아프게 하고 불유쾌하게 하고 나아가 할 말 또한 잃게 만드는 것이기 때문이다. 프랑스의 현대 철학자 질 들뢰즈에 의하면 철학은 "원초적 폭력의 발톱, 이방성의 발톱"[3]을 지닌 사유로 정의된다. 그렇다면 철학적 사유는 왜 하필 발톱으로 표현되는 것인가. 여기서의 발톱은 땅에 내려앉기 위한 안착의 제스처를 구사하는 기관이 아니다. 이것은 우리가 서있는 지반을 격렬하게 찢어내고 휘저어내는 제스처이자 새로운 지평으로 도약하기 위해 땅을 박차고 오르는 비약의 날갯짓이자 탈주의 양태로 필자는 해석한다. 즉 우리에게 안온한 일상의 장을 뜯어내어 낯선 물음의 지대를 솟구쳐 오르게 하는 것이 바로 철학적 사유로서 정의되는 것이다. 이러한 관점에서, 페미니즘이야말로 편안함과 익숙함의 정서와 전통이라는 관습의 습속을 다시 들여다보게 하는 불편하기 짝이 없는 철학적 사유 진동에 다름 아니다. 왜냐하면 페미니즘은 지금 여기, 이 순간을 재편하도록 하는 정밀한 철학적 작업이자 우리의 살갗을 욱신거리게 하고 새살을 돋아나게 하는 가장 실질적인 운동이라 할 수 있기 때문이다.

나아가 페미니즘은 현실과의 간극을 도입하는 공백의 미학이다. 그렇다면 현실la réalité이란 무엇인가. 현실은 기존의 이름과 자리의 질서 속 유동하는 몸을 구겨 넣는 예단 방식이다.[4] 왜냐하면 현실은 범주라는 개념적 재단선을 통해 몸을 억지로 정제해나감으로써 도출되는 것이기 때문이다. 즉 범주는 몸의 비예측성과 무름, 흐물거림, 유동성 등을 적출해내고자 끊임없이 개념의 선들을 몸 위에 기입해 내고 덧대며 봉합해버린다.[5] 이를 통해 정형화된 몸의 양식들이 산출되는데 바로 이러한 정형화된 몸의 양식들 중 하나가 이원화된 성차différence sexuelle) — 여성과 남성으로 인간을 양극화하여 존재의 범주와 의미의 범주를 이 둘로 한정하는 것 — 이다.

그런데 페미니즘은 이러한 협착된 공간으로서의 현실에 구멍을 내고 파열을 가하는 이론이자 실천으로서 공백을 생산해낸다. 여기서 공백이란 기존의 식별 범주로서의 몸의 양식들을 뒤흔들고 비틀어버리는 절연선을 의미하며 일상의 매끈한 작동기제들을 덜그럭대게 만드는 것이다. 다시 말해, 몸이 더 이상 매끈한 봉합면이 아니라 항상 들떠있고 어긋나 있어 범주들이 제대로 부착되지 않는 문제적 표면으로 부상하게 하는 것, 범주들의 아교들을 흘러 녹여버리는 것이 페미니즘적 사유 작용인 것이다. 범주들의 아교들이 문드러지고 흘러내려버리는 그 흉물스런 탈봉합의 지점 속에서 페미니즘은 몸의 정치성과 미학성을 첨예하게 개화시킨다.

그렇다면 몸의 정치성과 미학성이란 과연 무엇인가. 그것은 어떠한 사유의 면책지점도 남겨두지 않는 "왜?"라는 질문의 치열성을 통해 미리 주어진 것이자 자연화된 영역으로 여겨지는 몸의 실체성과 본질성을 해체하는 것이다. 나아가 몸이 어떠한 감각판에 의해 직조되는가를 들여다보는 행위이자 과연 어떠한 몸을 여성의 몸으로 남성의 몸으로, 아이의 몸으로 노인의 몸으로, 내국인의 몸으로 외국인의 몸 등으로 구분하고 인식해내는가의 문제이기도 하다. 즉 페미니즘은 우리의 낡은 감각판을 다시 짜도록 촉구하는 사유 진동인데, 여기서 감각판이란 기존의 "가시성의 양식들과 개념적 좌표들"[6]—특정한 몸이 드러나 보이도록 하고 인식 가능하도록 가시화, 가지화하도록 하여 존재와 의미, 가치 등을 위계적으로 부여하는 격자무늬 —을 의미한다.[7] 이것의 임계점을 드러냄으로써 새롭게 감각하기와 느끼기, 인식하기와 실천하기의 방식을 창조해나가도록 하는 정치적이며 미학적 행위가 바로 페미니즘인 것이다.

이 글에서 필자는 목소리와 말을 이분화하는 분할의 체계 속, 페미니스트의 발화가 불쾌의 울음소리, 신음소리라는 동물의 목소리로 치부되는 논리를 분쇄하고자 아리스토텔레스의 ≪정치학≫ 제1권을 랑시에르의 관점을 경유한 해체주의적 독법을 통해 비판해 들어가고자 할 것이다. 또한 감정의 차원에 대한 논의를 통해 자기 보존적 감정양태와 고차원적 감정양태의 식별방식이 어떻게 작동하는가를 들여다보며 그것의 한계를 드러낼 것이다. 두 번째로 아리스토텔레스가 제시하는 말하는 동물로서의 인간 개념에 내재한 필연적 균열들을 들여다보며, 로고스 개념에 아로새겨진 비공통성과 불평등성을 비판할 것이다. 나아가 필자는 말과 관계 맺는 두 가지 양식성에 내재해있는 위계적 감정체제의 이중구조를 드러낼 것이다. 세 번째로 랑시에르가 고수하는 개념장치로서의 로고스가 남근성의 아르케임을 비판적으로 논증해냄으로써 기존 감각판의 확장이나 감각력의 증대가 아닌 감각판의 탈구로서의 탈로고스의 정치학에 대한 이론적 탐색을 통해, 한국사회에서 페미니스트 몸 정치학의 가능성을 탐색할 것이다.

페미니스트는 과연 말할 수 있는가?

페미니즘은 항시 의심당해왔다. 학적 전통에서 학적 깊이에서 학적 지평에서 항시 불평의 소리로, 동물의 괴성에 가까운 울분으로 폄하당해왔다.[8] 그렇다면 남근중심적 감각판의 조리개가 페미니즘이라는 현상을 인화해내는 방식을 면밀하게 분석해나가기 위해 자크 랑시에르가 정의내리는 권력의 문제에 대한 접근법을 차용해오고자 한다. 자크 랑시에르에게 있어 권력은 무엇을 볼 수 있게 하고 또 무엇을 들리게 하는가라는 감각판의 배치 문제로 정의된다.[9] 여기서 봄과 들림이라는 감각과 지각의 문제는 어떠한 문제를 수반하는 것인가. 가시可視-볼 수 있음의 장을 구획한다는 것은 어떤 것이 존재의 자리를 점유하는가의 문제이며 나아가 가청可聽-들을 수 있음의 범위를 설정한다는 것은 어떠한 것을 이성의 언어로 들릴 만하고 이해할 만하며 생각할 만한 것으로 정의 내리는가의 문제인 것이다. 다시 말해, 가시와 가청이라는 감각의 영역이 존재의 자리와 인식의 공간을 생산해내고 이에 반하는 비존재와 비사유의 지대를 배제의 영역으로 도출해내는 것을 의미한다. 이러한 관점에서 미학은 "감각적 세계 안에 몸이 기입되는 방식"이자 "몸이 세계를 느끼는 방식과 관련되는 것"[10]으로 몸과 세계의 관계를 특정한 방식으로 가시화하고 질서지우고 분할하는 양식들에 관한 비판적 고찰의 매듭을 엮어나가도록 하는 문제적 지대인 것이다.

목소리와 말의 이분법

그렇다면 이러한 감각판 위에서 페미니즘의 공간은 존재의 자리와 인식의 공간 내부를 점유하고 있는가. 아니면 페미니즘의 공간은 우리의 가시성의 영역과 가청 범위의 주파수를 교란하는 것인가. 이 질문들에 답하기 위해서는 페미니스트에 대한 오늘날의 낙인 방식을 들여다보아야 할 것이다. 우리사회를 지탱하는 현실의 운용원리가 여성혐오임을 폭로하는 이들에게 가해지는 낙인방식에서 페미니스트라는 이름 자체의 무게 위에 '메갈, 메퇘지'라는 낙인의 추가 하나 더 올려지고 있는 실태이다. 여기서 메갈과 메퇘지는 메갈리안이라는 인터넷 커뮤니티 구성원을 비하, 폄하하는 낙인의 이름으로 출발하였다. 하지만 필자에게 있어 이제 메갈리안은 페미니스트라는 낙인범주를 대체하는 고유명사로 자리잡고 있다고 분석되는 바이다. 더 이상 이것이 특정 인터넷 커뮤니티 활동가들을 지칭하는 제한적 의미로 국한되지 않고 관습의 체제에 의해 길들여진 현실의 부조리성과 폭압성을 폭로하는 이들을 향해 사회적 죽음이 선도되는 방식으로 자리 잡고 있다고 보기 때문이다. 다시 말해,

페미니스트라는 낙인의 이름을 메갈로 대체한다는 것은 메갈리안이 이 사회의 감각체제에 대한 위협으로 등장하였음을 입증하는 것이자 메갈리안이라는 이름의 전복성의 밀도가 그만큼 높다는 반증이기도 한 것이다.

이러한 관점에서, 페미니스트는 이제 '나는 메갈리안은 아니지만'이라는 자기 방어적 수사를 통해서 말문을 떼야만 하는 상황에 직면해 있으며 이는 곧 지금까지 '나는 페미니스트는 아니지만'이란 방어적 수사를 취해왔던 것과 동일한 심리적 기제에 의해 작동되는 것이다. 그렇다면 이러한 심리적 기제란 과연 무엇인가. 페미니스트로서의 발화가 동물의 음성적 소음-미친 암퇘지의 음성으로 분류된다는 것에 대한 공포에 기반한 것이다. 여기서 공포horreur는 불안angoisse과 다르다. 공포는 특정한 대상에 대한 공포로서 공포의 원인이 규명 가능하지만 불안은 그 대상이 규정되지 않은 것이자 그 대상이 개념의 질서 안으로 들어올 수 없는 것임을 뜻한다. 이러한 관점에서, 페미니스트로 명명되는 것에 대한 공포는 페미니스트라는 자리를 부여받는 것에 대한 공포이자 이 자리의 배제성에 대한 공포인 것이다. 즉 기존의 "감각형식 혹은 지각형식들—공동체 내에서 말하고 존재하고 행위하는 방식들—에 대한 나눔"[11]의 체계가 페미니스트의 발화를 감각체계에 부합하지 못하는 목소리로 전락시키는 것에 대한 공포가 짙게 배여 있다고 볼 수 있다. 그렇다면 이 공포는 어디에서 기인하는가.

> 모든 동물 중에서 오직 인간만이 말을 갖고 있다. 분명히 목소리는 고통과 쾌감을 표시하는 수단이다. 또한 목소리는 다른 동물들에게도 주어져 있다. 다른 동물들의 본성은 고통과 쾌감의 감정을 소유하고 서로 이러한 감정을 표시하는 데까지만 미친다. 하지만 말은 이로운 것과 해로운 것을 명시하고

> 따라서 정당한 것과 부당한 것을 명시하기 위해 존재한다. 다른 동물들과 관련해 볼 때, 인간에게 고유한 것은 바로 이 점이다. 인간만이 좋음과 나쁨, 정당함과 부당함의 감정을 소유하고 있다.[12]

기존의 감각판에 제대로 기입되지 않는 목소리로의 추락이 실어 나르는 공포는 아리스토텔레스가 정초한 정치 개념에서 비롯된다고 분석된다. 아리스토텔레스는 ≪정치학≫ 제1권에서 목소리와 말을 구분하고 있으며 전자를 의미망에 제대로 기입되지 않는 소음으로 후자를 로고스적 의미축이 설정된 가치와 의미의 질서 속 담론의 위상을 지닌 말로 위계화하고 있다. 랑시에르도 아리스토텔레스의 이 구절을 차용해오면서 "목소리가 표시한다indiquer면 말은 명시한다manifester"[13]로 의미 구분을 함으로써 목소리와 말의 자리를 식별해내고 있다. 그렇다면 필자는 indiquer엥디께와 manifester마니페스떼라는 두 동사를 불어가 함유하고 있는 뉘앙스의 결을 살려 해석해보고자 한다. 전자가 자기 외부의 사물이나 세계를 지칭한다는 의미의 '가리키다'라는 의미라면 후자는 정치적 견해, 포지션 설정을 함유한 '주장하다'라는 의미의 동사라고 할 수 있다. 다시 말해, indiquer 동사를 사용함으로써 표현되는 목소리는 자기와 외부성과의 관계에서 자신의 위치점 혹은 다른 것들의 위치점을 기존 좌표계 내에 찍는 행위로서 이것은 기존의 좌표계는 물론 외부 세계에 대한 수용성과 수동성을 전제하는 것이라고 필자는 해석한다. 그러나 manifester 동사를 사용해서 표현되는 말은 자신의 견해를 적극적으로 드러내는 행위를 뜻하는 것이자 세계에 대한 수동적 수용성에 그치지 않고 자신만의 포지션을 새로이 설정하는 것을 수반한다.[14] 이를 통해서도 목소리와 말은 효과적으로 변별된다.

이러한 논의의 궤적 속에서, 페미니스트의 발화방식이 암퇘지의 울음소리로 치환되는 방식을 분석해보자면, 이성적 말의 자리를 점유할 수 없는 몫 없는 자들로서 페미니스트를 배제하는 양식이자 비이성적 웅얼거림인 목소리로 격하하는 방식이라 할 수 있다. 즉 기존의 감각판에서 페미니스트의 말은 목소리로 거꾸러지고 말게 되며 기존의 좌표계 내에서 비이성과 비사유의 지대로 내몰리는 위치성을 부여받는 수동적 입장임이 드러난다. 그러하기에 '나는 메갈리안은 아니지만'이나 '나는 페미니스트는 아니지만'이라는 수사의 방식은 자신의 말이 소음과 같은 목소리로 휘발되지 않기 위한 생존의 전략인 것이다. 나아가 자신의 말이 말로서 규정되는 방식이 이미 내적 논리에 의해서가 아니라 외부적 상부심급에 의한 승인 효과에 불과함을 이미 인식하고 있다는 징표이기도 하다. 다시 말해, 기존 감각판이 이미 무엇을 들리게 하는가를 결정하는 규준틀로 작동하며 이를 통해 특정 목소리만을 말로 전환시키고 다른 목소리들은 동물의 소음으로 차단해내는 포섭과 배제의 양식이 동시적으로 진행되고 있음이 드러난다. 이러한 감각판 위에서 들리는 것, 말해지는 것, 존재하는 것의 자리를 얻고자 페미니스트이거나 메갈리안이 아님을 강박적으로 증명해내는 방식은 배제에 대한 공포를 통해 가동되며 이것은 감각판의 폭력성에 제압되는 방식이자 통치되는 방식일 뿐이다. 왜냐하면 가시화의 영역과 가청 범위 내에서 머무르는 것을 통해 얻게 되는 말의 자리란 결국 자신의 말이 아닌 대타자의 욕망[15]이라는 남근질서의 감각판을 재생산해내는 양태에 불과하기 때문이다.

'여성의 적은 여성'이라는 상상적 적대관계의 해체

즉 말의 자리를 획득했다고 착각하게 되는 '개념녀', 혹은 '코르셋'을 찼다라고 불리는 여성들은 과연 목소리로부터 벗어나 로고스적 담화 능력을 획득한 이들이라 볼 수 있는가. 여기서 개념녀라는 표현은 김치녀와 된장녀에 대척되는 것으로 남성들에 의해 숭앙되는 숭배의 범주라 할 수 있다. 그렇다면 코르셋 장착한 이들은 메갈리안들에 의해 명명된 이름으로 남성 중심적 욕망의 관점을 자기검열기제를 통해 철저히 내면화한 이이자 남성적 말하기를 자신의 말하기 방식으로 착각, 오인한 이들을 말한다. 다시 말해, 이 글에서 코르셋을 장착한 이들은 페미니스트적 말하기와 정반대의 말하기 방식을 습득한 이들로서 가장 적극적으로 말하기의 장이라는 가시화의 장에 들어서려는 이들을 지칭한다. 또한 코르셋 장착한 이들은 여성혐오에서 자기혐오를 완벽하게 체득한 이, 남성적 관점을 자신의 관점으로 동일시한 상태를 뜻한다. 코르셋은 남성 중심적 사회에서 남성이라는 실질적 권력구도의 수혜자에게 아양 떨기와 눈치 보기, 비위 맞추기라는 전략을 통해 끊임없이 남성으로부터 가해지는 낙인범주를 덜 부착해보고자 안간힘 쓰는 이이자 남성에 의해 부여된 승인범주의 경계 안에서 안전하게 머무를 수 있다는 환상에 사로잡힌 이라 할 수 있다. 이러한 일련의 코르셋 전략은 권력의 전략이 아닌 생존의 전략이라고 할 수 있기에 이들을 여성혐오사회의 권력자이거나 말의 자리를 획득한 이로 볼 수는 없다. 이들은 여성혐오사회에서 남성에 의해 부여되는 우등 가치화의 범주—개념녀와 성녀, 미녀, 여신 등—에 자신을 맞추어내고자 몸의 양식과 행동의 양식들을 끊임없이 자기검열하며 깎아내고 도려내고 있다.

다시 말해, 코르셋을 장착한 이들은 자신의 욕망이 무엇인지를 알기보다 남성의 욕망의 자리에 자신의 욕망을 내어주고 잠식하도록 함으로써 언제나 불안감에 시달릴 수밖에 없게 된다. 왜냐하면 남성의 욕망은 내가 좌지우지할 수 없는 타자의 영역이자 남성욕망구조에서 시혜의 대상으로 규정되기 위해서는 권력을 지닌 남성들로부터 부여된 숭배의 이름과 자리를 누려야 하는데, 이는 언제든 더 젊고 더 예쁘고 더 욕망할 만한 여성에 의해 대체 가능한 것임을 알고 있기 때문이다.

왜냐하면 25살만 넘어도 상폐녀(상장폐지녀)[16]가 되는 현실에서 그 어느 누구도 25살을 넘지 않을 수 없는 사실은 코르셋 장착한 이들을 절망하게 하고 불안하게 할 수밖에 없으며 나아가 조금이라도 자기 의견을 말하는 것이 남성의 비위를 건드리게 될 때에는 김치녀나 메갈로 폄하당하는 곤두박질의 경험에 항시 노출되어 있기 때문이다. 이러한 관점에서 페미니스트가 코르셋 장착한 이들과 연대하기 위해서는 코르셋 장착한 이들을 압도하고 있는 심리적 기제인 불안의 감정을 건드림으로써 이러한 불안이 남성 중심적 사회에서의 생존전략을 간구하는 방식에 불과함을 드러내야 한다. 이를 통해 남성에 의해 부여되는 위계적 여성의 자리들이 여성들 간의 적대관계의 표징이 아니라, 남성에 의한 여성 종속의 공통 현실의 경험이었음을 알게 될 때에 여성들 간의 연대의 고리가 구성될 것이라고 필자는 생각한다.

다시 말해, 코르셋 장착한 이들이 누리고 있는 말의 자리는 로고스라는 이성적 담화능력의 적법한 자리가 아니라 언제든 목소리로 미끄러져 추락할 수밖에 없는 걸치기 — 온전히 소음으로서의 목소리도 온전히 로고스로서의 말도 아닌 — 양태일 뿐인 것이다.[17] 이러한 걸치기의 불안한 추 운동 속에서 남근질서를 강화하는 말들의 파편들을 집어삼키는 행위는 가시화된 말의 구조로의 종속적 포섭의 형태이지 적법한 승인의 자리 선점이 아니기 때문이다.

이중화된 감정의 차원

다시 아리스토텔레스의 관점으로 돌아와 보도록 하자. 그에게 있어, 목소리는 유쾌와 불쾌의 일차원적 감정의 차원에 국한되어 고려대상이 자기 자신으로 한정되는 것이자 자기 보존욕에 국한되는 것으로 정의된다. 그러나 말은 선과 정의를 정초하는 좋음과 유용성이라는 추상화된 감정의 국면까지 아우르는 것이자 고려대상이 자기 자신만이 아닌 공동체적 차원 — 가족과 국가 — 으로 확대 가능한 고차원적인 것으로 정의되고 있다. 이 관점을 분석의 근거로 삼자면, 페미니스트의 발화는 기존의 감각판에서 불쾌의 신음과 울음 정도로 여겨짐으로써 자기 이득을 취하고자 하는 일차원적이고 편협한 감정 양태로 평가되고 만다. 즉 페미니스트의 발화는 공통의 자리를 점유할 수 없는 것이자 선과 정의의 문제를 다루는 보편성의 프레임에 부합되지 않는 편향적 파편의 목소리로 치부됨으로써 공통성의 자리가 이미 특정 조건화되어 있는 감각판에 의해 독점되고 있음을 드러낸다. 그렇다면 공통의 것commun으로 상위 유형화되는 것이 선과 정의라는 가치의 기입소임과 동시에 감각의 장은 물론 인식의 장과 의미망을 독점하는 행위라면 이것은 반드시 공통의 것과 대비되는 특수한 것이라는 하위 유형으로부터 변별, 분리될 때에 그 가치치가 드러나는 것이다. 이처럼 공통의 것과 특수한 것을 나누어 판별하는 감각판에서 특수한 것이 정치의 영역에서 배제되어 보이지 않고 들리지 않게 하는 규정 방식 자체가 이미 정치가 아닌 치안police의 질서인 것은 아닌가.

왜냐하면 랑시에르에게 있어 치안은 "배제의 형태들뿐만 아니라 공동체에서의 몫들과 역할들의 분할을 규정하는 일반적인 원칙으로서, 볼 수 있는 것과 볼 수 없는 것, 들을 수 있는 것과 들을 수 없는 것, 말로 표현할 수 있는 것과 말로 표현할 수 없는 것 사이의 경계들을 정립하는 몸들의 조직이자, 정치의 출현을 막는"[18] 감각적 배분판을 의미하기 때문이다. 이러한 관점에서, 페미니스트들의 발화를 동물적 불유쾌의 감정으로 단정하여 이를 정치적인 것을 재구성해내도록 하는 공통의 무대에서 사라지게 하는 것이야말로 가장 효과적인 치안의 통치법이라 할 수 있는 것이다. 나아가 가족과 국가라는 상위 유형을 구성하는 법이 이미 남성 중심적 단위를 구성하는 법은 아닌가.

왜냐하면 가족은 여전히 부계 혈통성이 계승·보존되는 장으로 아버지의 성씨를 물려받음을 통해 사회적 일원이자 국가 공동체의 구성원로서의 이름과 자리 또한 부여받게 되기 때문이다. 또한 우리나라에서는 가족 제도 내에서 부계 혈통성을 지속적으로 계승해나갈 수 있는 아들들만이 국가에 의한 병역의 의무, 즉 징집의 대상으로 규정되고 있다. 그렇다면 국가라는 징집주체는 왜 징집대상을 남성으로 한정하는 것인가. 왜냐하면 땅을 소유한 주인만이 오직 자신의 땅을 보호하고 지킬 의무를 가지기 때문이다. 여기서 땅은 생명의 이미지와 더불어 형태가 단단하고 견고하기에 우리가 사유화하여 소유할 수 있는 대상, 즉 우리가 말뚝을 박고 국경선을 그려서 내 땅과 남의 땅을 경계 짓고 이를 통해 적과 아군, 내국인과 이방인, 내 가족과 침입자 등의 이분법적 논리가 작동하도록 하는 근거이기도 하다. 이러한 관점에서, 한국이라는 국가가 징집대상을 남성으로 한정하는 것은, 바로 이들이 지켜야 할 대상이 국토라는 땅이자 가족, 자신의 연인, 나라의 보물이자 자산, 자원 등임을 의미하기 때문이다. 여기서 땅을 지키는 이는 이 땅의 주인이기에 자신의 땅이 다른 나라의 적군에 의해 탈취당하거나 뺏겨서는 안 되는 소유물로 인식하게 되며 이러한 맥락에서 여성 역시도 남성에게 귀속된 사유 재산의 목록 중의 하나로 적군 남성에 의해 더럽혀져서는 안 되는 것이 된다. 왜냐하면 전쟁이 일어나게 되면 이긴 자는 진 나라의 영토에 깃발을 꽂으며 영토 확장—땅의 정복과 소유를 선언하기도 하며, 나아가 전쟁 무기로서 상대 국가의 여성을 집단 강간하여 상대 국가의 부계 혈통성의 순수성을 흩트려버림으로써 효과적으로 대지와 여성을 착취하여 자신들의 승리를 선포하기 때문이다. 이를 통해 땅이라는 영토의 소유권은 물론 특정 국가의 남성에게 귀속된 아이와 여성에 대한 사유재산권 또한 탈취하게 되는 것을 의미하기 때문이다. 즉 징집의 주체인 국가는 가족제도 내의 아들의 위상이 국가적 단위에서의 주인과 수호자의 위상으로 연속적으로 이어질 수 있도록 함으로써 남성 중심적 분할 체제를 유지하는 것이다.[19] 이러한 관점에서, 가족과 국가라는 상위 심급의 유용성과 좋음의 가치는 곧 남근질서를 유지·보존하기 위한 좋음과 유용성으로 한정될 수밖에 없으며 이러한 가치에 공통적인 것의 자리를 온전히 내어주는 행위는 분류와 식별의 체제를 공고히 하는 것일 뿐이다.

그러나 페미니스트들은 고양된 감정들의 차원에 순응하여 이를 내면화하기보다 이에 대한 급진적 비판을 거두지 않는 이들이다. 다시 말해, "과연 좋음과 유용성이라는 감정이 선과 정의라는 가치에 대한 독점권을 가질 수 있는가?"란 질문을 던지는 행위이기도 하다. 나아가 페미니스트는 누군가의 좋음이 다른 이에게는 불유쾌의 원인으로 작동할 수 있으며 누군가의 유용성이 다른 이에게는 해로움으로 나타날 수 있음을 통해 모든 이를 위한 좋음과 유용성의 자리라는 공통성의 자리 자체에 대한 해체작용을 치열히 드러내고자 하는 것이다.

인간 개념의 균열들과 비공통성의 자리로서의 로고스

나아가 필자는 아리스토텔레스의 관점이 목소리phonè와 로고스logos의 일치성, 무매개성을 주장하는 플라톤의 관점을 뒤집어엎는 전략적 비판점으로 해석하게 된다. 플라톤은 ≪파이드로스≫에서 글쓰기와 문자의 문제를 언급하며 목소리를 로고스의 일치성이 깃든 순수한 장소로 규정함으로써 음성중심주의phonocentrisme의 기반을 열지만 아리스토텔레스는 목소리와 로고스적 말 사이에 거리를 도입시켜버림으로써 음성과 이성적 언어를 분리시켜버린다. 왜냐하면 플라톤은 ≪파이드로스≫에서 글쓰기écriture와 로고스logos를 구분하며 전자를 시간과 공간의 연장성에 의해 진리와의 거리를 도입시킴으로써 오역과 오염, 왜곡의 장으로 기능한다고 비판했다면 후자는 목소리에 의한 즉각적 무매개적 음성적 발현을 통해 진리의 순수성과 진정성이 보존되는 것으로 가치 평가하였다. 이에 대한 심층화된 논의는 데리다의 ≪산종≫이라는 저서 중 플라톤의 약국이라는 장에서 아주 잘 개진되고 있는데, 데리다에 의하면 로고스라는 이성적 담화능력으로서의 말은 친부로서의 팔루스의 목소리에 다름 아니며 이를 통해 목소리와 말의 친연성이 로고스를 글쓰기로부터 분리시키는 지점이자 로고스의 우월성에 대한 증명지점으로 기능한다고 보기 때문이다.[20]

말하는 동물로서의 인간개념

그러나 아리스토텔레스는 목소리의 특권성을 박탈해버림으로써 동물적 소음으로서의 목소리와 로고스의 발현소로서의 이성적 언어인 말을 위계적으로 분배하는 정치 개념을 도출해낸다. 랑시에르적 관점에서 아리스토텔레스의 정치는 치안이라는 위계적 자리와 이름을 정주적으로 배분하는 질서에 불과하다. 왜냐하면 치안은 지배와 통치의 기제로서 고착화된 몸의 질서를 통해 식별과 분류의 범주들을 강화하는 데 기여하는 것인데 아리스토텔레스가 정의내리는 정치적 동물로서의 인간이야말로 소음으로서의 목소리로부터 명확히 분리되어 나온 지배적 범주의 분할체제에 순응하는 방식에 불과하기 때문이다.

그렇다면 아리스토텔레스의 정치 개념이 전제로 하고 있는 두 명제를 들여다보기로 하자. 그의 첫 번째 명제는 "모든 동물 중에서 오직 인간만이 말을 갖고 있다."[21]로서 인간의 종차種差—다른 동물과 인간을 구분되게 하는 종적 특수성의 징표를 말로 규정한다. 이 전제는 곧 "말하는 동물은 정치적 동물이다."[22]라는 전제를 통해 인간의 동물성은 부정의 대상이 아니라 말과 정치라는 능력을 가진 동물로 정의됨으로써 동물이라는 유개념類概念에 의해 인간 역시 다른 동물과 마찬가지로 포섭되고 있음이 드러난다. 이러한 관점에서, 인간과 동물은 반대개념이 아니라 동물이 인간에 대한 상위개념이며 인간은 다른 동물들과 함께 동물이라는 유적 동일성을 나누어가지되 다른 동물들과 구분되는 종차로서 말을 소유한 자로 정의되는 것이다.

그런데 여기서 우리가 주목해야 할 점은 인간이라는 동물의 종적 특수성으로서의 말의 능력을 모든 인간이 다 소유하고 있지 않다는 사실에 있다. 왜냐하면 아리스토텔레스에 의하면 "노예는 그가 언어를 이해할지라도, 그것을 소유하고 있지 않"[23]는다고 봄으로써 알아들을 수 있지만 말할 수 없는 이, 즉 이해의 능력은 있지만 표현과 발화의 능력은 없는 이와 이해와 표현의 능력을 모두 지닌 이를 구분해내고 있기 때문이다. 즉 인간이라는 종적 동일성이 로고스라는 이성적 담화 능력을 실질적으로 소유하는 것에 대한 필요조건은 되지만 충분조건은 아니라는 것이다. 이를 통해 정치적 동물로서의 인간개념의 충족자는 주인과 귀족이라는 상부계급성에 위치한 남성으로만 한정된다. 이들만이 말을 이해하고 말을 발화할 권리와 정치에 참여할 수 있는 능력을 가지며 오직 이들만이 엄밀한 의미에서의 인간인 것이다. 노예와 여성, 외국인, 어린이 등은 목소리에 머무는 자이며 말의 소유권을 박탈당하고 금지당한 이인 것이다. 다시 말해, 목소리와 말을 변별해내는 체계에 의해, 인간 개념은 "내부의 비인간 행위자"[24] — 노예와 여성, 외국인, 어린이 등 — 들을 생산해내는 균열을 스스로 내포하게 되고 마는 것이라고 필자는 해석한다. 이러한 관점에서, 아리스토텔레스가 정의내린 인간 개념이 전제하고 있는 비공통성, 불평등성을 통해 그가 말하는 정치란 결국 위계적 식별 체제인 치안의 질서에 불과함이 증명되어 버린다.

말의 계급성

이러한 사상의 추이 속에서, 페미니스트는 "언어의 단순한 알아듣기"와 "언어의 충만한 소유"[25] 속 어디에 위치하는가. 이는 곧 페미니스트는 인간 개념에 부합하는 자, 즉 말하는 동물인가라는 질문이기도 하다. 왜냐하면 아리스토텔레스는 언어의 단순한 알아듣기만으로는 말하는 동물이 될 수 없음을 주장하며 말의 이해가 인간의 자리를 점유하기 위한 필요조건임을 설정하고 있기 때문이다. 그렇다면 말의 단순한 이해란 과연 무엇인가. 이것은 상부 계급자가 발화한 말에 대한 하부 계급자의 이해의 양식을 의미한다고 필자는 해석한다. 즉 말의 단순한 알아듣기란 상부 계급자로부터 내리꽂히는 말을 복종과 순종의 양태로 받아들이는 것, 그것 외에는 어떠한 다른 선택지가 없는 상태를 지칭하는 것이다.

그러나 랑시에르는 말의 단순한 이해를 필자가 제시하는 이러한 예속화의 양태로 보지 않고 이미 이해의 기반을 공고화하는 데 참여하는 행위로 봄으로써 이미 이것이 평등의 과정이라고 주장한다. 이러한 주장은 다음의 문장에서 명시적으로 나타난다. "곧 아랫사람이 윗사람의 명령을 이해했기 때문에 그는 말하는 이들의 동일한 공동체에 참여하는 것이며 이 점에서 그는 윗사람과 평등한 것이다."[26] 하지만 필자는 이러한 이해의 기반을 재생산해내는 행위는 생존의 전략일 뿐이며 이해의 기반을 이탈하는 것이 곧 죽음의 가능성을 의미하기에 생을 지속하고자 지배자의 인식체계와 문화규범의 장에 편입하는 것이라고 해석한다. 상위 계급자의 명령과 지시, 협박과 경고 등의 발화수반행위에 대해 '아니오'라는 저항과 거부의 발화행위를 구사한다는 것만으로도 기존 질서에 대한 전복자나 배신자로 낙인찍혀 배제와 소외를 당할 수 있다는 것은, 이미 이해의 양식 외는 다른 행위화의 양식이 실질적으로 존재하지 않음을 의미하는 것이기 때문이다. 그러하기에 하부 계급자는 그저 고개를 끄덕이며 수긍하고 순응하는 것이다. 다시 말해, 이해의 양식은 포섭의 원리이지 분배질서의 동등한 참여가 아니며, 진정으로 이러한 이해가 공통성에의 참여 방식이라면 이미 윗사람과 아랫사람이라는 구분과 식별체제 자체도 사라질 것이다. 그러나 랑시에르는 여전히 윗사람과 아랫사람이라는 분할의 원리를 이러한 명령의 이해 방식에 기입해 넣는 오류를 저지르고 만다. 이것은 계쟁의 치열성도 없이 평등이 도입될 수 있다고 주장하는 것과 같으며 이것은 그가 전면적으로 주장하는 핵심 논제 중 하나인 계쟁과 불화의 가치를 하향조정하고 마는 모순에 스스로 갇히는 결과를 낳는다. 왜냐하면 평등은 이해의 프레임이 아니라 계쟁과 불화의 자리를 통해서만 치열히 생산되는 것이기 때문이다. 이러한 관점에서 필자는 말의 단순한 이해를 비공통성과 불평등성의 자리로 해석하게 된다.

그렇다면 말의 단순한 이해는 어떠한 상태에 해당하는가. 예를 든다면, 미성년이자 학생일 때에는 기성세대에 의해 일방적으로 정의된 학생다움의 규준틀에 순종하는 것만이 학생으로서의 의무이자 본분으로 결정되어버린다. 이러한 상황에서, 학생은 그저 고개를 끄덕이며 어른의 말을 알아듣거나 알아듣는 척이라도 해야만 모범생이라는 자리를 취득하게 되며 이를 통해 그나마 편한 학교생활을 영위해나갈 수 있게 된다. 또는 직장 상사의 말에 피고용자로서의 하부 계급자가 취할 수 있는 운신의 폭은 비교적 좁으며 상사의 유머나 말, 명령 등에 순응하고 이를 이해하려는 쪽이 사회생활의 적응도를 높이고 임노동의 대가를 매달 안전하게 받아나갈 수 있는 조건이 되기도 한다. 바로 이러한 상태에서 하부 계급자는 상부 계급자의 말에 이견을 다는 이가 아닌, 그의 말을 단순히 이해하고 받아들이고 이를 행하는 자로서 '말의 단순한 이해'라는 관계양식을 취하게 되는 것이다.

반면 아리스토텔레스가 주장하는 말하는 동물로서의 인간의 자리를 점유하기 위한 충분조건인 언어의 충만한 소유란 무엇인가. 그것은 상부 계급자로서 명령하고 경고, 지시내리는 말을 구사함을 의미한다고 필자는 해석한다. 언어의 소유는 순응적인 이해의 양식에서 벗어나 자신이 주장하는 바를 상대에게 관철시켜 행동으로 이어지게 함으로써 언어의 수행적[27] 효과를 산출해내는 것이다. 더 엄밀히 말하자면, 언어의 충만한 소유자는 "발화수반행위acte illucutionnaire"를 통해 자신의 말이 곧 행위로 동시적으로 이행하도록 하는 것이자 "말과 행위의 동일성과 등가성"[28]을 수립하려는 이다. 예를 든다면, 강의자가 "수업을 이것으로 마치겠습니다."라고 말함과 동시에 이것이 수업종료라는 행위—책을 덮고 교실 밖으로 나갈 수 있는 것 등—로 이어지지만, 수업을 지루하게 느낀 학생이 이와 같은 문장을 구사한다고 해서 이것이 행위로 이어질 수 있는 것은 아니다. 즉 발화수반행위로서의 언어의 충만한 소유방식은 무엇을 말하느냐보다 '누가' 말하느냐에 더 집중하는 관습적 말하기와 권위적 말하기 방식에 기대어 있다고 할 수 있다. 이러한 관점에서, 언행일치라는 덕목은 이미 권력을 누리는 자들의 특권임을, 그들이 말과 관계 맺는 방식임이 효과적으로 드러난다. 왜냐하면 자신의 말이 곧 예측된 행동의 결과를 낳음으로써 말에 의한 종속성을 배가시키고 이를 통해 관습의 질서를 강화하는 것이야말로 아리스토텔레스가 정의내리는 말의 충만한 소유 방식에 다름 아니기 때문이다.

말의 양식과 감정체제

이러한 말의 두 가지 관계양식에는 위계화된 감정체제가 내재해 있다고 필자는 해석한다. 즉 말의 이해라는 국면에 갇힌 이는 이해의 기반과 인식의 질서에 참여하지 못하는 이들이자 규율의 대상인 이들로서 고개 끄덕임의 수긍과 순응의 자세를 새기는 이다. 왜냐하면 이러한 이들은 규범적 인식의 장에 포섭된 것만이 아니라 특정 감정체제에 대한 예속화를 통해 가동된다고 필자는 생각하기 때문이다. 이러한 관점에서 말의 이해를 강제 받는 이들은 상부 계급자에 대한 눈치보기와 그의 감정선에 대한 세밀한 관찰과 예측, 자신이 느끼는 바가 무엇인지보다도 상부 계급자가 느끼는 바에 대한 민감성 기르기, 그에 대한 동조와 감정적 배려하기 등의 타인 중심적 감정양식 또한 내면화하는 것이다. 이에 반해 말의 소유자는 이해의 토대와 관습의 기저를 운용하고 결정하는 이이자 위계적 감정체제에서 유리한 고지를 선점한 이를 뜻한다. 다시 말해, 말의 충만한 소유자는 말의 행위화는 물론 자신의 감정을 직설적으로 상대방에게 표현할 수 있는 힘을 가진 자이자 상대방의 감정이 고려의 대상이 되지 않으며 자신이 느끼는 바가 곧 세계가 움직이는 방식이자 타인들도 느끼는 바라고 오인하는 자기중심적 감정양식을 구사하는 자인 것이다. 이를 통해서 말의 두 가지 관계양식은 계급적 발화권리뿐만이 아니라 계급적 감정을 각인하는 장으로 작동하는 것이다.[29]

그렇다면 이러한 말의 이해와 소유의 방식에서 페미니스트는 말의 이해라는 양순한 복종의 지점도 그렇다고 관습에 기댄 명령의 발화 지점에도 위치해 있지 않은 자이다. 즉 페미니스트는 아리스토텔레스가 설정하고 있는 언어의 알아듣기와 언어의 소유라는 말과 맺는 두 가지 관계양식 어디에도 속하지 않는 자인 것이다. 이러한 맥락에서, 페미니스트는 말의 양식성을 깨뜨리는 이탈자이자 말하는 동물로서의 인간 개념이 이미 내포하고 있는 지배와 종속 관계로서의 말하기 방식 자체를 급진적으로 문제시하는 이다. 왜냐하면 로고스라는 말의 자리가 인간의 자리라면 이 자리는 지배의 언어를 구사하는 자, 즉 언어를 행위로 즉각적으로 이어지도록 압력을 가할 수 있는 명령과 강권력을 행사할 수 있는 이만이 점유할 수 있는 계급의 자리에 다름 아니기 때문이다. 바로 이러한 계급의 비공통성과 불평등성이 로고스라는 이성적 담화 능력에 아로새겨져 있음을 폭로하는 이가 페미니스트이기에 그들의 발화는 로고스 자체에 대한 위협 행위가 되어버린다. 그러하기에 페미니스트의 발화는 말에 대한 단순한 이해의 양식에도 말의 충만한 소유에도 포섭되지 않은 철저한 외부성으로서의 동물의 목소리로 판단되고 마는 것이다. 다시 말해, 이러한 판단은 로고스라는 이성의 언어의 임계점이 드러나는 방식이기도 하다.

남근성의 아르케로서의 로고스

여기서 로고스는 셈의 원리이다.[30] 그렇다면 이것은 무엇에 대한 셈인가. 로고스는 무엇을 목소리로 포함할 것인가를 결정하는 덧셈의 원리이자 또 무엇을 존재의 질서와 의미의 질서로부터 적출해낼 것인가를 결정하는 뺄셈의 원리이기도 하다. 왜냐하면 로고스는 말의 동물인 인간의 자리를 특정 신체로부터 배제해내는 원리이자 인간의 자리를 특정 신체에 할당하는 포섭 원리의 축으로 기능하기 때문이다.

> 사회질서는 말하는 존재자들 대다수를 침묵의 밤으로 또는 즐거움이나 괴로움을 표현하는 목소리를 가진 동물의 소음으로 몰아냄으로써 상징적으로 구성된다. [중략] 로고스는 어떤 음성의 발음은 정당한 것을 언표하는데 적합한 말로 이해되는 반면 다른 음성의 발음은 단지 쾌감이나 고통, 동의나 반항을 표시하는데 불과한 소음으로 지각되게 만드는 셈이기도 한 것이다.”[31]

랑시에르는 로고스가 동물의 소음으로서의 목소리와 인간의 말로서의 언어를 식별해내는 분할의 장치, 비공통성의 자리로서의 치안의 질서임을 명시한다. 즉 로고스는 인간이 여타의 동물로부터 분리되는 지점이자 동물성마저 초극해버리는 장소이기도 하다. 여기서 동물성은 무로고스alogia의 상태로 쾌감과 고통의 소음만이 부여된 상황[32]이자 산술 불가이자 셈의 원리가 기입 불가능한 장소이다. 이러한 관점에서, 정치는 소음에서 언어로, 동물성에서 인간성으로의 고양이자 셈할 수 없는 것에서 셈의 좌표 안으로의 등록을 뜻한다. 즉 랑시에르에게 있어 정치는 인간의 자리라는 공통의 자리의 획득이자 셈의 기입면에 등록되는 작업인 것이다. 이러한 셈의 원리로서의 로고스는 시각과 청각이라는 감각장의 확장을 통해 가시화와 측량화라는 계량화의 원리인 공통성을 평등의 원리로 치환해버린다. 그러나 평등은 과연 계량 가능한 것인가. 랑시에르는 공통적인 것을 균열과 다수성[33]의 지점으로 언급하지만 이러한 틈새는 과연 일체의 봉합 작업 없이 가시화와 가청 범위 안에 기록될 수 있는 것이자 해독 가능한 것으로 인식될 수 있는가를 필자는 되묻게 된다. 다시 말해, 공통성은 이미 균열과 다수성에 대한 일정의 봉합을 통해서만 고유성에서 보편성으로 고양될 수 있으며 셈해질 수 있는 것으로 전환되어 몫의 분배성을 획득할 수 있게 되기 때문이다. 왜냐하면 그저 벌어진 틈이자 셈해질 수 없는 비측량성으로서의 다수성은 로고스의 공통성의 측면이 바로 변환하고자 하는 지점 자체이기 때문이다.

로고스의 이중성이 의미하는 바 – 팔루스phallus로서의 로고스

랑시에르에게 있어, 로고스는 감각의 배분판을 직조하도록 하는 핵심 원리이자 치안의 질서와 정치의 갈림길 또한 나누는 이정표로 기능하는 이중성을 지닌다. 왜냐하면 로고스는 분할과 식별의 지배범주를 부착시키는 치안의 핵심원리이자 또 다른 감각판을 짜내기 위한 정치의 자리로 기능하고 있기 때문이다. 이러한 사유의 궤적에서, 필자는 로고스의 이러한 이중성[34]에서 로고스의 치안성이 우선적인 것임을, 즉 로고스는 치안질서로서 선재한다는 사실에 주목하게 된다. 그렇다면 이러한 로고스를 기존 감각 배분판의 질서를 탈구하는 급진적 해방의 원리로 그대로 가져와야 하는가를 필자는 되묻게 되는 것이다. 왜냐하면 랑시에르는 정치를 아르케 archè-시초와 원인, 토대와 기저를 의미하는 근본적 원리와의 단절로 정의내리고 있지만 여전히 이성적 담화능력이자 셈의 원리인 로고스라는 아르케를 거두들이지 않은 한계를 지니고 있기 때문이다.[35] 이러한 관점에서, 로고스의 무대에 편입하는 것만이 존재로 셈해지는 유일한 방식에서, 이것의 무대를 문제적인 방식으로 계쟁에 부쳐 재상연하는 것만이 정치의 유일한 공간구성법인가. 이것은 곧 공통성이 정치의 장소여야만 하는가라는 급진적 질문이기도 하다.

왜냐하면 로고스의 문제적 재상연 역시도 로고스에 내재한 치안의 비공통성, 불평등성으로부터 기인한 것이며 이러한 비공통성을 공통성으로 전환해 나가는 과정이 바로 정치적인 것의 도래이기 때문이다. 다시 말해, 정치적인 것은 불평등과 비공통성이라는 분할과 식별의 체제로부터의 후차적 효과물이자 공통성은 비공통성에 대한 안티테제로서만 존재하는 것이 되기 때문이다. 이러한 관점에서, 정치적인 것은 정체성화라는 식별의 경계선에 대한 명확한 설정 없이는 이탈의 지도조차 그려낼 수 없는 것이 되기 때문이다.[36] 즉 치안의 질서라는 분할체제에 대한 의존성은 정치적인 것의 급진적 힘을 감소시킬 수밖에 없으며 정치적인 것이 결국은 치안질서에 대한 반응성 또는 반동성[37]에 그칠 수 있는 한계를 내포하게 하는 것이다.

정치의 자리를 만들어내는 로고스는 공통성의 자리이기도 하다. 여기서 공통성은 가시화의 영역과 가청 범위에 포함되지 않았던 장소를 다시 보이게 하고 다시 들리게 하는 빛의 원리이자 확장의 원리이다. 이러한 빛이자 확장의 원리야말로 남근성phallicité의 한 축이라 할 수 있다. 남근성으로서의 팔루스는 빛과 어둠, 배제와 포섭, 축소와 확장, 비공통성과 공통성, 불평등과 평등이라는 이중 분할선 자체를 작동시키는 기저이자 토대로서 기능하는 것이다. 다시 말해, 필자는 로고스의 이중성이 의미하는 바를 집요하게 파헤쳐보는 과정에서, 다음과 같은 랑시에르의 전략성을 발굴해내게 되었다. 랑시에르의 로고스는 phonè로서의 목소리, 즉 팔루스에서 파생된 음성이 아니라[38] 팔루스 그 자체인 것이다. 그러하기에 로고스는 공통성일 뿐만 아니라 비공통성이 접합되는 중층 구조를 가질 수밖에 없다. 랑시에르가 그렇게 로고스의 이중 구조에 천착하는 것은 만약 로고스가 빛의 원리이자 공통성의 원리로만 국한된다면 그것은 플라톤의 ≪파이드로스≫에서 정의된 로고스, 즉 팔루스라는 상징적·문화적 남근성으로부터 기인한 적법한 아들의 파생적·후차적 위상에 머무르고 말기 때문이다.[39] 그러나 랑시에르는 로고스가 팔루스 자체임을 주장해버린다. 다시 말해, 서구 형이상학의 팔루스라는 남근성의 아르케가 바로 로고스인 것이다. 이를 통해, 랑시에르는 팔루스의 초월적 자리에다가 로고스를 가져왔으며 로고스가 바로 그 초극적 아버지임을, 더 이상 아들이라는 부차적 위상에서 빛의 원리만을 구현하는 적자의 계승자로 머물지 않고 시초이자 본유적 토대 자체로서 이분법적 가치와 의미체계의 기저임을 선언하는 것이다.

그렇다면 팔루스로서의 로고스가 목적으로 하는 것은 과연 무엇인가. 왜 랑시에르는 로고스에 깊게 내재해 있는 팔루스의 형상을 전면화하는 대신에 아르케의 절연선으로 로고스를 주장하며 이것을 해방의 고리로 제시하는 것인가.

공통성 개념에 내재한 인간중심주의 비판

팔루스로서의 로고스는 이중 분할선을 배분하는 핵심원리 자체이자 치안의 얼굴과 평등의 얼굴을 동시적으로 분유 가능하게 하는 축이다. 그러하기에 로고스는 식별의 기제로 음성과 말을 구분함과 동시에 아무나 이러한 이성적 말과 언어를 구사하는 자로서 공통의 자리와 평등의 자리를 점유할 수 있도록 하는 것이기도 하다. 그러나 팔루스로서의 로고스가 비공통성과 공통성을 모두 전유하고 있는 접합구조 속 이 둘의 상반된 가치를 배분하도록 하는 근거는 바로 감각판 안에 기입되는 방식에 의해서이다. 기존 감각판에 들어오지 못한 목소리가 이성적 언어와 말로 번역되기 위해서는 기존 감각판이 보다 더 확장되어 감각 주파수 자체를 늘려놓는 것이며 이것이 정치의 자리가 확보되는 방식이기도 하기 때문이다. 그러나 이러한 감각판의 확장은 여전히 인간의 말로의 전환에 달려 있다는 점에서 인간중심주의적 감각장 안에만 머무르는 한계를 지닌다고 필자는 비판하게 된다. 왜냐하면 기존의 감각판 자체를 탈구하는 새로운 감각의 도래는 인간적인 것으로서의 정치적인 자리로의 편입이 아니라 바로 인간적인 것의 중추라고 여겨져 온 이성의 담화로서의 로고스의 아르케적 논리를 깰 때에 비로소 가능한 것이기 때문이다.

이러한 팔루스로서의 로고스에 대한 포섭효과가 목소리에서 말로의 전환이라면 이러한 말은 여전히 팔루스-로고스라는 아르케가 각인되고 재확인되는 장일뿐이다. 이러한 재확인의 장이 공통성의 자리이며 공통성은 인간의 말이 되었음에 대한 선언이다. 인간의 말이 되었음에 대한 확증이 바로 공통성이라는 가치를 부여받는 방식이며 이것은 평등의 자리 속 아무나의 아무나에 의한 선언방식이라고 하지만 정작 여기서의 아무나는 이미 인간중심주의적 감각장을 내면화한 이로 국한된다. 즉 아무나는 아무나에게 열려 있는 것이 아니라, 팔루스적 로고스의 감각판

위에 서있는 자, 그리하여 동물적 소음을 말로 전환하여 이성의 분절언어로 자신을 무장하는 자인 것이다.

바로 이러한 인간중심주의적 감각장으로서의 로고스에 편입되기보다 이것이 전제하고 있는 비대칭성 자체를 오히려 가시화해버리고 마는 이들이 페미니스트인 것이다. 왜냐하면 남근적 아르케로서의 로고스는 무엇이 음성이며 말인가를 결정하는 승인과 허가의 상부심급으로 작동하기에 공통성의 자리 역시도 이러한 로고스로부터 허가의 날인을 받았음에 대한 효과물에 불과한 것이기 때문이다. 바로 이러한 로고스의 상부심급성에 대해 비판하는 이들이 페미니스트이며 말로 결정된다는 것은 내적 논리구조에 의해서가 아닌 로고스라는 아르케의 결정원리에 순응할 때 가능한 것임을 폭로하는 이들이다. 새로운 감각판의 도래는 로고스라는 남근적 아르케의 확장방식에 의해서 가능한 것이 아니라 로고스라는 아르케를 해체하고 탈구할 때에 가능한 것이다. 다시 말해, 기존 감각판에 내재한 인간중심성과 로고스중심성을 그대로 보존한 채, 감각판을 이동한다는 것은 위치 이동의 전치 구조에 불과하며 기존 감각판의 주파수를 늘리는 것일 뿐임을 페미니스트적 음성은 드러내고 있다.

그러하기에 로고스를 담지한 발화행위자들은 로고스의 장을 수호하고자 "침묵의 밤"[40]을 페미니스트들에게 강제하게 된다. 즉 페미니스트를 보이지 않고 들리지 않게 하고 나아가 존재하지 않도록 하기 위해 "너희들의 말은 소음이자 한낱 돼지의 울음소리에 불과하니 닥쳐라."라는 경고와 명령의 발화수반행위를 내리꽂지만 이 침묵의 밤조차도 페미니스트에게는 부적절한 것이 되고 만다. 왜냐하면 발화수반행위가 성립되기 위해서는 반드시 관습성의 토대와 이해의 확보가 필요한데 바로 이러한 관습과 이해의 기반마저 의심하는 이가 페미니스트이기 때문이다. 그러하기에 강요된 침묵의 밤조차도 가장 소란스럽고도 "비범한 혼란"[41]이 야기되는 시간으로 재구성되는 것이다.

탈로고스의 정치학, 탈인간중심주의 정치학

왜냐하면 기존의 식별과 분류 체제로서의 지배적 범주망 역시도 로고스에 의한 직조물이며 이것으로부터의 이탈 역시도 로고스의 확장방식이기에 새로운 감각판의 발명은 로고스의 감각 주파수 자체를 휘저어버리고 탈구하는 것에서 출발해야 한다고 필자는 생각하기 때문이다. 기존 질서로서의 감각조직들을 재구조화하는 데에 그치지 않기 위해서는 기존 감각판에 의해 청취되고 보여지지 않는 새로운 감각이 요청되며 이러한 새로운 감각은 로고스적 감각판 자체를 뒤틀어버리는 것이지 이것의 수명을 연장하는 것이 아니다. 이러한 관점에서, '착한 페미니즘', '올바른 페미니즘'의 기치를 내세우며 페미니스트적 발화를 소음으로 거꾸러뜨리고 이것이 로고스의 장에 기입될 수 없다고 판단하는 논리는 다음과 같은 구조에서 작동한다. 첫 번째로, 로고스라는 아르케, 이것이 전제하고 있는 남성 중심성과 이성 중심성, 인간 중심성의 질서가 호혜적 차원에서 확장은 될 수 있어도 이것의 기반 자체가 붕괴될 수 없음을 주장하는 것이다. 두 번째로, '오빠가 허락한 페미니즘'의 모습은 페미니즘적 사유 진동의 위협적 요동성이 이미 거세된 상태여야 하며 이는 곧 페미니즘이라는 담론과 실천방식조차도 남성에 의해 개화되고 진두지휘되어 정렬되는 남근적 개입욕망의 투영소여야 함을 입증한다. 세 번째로 소음과 말, 진짜와 가짜, 급진과 온건의 가치판단 축은 이미 몫 있는 자로서의 남성 젠더에 의해 전유되어왔음이 드러나며 그렇다면 애써 말의 자리와 온건의 자리에 들어오려고 안간힘을 쓴다 해도 그것의 최종 결정권자는 페미니스트일 수 없다는 것을 의미한다. 이를 통해, 말의 자리에 적합한 조건들을 내면화하여 올바른 페미니즘, 누구에게나 박수 받고 인정받는 착한 페미니즘을 스스로 구현할 수 있다는 것이 이미 거대한 환상기제임이 여실히 폭로되고 만다. 이러한 관점에서, 페미니스트들은 착한 페미니즘의 환상을 박차고 나와야 하며 착함과 올바름, 도덕의 가치가 이미 기존 가치질서에 길들여진 감각들이 조직화되는 국면임을 인식해야 하며 낯선 가치들의 융기들을 두려워하지 말고 돌진해 나가야 한다. 왜냐하면 페미니스트는 낯선 가치들과 놀이를 벌이는 이이자 기존의 의미체계, 가치체계, 존재질서를 배분하는 감각판의 구조 내부에 협착된 자로 머물 수 없는 필연적 이탈자들이기 때문이다.

랑시에르는 여전히 로고스에 입각한 인간질서의 감각판이 그 유효성을 확장해나가는 방식으로 논의를 진행해나간다. 즉 새로운 감각을 기존의 감각구조에 의해 번역 가능한 것 — 무로고스를 로고스로, 동물의 소음을 인간의 말로 — 으로 만듦으로서 감각구조의 로고스적 논리는 더욱 강화된다. 왜냐하면 새로운 감각은 인간의 감각장에 일치하지 않는 것일 수 있으며 변환 불가, 번역 불가의 지점일 수 있기 때문이다. 즉 감각구조의 개편이 여전히 인간 개념의 공통성의 자리를 확보하는 것이라면 이것은 인간질서로의 편입을 촉구하는 행위 — 인간을 모든 존재의 표준형으로 설정하고 이러한 인간의 발화방식으로서의 말을 구사하여 로고스의 재상연에 참여하는 것이 유일한 몫의 획득방식인 것 — 임을 드러내버리는 지점이기 때문이다.[42] 그러하기에 새로운 감각은 인간의 말로의 전환에 대한 강박으로 점철된 로고스적 아르케의 변용과 고수에 그치는 것이 아니라 동물의 소음을 소음으로만 인식하는 인간 감각장의 임계점을 극한으로 드러내는 한계경험일 것이며 인간의 감각장에 다 들어오지 않는 존재들에 대한 몫을 일방적으로 결정해온 구조로부터의 겸허한 이탈이어야 한다.[43] 이러한 이탈은 랑시에르가 말하는 주어진 계급성의 이름 — 여전히 인간학적 질서의 위계적 배분방식 — 으로부터 자리 이동하는 것[44]만이 아니라 인간의 이름에 각인된 중심성으로부터의 이탈이다. 왜냐하면 랑시에르는 여전히 주변에서 중심부로, 무로고스에서 로고스로의 자리이동을 설정하고 있기 때문이다. 이러한 중심주의에 대한 강박적 편입논리는 정치를 인간학적 배분정의 — 몫 없는 자에서 몫 있는 인간으로의 진입 — 로 한정하고 마는 것이며, 이것은 인간만이 정치적 동물이라는 아리스토텔레스적 정의를 그대로 계승하는 관점이라 할 수 있다. 그러나 새로운 감각의 부상과 창조로서의 정치적인 것의 도래는 탈인간화된 방식으로 우리에게 육박해 들어올 것이며 이것이야말로 기존 감각판이 제대로 찢기는 경험이자 자신의 자리가 탈중심화되는 주변화의 경험일 것이다.

즉 로고스가 확장되는 전략으로서 공통성의 자리에 기입되는 것이 무로고스와 동물성을 인간학적 프레임 안에 구겨 넣어 이를 인간주의적으로 번역, 변환하고 이것을 인간의 감각장이 보다 더 확장되어 인간화될 수 있는 것들이 더 늘어났음을 선포하는 작업에 그친다면, 이것이야말로 로고스적 공통성이 내포한 폭력성이 응축된 지점이라 할 수 있다. 이것은 로고스의 배분판이 양적으로는 변화를 맞아도 질적으로는 달라질 수 없음을 의미하는 것이며 배분적 정의와 해방 역시 인간질서로의 기입 후에야 요구 가능한 파생적 권리들임을 주장하는 방식이다.

필자에게 있어 랑시에르가 말하는 새로운 감각판의 융기라는 미학적 행위는 로고스라는 남근적 아르케가 해체될 때에 가능한 것이며 그럴 때에만 급진적 미학성과 정치성이 중층적으로 폭발되어 나올 것이라고 생각한다. 이러한 남근적 아르케에 내재한 인간중심성과 남성중심성, 이성중심성을 탈구할 때에 새로운 감각의 세계가 열리는 미학적 경험의 흐드러짐과 더불어 생각지도 못한 주변부로의 미끄러짐에 의한 해방의 고리가 창출될 것이다. 왜냐하면 랑시에르가 말하는 공통성의 자리가 “아무 말하는 존재와 아무 말하는 다른 존재 사이의 평등을 입증하는 것”이자 “아무나의 이름”[45]이라면 이것은 너와 내가 같은 말의 자리를 점유하는 인간이라는 종적 동일성, 그것이 입증되는 결박의 고리로서 작동할 수 있기 때문이다. 즉 “해방의 논리가 타자론”(heterologie)[46]으로 작용하기 위해서는 이것이 일치와 동일시의 공간이 아니어야 하며 이를 위해서는 말의 자리를 갖는 인간이라는 공통성의 자리가 아닌 인간중심주의를 깨는 교차성의 자리여야 하지 않는가.

왜냐하면 랑시에르 역시 정치적 주체화 작업을 동일시를 바탕으로 하는 정체성의 작업이 아니라고 보며 이것을 “사이에 있는 것, 둘 사이에 있는 것”[47]이자 “틈새와 균열”[48]로 정의내리고 있기 때문이다.[49] 다시 말해, 이러한 사이 존재로서의 평등의 자리가 인간과 인간이라는 종적 동일성을 분유한 이들이 서로의 공통성을 재인하는 장으로 축소할 수 있는 것인가를 비판적으로 묻게 된다. 이러한 관점에서, 필자는 사이 존재를 공통성이 아닌 교차성intersectionnality이 엮이는 횡단과 스침의 자리에 가깝다고 해석하게 된다. 나아가 랑시에르 역시 정치적 주체화를 “한 존재를 하나의 비존재 혹은 하나의 도래할 존재와 잇는 이름들, 이러한 이름들의 교차에 바탕을 둔 정체성들의 교차”[50]라고 명시적으로 설명하고 있는데, 여기서도 교차성 개념은 평등의 자리를 위한 주요한 요소로 등장하고 있다. 이를 바탕으로 필자는 랑시에르가 제시하는 정치적인 것의 도래와 해방의 고리가 공통성이 아닌 교차성의 자리여야 함을 주장하게 되며, 교차성이야말로 인간으로서 부착하고 있는 계급성의 이름들을 떨쳐내는 파열점이자 탈인간의 장으로의 이행이라고 본다. 탈인간의 장이라 함은 인간의 가시 영역과 가청 범위의 한계를 확장시키는 방식으로 인간 감각대를 증대시키는 것을 일컫는 것이 아니다. 이것은 감각들의 역량들이 인간적인 것의 질서 안으로 다 들어올 수 없음을 인정하는 것이자 새로운 감각의 발명은 단순한 감각판의 위치이동에 그치지 않고 기존 감각판을 뭉그러뜨리는 데에 있기 때문이다. 즉 새로운 감각장은 인간의 감각장으로의 편입논리 자체를 부수어버리는 파괴성을 내포한다. 이러한 파괴성 이후에 창조성의 감각들이 날을 세우며 존재양식과 말의 양식, 행위 양식들을 새로이 직조하도록 하는 것이다.

그러나 랑시에르가 말하는 정치적인 것은 여전히 중심부와 주류성-인간적인 것의 핵심체로서의 로고스와 말, 몫으로의 전환과정이라면, 교차성은 주변성으로의 부유 가능성, 이탈성이 나를 이미 관통하고 있음을 인정하는 것이자 인간중심성이라는 뿌리 깊은 아르케의 역사를 넘어서는 초극의 감각이다. 즉 이것은 우리에게 길들여지지 않는 감각의 이질성에 의해 지극히 고통스러운 방식으로 육박해 들어올 것이며 우리의 경화된 고막이 찢기는 한계경험이자 새로운 해방의 고리가 돋아나는 생성의 장일 것이다.

가장 첨예한 철학으로서의 페미니즘

페미니즘은 가장 첨예한 철학으로서 지금껏 제기되지 않았던 물음 역량을 전개하는 도면이자 급진적 질문들이 생성되는 사유 회로이다. 왜냐하면 페미니즘은 로고스라는 담론의 근간원리마저 의심에 회부하여 탈로고스의 정치학을 탐색하는 이론이자 새로운 감각장의 한계경험을 열어젖히는 것이기 때문이다. 나아가 랑시에르에게 있어, 몸의 질서를 새롭게 감각한다는 것은 기존의 식별체제와 통치기제로서의 감각 배분판에 틈새를 벌이는 것이자 또 다른 감각세계를 여는 미학적 작용으로 정의된다. 그러나 이러한 미학적 작용이 도래하는 방식은 여전히 로고스라는 남근적 아르케의 두 국면 — 치안과 정치 — 이 대결, 접합되는 방식으로 국한되고 있다. 왜냐하면 이것은 로고스가 전유하고 있는 이중성의 구조 — 비공통성과 공통성, 불평등성과 평등성, 치안과 정치라는 대립적 가치들 모두를 독점하는 방식 — 에 갇히는 양식이며 로고스가 곧 팔루스라는 가치질서의 축임을, 남근적 아르케 자체임을 인정하는 것이기 때문이다.

이러한 로고스의 이중성의 늪에서 이탈하는 방식은 착한 로고스 — 평등의 자리를 제공하는 기반으로서의 로고스에 대한 믿음을 통해 나쁜 로고스 — 치안의 질서의 축과 대결해나갈 수 있다는 자가당착적 순환논리의 환상으로부터 벗어나는 것이다. 왜냐하면 착한 로고스는 바로 나쁜 로고스로부터 파생된 효과물이며 이를 통해 새로이 갱신된 로고스의 그 착함은 언제든 비공통성으로서의 한계를 새기고 있으며 이러한 재규범화 방식을 통해 의미망 안에서 인정받을 수 있게 되기 때문이다. 이러한 맥락에서, 필자는 로고스의 두 측면을 대결시키는 방식에서 정치적인 것의 도래를 도출하는 랑시에르의 한계[51]를 발견하게 된다. 왜냐하면 이것은 이질적인 것의 만남이 아니라 로고스라는 이란성 쌍생아의 두 얼굴이 다시금 샴쌍둥이처럼 협착되는 방식이기 때문이다.

또한 랑시에르는 "해방의 문제를 몸이 느끼는 감각의 문제"로 정의내리며 "새로운 감각과 지각의 양식을 배포하는 이견의 장"[52]으로 미학을 부상시키지만, 정작 이러한 감각의 질서가 관통하고 있는 것이 누구의 몸이며 무엇에 대한 육체성인가에 대한 질문 없이, 아무나의 아무나에 의한 인간의 몸이자 인간의 감각장으로 단정 짓고 만다. 이를 통해, 인간중심주의적 로고스의 아르케를 떨쳐내지 못하는 한계 안에서 감각판의 재배치와 감각의 발명을 논하는 것이다. 그러나 페미니스트는 이러한 로고스라는 남근적 아르케마저 탈구시켜버리는 철저한 계쟁의 도입자이자 말과 소음의 경계설정에서 소음을 말로 전환시키는 로고스적 확장논리를 뒤흔들어버리는 자이다. 다시 말해, 페미니스트는 가장 첨예한 정치적인 것이 용기하는 사유진동이자 아직까지 도래한 적 없는 이질적 감각이 우리의 고막을 찢는 몸의 요동인 것이다. 이러한 페미니스트의 발화를 들을 자로서 준비되는 것, 그것이 한국사회에서의 몸 정치학의 과제일 것이다.

래디컬 페미니즘? 래디컬 페미니즘들!

최근 영영페미니스트들이 이전 세대와의 분리라는 맥락에서 주장하는 래디컬 페미니즘이 세대적 차이를 드러내는 기표로 통용되고 있으나, 래디컬 페미니즘은 그보다 더 넓은 개념으로서, 영영페미니스트들의 래디컬 페미니즘은 다양한 래디컬 페미니즘들 중의 하나, 혹은 변형된 래디컬 페미니즘임을 설명하고자 한다. 대중의 인식 속에서 그들이 대표적으로 전유하고 있는 '래디컬 페미니즘'이 단일한 개념이 아니라, 다양한 갈래의 페미니즘이 서로 경합, 충돌하는 풍성한 기표임을 밝히고자 한다. 이를 위해 역사적으로 먼저 이러한 갈등과 분화를 경험한 영미 페미니즘의 역사를 참고로 래디컬 페미니즘의 지형도에서 그들의 위치를 상정해 보고, 페미니즘 내의 갈등을 바라 볼 관점을 마련하고자 한다.

최하영

2018년 7월 7일 서울 도심인 대학로와 광화문에서 여성주의 의제를 주제로 두 집회가 각각 열렸다. 오후 3시 대학로에서는 #불편한 용기가 홍대 누드모델 관련 편파수사에 항의하는 3번째 시위를 열었다. 인터넷 커뮤니티들의 느슨한 연대체라고 할 수 있는 주최 측 #불편한 용기는 참가자를 '생물학적 여성'으로 제한하였고, 사진 촬영과 개인 인터뷰 등을 통제하였다. 참가자들은 신원을 드러내지 않기 위해 마스크를 착용하고, 편파수사와 더불어 불법 촬영물을 유통하는 웹하드 카르텔을 성토하는 구호를 외쳤다. 언론은 집회 참가자들이 외친 일부 과격한 구호를 선정적 태도로 보도하였다. 주최 측은 2만 명 정도가 참가할 것으로 예상하였으나 6만 명이 참가한 것으로 집계되었다. 광화문에서는 모두를 위한 낙태죄 폐지 공동행동이 주최한 낙태죄 폐지 집회가 열렸다. 모두를 위한 낙태죄 폐지 공동행동은 낙태를 범죄로 규정하고 있는 형법 제269조의 폐지를 위해 한국여성단체연합, 한국여성민우회, 한국여성의전화와 같은 기존의 여성운동 조직과 불꽃페미액션, 페미당당, 페미몬스터즈와 같은 신생 페미니즘 단체 등 20여 개의 유관 단체가 연대하여 만든 결사체이다. 이 집회에는 약 1,500명이 참가하였다. 언론은 두 집회의 동시 개최를 다양한 여성 의제의 등장과 우리 사회에 여성주의적 목소리가 점점 커지고 있다는 관점으로 보도했지만, 좀 더 자세히 살펴보면 현재 한국사회 내에서 일어나고 있는 페미니즘 내의 대립을 두 집회를 통해 읽을 수 있다.

2010년대 온라인을 중심으로 커져 가고 있던 여성주의적 목소리는 2015년 이후 메르스 사태와 강남역 살인사건 등을 계기로 오프라인에서도 폭발적으로 터져 나오기 시작했다. 인터넷과 SNS를 기반으로 뚜렷한 조직이나 리더가 없이 펼쳐지는 그들의 운동은 페미니즘 제4의 물결과 연결되기도 한다. 세대적으로 1990년대의 영페미니스트와 구분하여 영영페미니스트라고 불리는 이들 중 적지 않은 수가 자신들을 래디컬 페미니스트Radical Feminist로 정의하였다. 급진성을 표방하는 영영 페미니스트들은 올드 페미니스트들이나 영페미니스트와 같은 페미니스트 선배들과의 연속성을 주장하기보다는, '가부장제의 해체'라는 점에서 이전의 운동이 지녔던 한계를 지적하며, 그들이 일상에서 경험하는 차별과 폭력에 대하여 새로운 방식의 대응을 주장하며, 이전 세대와의 분리를 강조하였다.[1]

이 글에서는 영영페미니스트들이 이전 세대와의 분리라는 맥락에서 주장하는 래디컬 페미니즘이 현재 한국 사회에서 세대적 차이를 드러내는 기표로 이해되고 있으나, 래디컬 페미니즘은 그보다 더 넓은 개념으로서, 영영페미니스트들의 래디컬 페미니즘은 다양한 래디컬 페미니즘들 중의 하나, 혹은 변형된 래디컬 페미니즘임을 설명하고자 한다. 대중의 인식 속에서 그들이 대표적으로 전유하고 있는 '래디컬 페미니즘'이 단일한 기표가 아니라, 다양한 갈래의 페미니즘이 서로 경합, 충돌하는 풍성한 기표임을 밝히고자 한다. 이를 위해 역사적으로 먼저 이러한 갈등과 분화를 경험한 영미 페미니즘의 역사를 참고로 래디컬 페미니즘의 지형도에서 그들의 위치를 상정해 보고, 페미니즘 내의 갈등을 바라 볼 관점을 마련하고자 한다.

모든 것은 ≪여성성의 신화≫에서 시작되었다.

여성 참정권 운동은 18세기 말에서 20세기 초에 이르는 백 년이 넘는 투쟁을 통하여 마침내 결실을 맺게 되었다. 흔히 자유주의 페미니즘, 혹은 첫 번째 여성주의의 물결 First Feminist Wave이라고 불리는 이 운동의 중심 의제가 여성 참정권 획득인 것은 분명하지만, 다양한 스펙트럼의 단체와 조직들이 경합하는 의제를 두고 때로는 서로 연대하고, 때로는 격렬히 갈등했다는 사실은 잘 부각되지 않는다. 슐라미스 파이어스톤 Shulamith Firestone(1945~2012)은 영국과 미국에서 여성 참정권이 법제화된 후 여권운동이 그 동력을 잃고 점차 침체 국면에 들어서게 되었다고 ≪성의 변증법≫에서 분석한다. 참정권 운동은 모든 여성문제의 궁극적 해결책으로 참정권의 획득을 제시했지만, "그럼에도 불구하고 여성 선거권은 그것으로 끝내기 위해 가지려는 것이라면 좋은 것이다."[2]라고 비꼰 한 남성의 말대로, 남성 중심의 정당 정치 제도에서, 여성들은

"남성들의 정당의 하녀"가 된 자신들을 발견하였다. 어렵게 획득한 참정권을 두고, '선거 거부 운동'에 나서야 하는 역설적 상황이 되었다.

1920년대의 관능적 여성상과 대공황기의 각성을 거쳐, 제2차 세계대전 중 여성들은 전쟁에 나간 남성들을 대신하여 노동력을 제공하며 사회에 참여하였다. 전쟁이 끝나고 남성들이 귀환했을 때, 여성들은 돌아온 '영웅들'에게 자신들의 자리를 내어주고, 유례없이 두터운 중산층이 생성되고 있는 번영과 안정의 미국 사회에서 '가정의 운영자homemaker'가 되었다. 베티 프리단Betty Friedan(1921~2006)은 그러한 수많은 여성들 중의 한 명이었다. 스미스Smith 여대에서 진보적 사상의 세례를 받고 유대인과 여성이라는 자신의 소수자 정체성을 자각한 그녀는 졸업 후, 좌파 계열의 신문인 ≪연합신문*The Federated Press*≫과 전기노조UE의 급진주의적 기관지인 ≪유이뉴스*UE NEWS*≫의 기자로서 8년여 동안 일하였다. 둘째 아이를 임신하고 그녀는 해고되었다. 평등하고 억압이 없는 세상을 위해 동지들과 함께 일하고 있다고 생각했던 직장에서 '여성'이라는 이유로, '남성'의 자리를 마련하기 위해 해고된 경험은 프리단에게 깊은 상처로 남았고, 좌우파 상관없이 뿌리 깊이 남아 있는 가부장제에 대하여 새롭게 인식하는 계기가 되었다.(김진희 82)

그 뒤 그녀는 프리랜서 기고자로 일하면서 ≪코스모폴리탄*Cosmopolitan*≫, ≪맥콜스*McCall's*≫, ≪레이디스 홈 저널*Ladies' Home Journal*≫과 같은 이른바 여성 잡지에 글을 실었다. 그녀는 편집자의 동의를 얻으면서도 자신의 주장을 훼손하지 않는 글을 쓰기 위해 아슬아슬한 줄타기를 해야만 했다. ≪여성성의 신화*The Feminine Mystique*≫도 이러한 대중 잡지에 실을 기사로 처음 시작되었다. 1957년 프리단은 대학을 졸업한 지 15년이 된 스미스 대학 동문들을 대상으로 현재 삶의 모습과 만족도를 묻는 설문지를 배포하였고, 그 답변들을 분석하는 기사를 기획하였다. 1940년대에 흔치 않은 고등교육을 받았던 그녀들의 대부분은 전업주부로 살아가고 있었다. 풍요와 번영의 아이크Ike 시대[3]를 반영하듯, 그녀들의 삶은 물질적·경제적으로는 부족함이 없어 보였다. 잔디가 깔린 정원, 주차장, 수영장이 딸린 교외의 주택에서 그녀들은 남편을 내조하고 아이들을 픽업하며, 계절마다 집안의 인테리어를 바꾸고, 학교의 사친회師親會에 참여하고, 교회에서 봉사활동을 하였다. 프리단은 안락해 보이는 삶 속에서 그들이 호소하는 우울감, 허무, 분노, 좌절에 주목하고, "이름이 없는 문제problem that has no name"라는 이름을 지어 주었다. 이 아이러니한 이름이 의미하듯, 여성들이 경험하는 이러한 종류의 어려움은 그때까지 사적이고 개인적인 일로만 여겨졌을 뿐 진지한 사회적 관심이나 학문적 탐구 대상이 된 적이 없었다. 프리단 자신이 마룻바닥을 윤이 나게 닦으며 느낀 형언할 수 없는 감정을 "이름이 없는 문제"라는 아이러니한 이름으로 설명했을 때, 놀라울 정도로 많은 여성들이 이에 열렬히 화답하였다. 참정권으로 대표되는 정치적 평등을 넘어 사회적 평등을 주장한 두 번째 여성주의 물결Second Feminist Wave의 시작이었다. 그녀는 작가로서 문제를 가시화하는 데만 머무르지 않고, 활동가가 되어 전국여성연합National Organization for Women, NOW이나 전국여성정치코커스National Women's Political Caucus 등의 조직을 창립하고 이끌면서 여성이 남성과 동등하게 사회에 참여하고 자아실현을 할 수 있도록 제도와 법률의 개선, 인식의 변화 등을 위하여 노력하였다.

래디컬 페미니즘Radical Feminism의 등장

프리단이 촉발한 여성주의 두 번째 물결은 자유주의 페미니즘으로 시작하였지만, 여성 해방Women's Liberation, Women's Lib으로 특징지어진 1970년대의 여러 급진적 페미니즘들로 분기分岐하였다. 몇몇 페미니스트들은 프리단이 목표하는 평등은 기울어진 체제 '내'에서의 평등으로서 한계가 있으며, 진정한 평등은 가부장제가 붕괴될 때만이 가능하다고 주장하였다. 이들은 가부장제의 해체를 주장하며, 이를 통해 궁극적으로는 여성과 남성의 구별이 약화되고, 한 인간 내에서 두 성의 특질이 골고루 발현되는 양성적 존재를 이상으로 삼았다. 파이어스톤은 ≪성의 변증법≫에서 경제적 분석과 계급 간 대립을 중심으로 하는 마르크스-엥겔스의 유물론적 역사관에 성적 계급투쟁의 요소가 결여되어 있거나, 혹은 부수적인 요소로만 반영되어 있음을 지적한다.(5-6) 부르주아 대 프롤레타리아 투쟁보다 더 근본적인 층위에 '성'과 '생식'을 중심으로 한 남성과 여성의 분화와 대립이 존재한다는 것이다. 역사적 유물론이 성적 요소를 그 준거틀에 포함시키는 것으로는 충분치 않고, "성 그 자체에 기초한 역사의 유물론적 관점," 즉 "성의 변증법"으로 역사를 분석할 것을 주장한다.[4] 파이어스톤은 기술의 발전으로 노동해방이 이루어지고, 여성은 임신과 출산에서 해방되어, 생물학적 가족이 해체된 사이버네틱 코뮤니즘의 미래를 이상향으로 제시하였다.[5] 프리단이 여성주의 첫 번째 물결을 계승하는 자유주의 페미니스트라면, 파이어스톤은 한 걸음 더 나아가 가부장제 사회의 해체를 주장하는 급진 페미니스트의 선구가 되었다. 그녀가 ≪성의 변증법≫을 출간한 1970년, 케이트 밀렛Kate Millett(1934~2017)의 ≪성정치*Sexual Politics*≫, 저메인 그리어Germaine Greer(1939~)의 ≪여성 거세되다*The Female Eunuch*≫, 로빈 모건Robin Morgan(1941~)이 편집한 ≪자매애는 강하다*Sisterhood is Powerful*≫ 등이 잇

따라 출판되어 급진 페미니즘에 이론적 화력을 제공하였다.

그러나 가부장제 사회의 해체를 주장하는 급진적 페미니즘 내에서 파이어스톤 등이 주장하는 성정체성의 해체로서 나타나는 양성적 존재에 이의를 제기하는 사람들이 나타났다. 그들은 여성적 특질만으로도 충분할 수 있음을 주장하며, 양성적 존재의 이상화는 남성성을 우월한 것, 여성성은 열등한 것으로 여기는 기존의 가치체계를 수용한 것으로 비판하였다. 그들은 가부장제하에서 왜곡되고 억압된 '여성성'의 가치를 회복하고, 그 의미를 주체적으로 재전유해야 한다고 주장하였다. 거의 동시대에 출현하기는 했으나, 이들과 구분하기 위하여 전자를 급진-자유주의 페미니스트, 후자는 급진-문화적 페미니스트, 혹은 문화적 페미니스트로 부르게 되었다. 대표적인 문화적 페미니스트인 메리 달리Mary Daly(1928~2010)는 가부장제가 요구하는 '여성스러움femininity'과 자연스러운 여성의 특질로서 '여성임femaleness'을 구분하였다. 거들과 코르셋과 같이 여성을 옥죄는 '여성스러움'을 벗어나, '남성스러움'과 '여성스러움'의 이분법적 구도 바깥에서 '여성임'의 가치를 회복할 것을 주장하였다. 양 진영은 프리단의 자유주의 페미니즘이 타협적이고 체제 유지적이라는 점에서 함께 비판적 관점을 취하면서도 그 이후에 나아가야 할 길에 대해서는 확연히 다른 노선을 취하였다. 이후 페미니즘의 여러 쟁점에서, 급진-자유주의 페미니스트와 급진-문화적 페미니스트 사이의 의견 차이는 어쩌면 반페미니즘 세력과의 싸움보다도 더 격렬한 양상으로 드러났다.

후대에 이 시기의 역사를 기록하거나 페미니즘의 계보를 정리하는 작업을 한 학자들도 그들의 관점에 따라 다른 설명과 평가를 제공한다. 로즈마리 통Rosemarie Tong은 ≪페미니즘 사상*Feminist Thought*≫에서 문화적 페미니즘을 급진 페미니즘의 일부로 보면서, 오히려 기존의 급진 페미니즘을 자유주의 페미니즘과 함께 묶어 급진-자유주의 페미니즘이라고 명명한다. 앨리스 에콜스Alice Echols는 미국 급진 페미니즘의 극적인 부상과 몰락을 다룬 ≪나쁜 여자 전성시대≫에서 문화적 페미니즘을 급진 페미니즘의 일부라기보다는 급진 페미니즘 내에서 레즈비어니즘과 계급문제로 논쟁이 일어나면서 부상한 목소리로서, 자유주의 페미니즘의 일부라고 보았다.[6] 이러한 차이는 통이 문화적 페미니즘을 지지하는 경향을 보이는 반면, 에콜스는 문화적 페미니즘을 부정적으로 평가하는 것과 무관하지 않아 보인다.

섹슈얼리티와 관련하여 급진-자유주의 페미니스트들은 여성에게 일방적으로 요구되는 성적 규범과 위반 시에 부여되는 낙인 등을 비판하며, 성을 탐색하고 향유할 동등한 자유를 주장하였다. 그러한 맥락에서 일부일처제와 강요된 이성애를 비판하고, 폴리아모리, 퀴어 섹슈얼리티, SM 페미니즘의 가능성을 탐색하였다. 예를 들어 파이어스톤은 ≪성의 변증법≫에서 해방된 미래 사회에서는 이성-동성-양성의 성성을 대신하여 "방해받지 않는 범성애unobstructed pansexuality"가 지배적인 섹슈얼리티가 될 것으로 예측하였다.[7] 반면 급진-문화적 페미니스트들은 급진-자유주의 페미니스트들의 '성해방' 논의가 좌파 자유주의자 남성들의 주장에서 유래하는 것으로, 가부장제의 해체가 아닌 유지에 기여한다고 비판하였다. 약탈적 체제인 가부장제 하에서 섹슈얼리티는 근본적으로 남성에 의한 여성 착취의 성격을 띠고 있으므로, 성적 대상화와 폭력에서 벗어나기 위하여 여성의 필요와 요구가 우선시되어야 한다고 주장하였다. 이러한 논의는 정치적으로 레즈비언이기를 선택하는 레즈비언 분리 페미니즘Lesbian Separatist Feminism으로까지 나아갔다.

1970년대에 시작된 급진-자유주의와 급진-문화적 페미니즘간의 논쟁은 80년대의 페미니스트 섹스 전쟁Feminist Sex Wars으로 이어졌다. 포르노그래피와 성매매와 같은 성 관련 쟁점들을 두고, 급진-자유주의와 급진-문화적 페미니즘은 완전히 동일한 것은 아니지만, 섹스-포지티브 페미니스트sex-positive feminist와 반 포르노 페미니스트anti-porn feminist로 나뉘어, 격렬한 '전쟁'을 치렀다. 안드레아 드워킨Andrea Dworkin(1946~2005)과 캐서린 맥키논Catharine MacKinnon(1946~)이 대표하는 반 포르노 진영은 포르노그래피에 나타나는 여성을 성적 대상화하는 재현은 현실의 반영임과 동시에 그러한 현실을 유지, 강화시키기 때문에 적극적으로 규제하고 검열할 것을 주장하였다.[8] 반면 게일 루빈Gayle Rubin(1949~)이나 카밀 파글리아Camile Paglia(1947~)와 같은 섹스-포지티브 페미니스트들은 반 포르노 진영의 담론이 우파 보수주의의 통제적이고 도덕주의적인 주장과 맞닿아 있음을 주장하고, 페미니스트들이 주류 사회가 안전하다고 인정하는 규범적인 섹스, 즉 바닐라 섹스Vanilla Sex에만 만족해야 하는지 되물었다. 포르노의 규제가 아니라 오히려 여성을 성적 주체로 묘사하는 대안적 포르노가 필요하다고 역설하였다. 같은 맥락에서 성매매에 대해서도 의견 대립이 일어났다. 반 포르노 페미니스트들은 성매매를 포르노그래피의 실연實演으로서 여성 착취와 억압의 대표적 형태로 비판하였다. 섹스-포지티브 페미니스트들은 성매매 자체보다는 성매매에 대한 사회적·이데올로기적 낙인이 문제이며, 착취와 억압은 그것의 결과라고 주장하였다. 따라서 성매매를 규제하고 금지할 것이 아니라, 오히려 '비범죄화'하고 나아가 '노동'임을 인정하여 정당한 처우와 보상이 주어져야 한다고 주장하였다. 1982년 섹슈얼리티를 주제로 열린 뉴욕 바나드Banard 대학 콘퍼런스는 이들의 대립과 감정적 충돌을 보여준 극적인 예로 회자된다. 반 포르노 페미니스트들은 섹스-포지티브 페미니스트들이 콘퍼런스에서 그들을 배제한 것에 반발하여 회의장 바깥에서 시위를 하며, 회의장 안에 있는 여성들의 성적 취향이나 활동을 공개하며 비난하였다. 드워킨은 한 인터뷰에서, "나는 래디컬 페미니스트입니다. 그 재미있는 별종은 아니구요.I'm a radical feminist, not the fun kind."라고 이야기하며, 섹스 포지티브 페미니즘은 '재미있는 별종'일 뿐 진정한 '래디컬 페미니스트'가 아니라는 반 포르노 진영의 인식을 드러낸다.

섹스와 섹슈얼리티에 대한 그들의 견해차는 모성에 대해서도 동일하게 나타난다. 급진-자유주의 페미니스트들은 여성에게 부여된 임신과 출산, 육아를 가부장제 억압의 근본 원인으로 파악하고, 이데올로기적으로 구성되고 강요되는 모성을 신랄하게 비판한다. 예를 들어 앤 오클리Ann Oakley(1944~)는 '모성 신화'를 구성하는 세 겹의 믿음, 즉 "모든 여성은 어머니가 되어야 한다. 모든 어머니들은 자녀를 필요로 한다. 모든 자녀들은 어머니를 필요로 한다."[9]는 명제가 허구임을 지적한다. 그러나 이것은 단순한 허구가 아니라, 온 우주가 힘을 합쳐 '진리'로 만들기 위해 사회적·정치적·경제적·문화적으로 '압력'을 가하는 이데올로기이다. 그렇기에 파이어스톤이 출산을 배변의 경험에 빗대어 '커다란 호박을 누는 것'이라고 탈신비화하여 표현했을 때, 주류 사회는 모욕감이 섞인 반감을 표출하였다.[10] 급진-문화적 페미니스트들은 가부장제하에서 남성들의 지배를 받는 '제도'로서의 모성은 반대하나, 그것과 구별되는 여성의 고유한 경험으로서, 여성의 재생산 능력이 권력이 될 수 있음을 주장한다. 예를 들어 아드리안 리치Adrienne Rich(1929~2012)는 누가 결정권을 가지느냐에 따라 임신과 출산의 경험이 전혀 다른 정치적·감정적 맥락에 놓일 수 있음을 강조하였다.[11] 그러한 맥락에서 출산과 친권을 분리하는 대리모 제도나 인공 자궁 등의 생식 기술은 재생산 과정에서 여성을 배제하고 남성의 지배력을 강화시키는 것으로 보고 반대한다.

레즈비언, 퀴어, 트랜스젠더

프리단에 대한 가장 대표적 비판은 여성운동에서 레즈비언을 배제하는 등 동성애 혐오적인 경향을 보였다는 점이다. 주지하다시피 그녀는 여성 운동 내의 동성애 구성원들을 "보라빛 위협Lavender Menace"이라고 부르며, 그들이 운동을 분열시키고, 보수적인 주류 사회의 표적이 됨으로써 운동의 동력을 약화시킨다고 비난하였다. 이에 대하여 김진희는 프리단 자신이 이성애자로서, 동성애자를 비정상으로 규정하는 당시의 주류적 관점을 수용하고 있었다고 인정한다.[12] 이에 대한 조직 내의 반발이 그녀가 전국여성연합의 회장을 물러나게 된 가장 큰 계기가 되었으며, 그녀가 사용한 "보라빛 위협"이라는 어구는 이후 조직된 레즈비언 단체의 명칭으로 전유되었다. 급진-문화적 페미니스트들의 일부는 남성과의 (성적) 교류를 끊고 레즈비언이 되기를 선택했으며, 피착취계급으로서의 '여성'을 강조함으로써 여성이라는 생물학적 범주를 중요시하는 모습을 보였다. 이는 트랜스젠더, 특히 남성 신체를 지니고 여성 정체성을 주장하는 트랜스젠더 여성을 '여성'의 범주에서 제외하는 트랜스 배제 급진 페미니즘Trans Exclusive Radical Feminism, TERF, 혹은 사회적으로 구성된 젠더 개념을 비판하고 생물학적 성을 우위에 놓는 젠더 비판적 페미니즘Gender Critical Feminism으로 이어졌다. 급진-문화적 페미니스트들은 성소수자 집단 내에 존재하는 여성 혐오를 지적하며 페미니즘이 '여성'이라는 범주보다 '퀴어'라는 범주를 우선시해서는 안 된다고 주장한다. 그리어의 경우, 트랜스젠더 여성인 케이틀린 제너Caitlyn Jenner가 2015년 ≪글래머*Glamour*≫가 선정하는 올해의 여성으로 선정된 것에 대하여 "여성 혐오적"이라고까지 비판하였다. 급진-자유주의적 페미니스트들은 이에 대하여 여성을 생물학적 범주만으로 정의하는 것은 편협한 이해라고 비판하였다.

한국의 영영페미니스트들

최근 몇 년 사이에 온라인을 중심으로 형성된 페미니즘적 목소리는 이전의 페미니즘 운동과 구별되는 의제와 운동방식을 보이는데, 이는 기존 페미니즘 운동 진영에 격렬한 찬반의 논란을 일으켰다. 박인혜는 ≪래디컬 페미니즘≫의 추천사에서 선배 페미니스트와 현세대 페미니스트와의 차이점을 이렇게 진단한다.

> 여성폭력에 대한 우리의 고통과 분노는 변한 것이 없었다. 여성폭력으로 유지되는 가부장제를 깨버리겠다는 여성운동의 목표도 변하지 않았다. 다만 우리가 가부장제라는 구조에 초점을 맞추고 법과 제도를 바꾸기 위해 운동했다면 요즘 젊은이들은 구조적인 문제 제기와 동시에 여성혐오를 실천하는 남성들을 직접적으로 겨냥했다.[13]

이전 세대와의 차이점이 이것뿐만은 아니지만, 이 차이점은 박인혜가 지적하듯이 적지 않은 논란을 촉발했다. 영영페미니스트들이 사용하는 '미러링mirroring' 방식의 저항, 즉 여성혐오 발언을 남성들에게 그대로 돌려주는 것의 실제적 효과, 정치적 올바름, 윤리성에 대한 논의가 페미니즘 진영 내에서 이어졌다. 영영페미니스트들은 피억압자에게만 정치적 올바름과 윤리성을 요구하는 구조의 폭력성을 지적하며, 선배페미니스트들은 강자의 논리를 내재화한 '퀸페미'[14]라고 비판하였다. 영영페미니스트들의 일부는 트랜스젠더 여성을 여성에 대한 억압적 이미지, 즉 코르셋을 강화시키는 집단으로 비판하며, 이들을 여성의 범주에서 제외하자는 트랜스젠더배제 래디컬 페미니즘TERF을 채택하였으며, 이성애 중심주의를 비판하면서도, 퀴어

Queer라는 단어가 서로 다른 경제적·사회적·정치적 위치에 놓인 레즈비언과 게이를 구별하지 않고 성소수자를 대표하여 쓰이는 것에 반감을 드러냈다. 2018년 여름 제주에 집단 입국한 예멘인들의 난민 인정 문제가 쟁점화되었을 때, 영영페미니스트들의 일부는 이들의 절대 다수가 남성임을 지적하며, 고국에 남겨진 예멘 여성들은 가질 수 없었던 특권을 이들이 소유했음을 지적하였다. 또한 이들이 국내에 유입될 경우, 여성의 안전을 위협하는 존재가 될 것이라는 주장도 제기했다. 선배페미니스트들은 트랜스젠더 여성을 여성의 범주에서 제외하고, 난민 인정을 반대하는 등 페미니즘의 이름으로 배제와 제외의 구호를 외치는 후배페미니스트들에게 실망과 당황, 우려를 표현했다. 특히 난민 문제에 있어서는 래디컬 페미니스트의 '난민 반대' 목소리가 '성소수자 아웃과 이슬람 아웃'을 외쳐온 보수 개신교와 조우하는 현상을 낳기도 했다.[15] 페미니즘은 모든 억압받는 자의 것임을 주장하며, 선배들이 후배들의 논리를 비판하자, 영영페미니스트들은 '쓰까 페미'[16]라는 멸칭으로 응수하였다. 에콜스Alice Echols는 1970년대의 급진 페미니즘 내의 갈등을 묘사하면서, "내부 투쟁에 몰두한 나머지 때로 자기 외부로 눈을 돌려 남성 우월주의라는 더 큰 문제에 초점을 맞추기도 힘들 정도"[17]였다고 표현했는데, 어떤 면에서는 요즘 한국 페미니즘 내부의 격렬한 대립을 연상시킨다.

영영페미니스트들이 주장하는 래디컬 페미니즘이 실은 급진-문화적 페미니즘에 가깝다는 것이 나의 주장이지만, 엄혜진이 표현하듯, "기시감을 줄 수는 있지만, 급진 페미니즘의 어떤 장면도 한국의 페미니즘에 완전히 포개질 수는 없"[18]을 것이다. 김보명에 따르면, 급진주의는 "다양한 시대와 상황에서 담론적 사건으로서 출현"[19]하기 때문이다. 에콜스는 문화적 페미니즘을 이렇게 설명한다.

문화 페미니즘의 맹아는 모든 종류의 급진 페미니즘에 들어 있었다. '여성'을 단일한 범주로 규정하고, 남성은 구제불능의 성차별주의자로 묘사하고 여성은 무기력한 희생자로 묘사하며, 페미니즘이 단일한 변혁이론이라고 확신하는 급진 페미니즘의 견해는 모두 문화 페미니즘이 등장하는 길을 닦는데 일조했다. 그리고 급진 페미니즘은 개인적 해법에 굳건하게 반대했지만, 개인적인 것과 정치적인 것을 빈번하게 융합함으로써 문화 페미니즘이 개인적 변화에 몰두하거나 자유주의 페미니즘이 자기 계발에 관심을 기울이는 모습도 쉽게 정치적인 것으로 정의됐다.(298)

한국의 영영 래디컬 페미니스트들은 단일한 범주로서의 '여성'을 주장하고, 남성을 교화가능성이 별로 보이지 않는 집단으로 보지 않는다는 점에서 문화적 페미니즘과 유사성을 보인다. 그러나 이들이 여성을 무기력한 희생자로 보거나 '개인적' 변화에만 몰두한다고 볼 수는 없다. 그럼에도 불구하고 그들의 래디컬 페미니즘이 지닌 어떤 편향성을 지적할 수 있다. 예를 들어 2018년 영영페미니스트들이 중심이 되어 번역팀과 펀딩팀으로 나누어, 쉴라 제프리스Sheila Jeffreys(1948~)의 논문을 모아 ≪래디컬 페미니즘≫을 출판하였다. 논쟁적인 터프TERF 이론가이자 운동가인 제프리스는 이전까지 한국에 소개되지 않았다. 제프리스의 글에서 급진-자유주의적 성향의 파이어스톤은 거의 언급되지 않는 반면, 밀렛의 ≪성정치학≫은 성의 정치성을 증명함으로써 성해방을 주장하는 좌파 남성 작가들의 권위를 파괴한 기념비적인 저서로 칭송된다.[20] 제프리스는 밀렛이 레즈비언으로 커밍아웃 한 것이나 포르노그래피의 잔혹성을 가부장제의 유지에 연결시킨 최초의 페미니스트로서 그 탁월성을 인정하지만, 이후에 그녀가 포르노그래피를 여성 민권의 관점에서 규제할 것을 주장하는 드워킨-매키넌 조례에 반대 의견을 표현한 것에 대해서는 “성명서를 제대로 읽지 않”고 서명했거나, 복잡하게 전개된 이슈를 따라잡지 못했기 때문이라고 폄훼하는 이중성을 보인다.[21] 이어서 제프리스의 주장을 이론적으로 뒷받침하는 ≪코르셋: 아름다움과 여성혐오≫도 출판됨으로써 그녀는 영영페미니스트들의 이론적 구루Guru가 되었다. 1970년대 미국 급진 페미니즘과 문화적 페미니즘의 대립이 그러했듯이, 2010년대 한국의 영영페미니스트 대 영/올드 페미니스트, 혹은 래디컬 페미 대 쓰까 페미의 충돌의 근저에는 페미니즘의 오래된 난제들, 즉 차이와 평등, 섹슈얼리티, 여성들 사이의 차이를 어떻게 볼 것인가가 자리 잡고 있다.[22]

차이들을 힘들로

스테퍼니 스탈Stephanie Staal은 ≪빨래하는 페미니즘≫에서 여성주의 고전을 다시 읽어나가는 작업을 한다. ≪자기만의 방≫, ≪제2의 성≫, ≪여성성의 신화≫ 등의 독서를 거쳐, ≪성의 변증법≫에 다다랐을 때, 그녀는 새로운 지식도 아닐 텐데, 급진적, 즉 ‘래디컬’이라는 단어에 대하여 굳이 라틴어 어원까지 언급하며 다시 설명한다.

> ‘급진적’이라는 의미의 영어단어 ‘래디컬radical’은 ‘뿌리’를 뜻하는 라틴어에서 파생했다. 즉 ‘급진적’이란 깊숙이 자리 잡은 믿음과 행동을 뿌리 뽑기 위해 그 토대를 철저히 감시하는 것을 의미한다. 보수주의자들은 페미니스트들이 합당한 이유 때문에 급진적으로 변모했다는 사실을 이해하지 못한다.

그들의 분노는 허공에서 나타난 것이 아니었다. 생생한 경험이 그들을 분노케 만들었다.[23]

2010년대 중반, 한국에서 등장한 래디컬 페미니즘과 그에 대한 젊은 세대의 유례없이 열렬한 화답에는 고유한 '이유'와 시대적·장소적 '맥락'이 존재한다. '생생한 경험'에서 기인하는 '분노'가 현재 한국사회를 관통하고 있는 것으로 보인다. 주류 언론은 그들의 경험과 분노의 맥락을 고찰하고 탐색하기 보다는 워마드womad를 영영 페미니스트의 대표적 얼굴로 소환하였으며, 더불어 '워마드'는 극우 사이트인 일베의 여성판이라는 선정적 공식을 대중에게 제시함으로써 페미니즘에 대한 역풍backlash을 조장하였다.

앞서 언급한 두 집회의 의제인 디지털 성폭력과 낙태로 대표되는 여성의 재생산 권리는 진영을 가릴 것 없이 여성 공통의 의제라고 할 수 있다. 그럼에도 불구하고, #불편한 용기가 주최한, 여성'만'의 집회가 예상을 훌쩍 뛰어 넘어 육만 명이 모인 데 반해, 낙태죄 폐지 공동행동이 주최한 집회에는 천오백 명이 모였다는 사실은 여성운동의 대중화에 대하여 기존의 페미니스트들에게 고민할 지점을 제시한다. 영영페미니스트들의 부상이 페미니즘의 새로운 정치적 실천으로 자리 잡을지, 혹은 그들만의 게토화된 공간으로 귀결될 지는 아직 확실하지 않다. 1967년에서 1975년에 이르는 길지 않은 기간 동안 "폭발적 부상에 뒤이은 뼈아픈 분열, 아무도 생각 못한 돌연한 쇠퇴"를 겪은 미국 급진 페미니즘의 역사를 생각하면 더욱 그러하다.

현재 진행되고 있는 페미니스트들 사이의 극심한 의견 대립이 때로 소모적이고 파괴적인 양상을 보일 때도 있지만, 이것은 페미니즘의 역사에서 새로운 것도 아니며, 일회적이지도 않은, "오래된 현재"이다. 에콜스는 급진페미니즘에 대한 그녀의 길고도 세밀한 추적을 끝맺으며, 오드리 로드Audre Lorde(1934~1992)를 인용한다. “이 운동은 우리의 차이들을 힘들로 바꿀 수 있다.”[24] 이 차이들은 인종, 성적 선호, 계급, 종교를 포함할 뿐 아니라, 차이에 대한 견해 차이들도 포함할 것이다.

자연의 몸과 해체된 몸 – 1990년대 여성시 다시 읽기[1]

1990년대 여성시를 비판적으로 재독해야 하는 이유는 이상적 모델로 평가되는 여성시의 역설을 포착하고, 2000년대 탈여성시의 원풍경으로 파악함으로써 1990년대 여성시의 복합적 의미를 재위치 시키기 위해서이다. 이 글은 1990년대 여성시에서 자연의 몸으로서 본질주의, 자기혐오를, 해체된 몸으로서 근대 주체의 재생산, 제한된 정치성이라는 보수적 특징이 있음을 밝혀내고자 하였다. 이를 토대로 2010년대 새로운 여성시의 방향을 탐색할 수 있을 것이다.

임지연

2015년을 전후로 한국사회는 페미니즘 붐이 일어나고 있다. 이 현상을 단적으로 설명하는 용어는 '페미니즘 리부트'다. 2015년 강남역 사건을 기점으로 문단내 성폭력 해시태그 운동, 여성혐오를 둘러싼 논쟁, 페미니즘 진영 내 주체와 범주에 관한 논쟁 등을 볼 때 이른바 '여성 없는 페미니즘'으로 불리며 소강상태에 있던 한국의 페미니즘은 확실히 되살아나고 있다. 그렇다면 '페미니즘 리부트'란 말에서 're'의 기준점은 어디일까? 그것은 아마도 1987년 체제 이후 도래한 1990년대 페미니즘의 융성기[2]를 말할 것이다. 내가 보기에 1990년대 페미니즘은 서구 68혁명 이후 발원된 제2물결 페미니즘에 대한 문화번역 과정, 변혁운동과정에서 제기된 진보적 여성운동의 필요성과 여성주체의 비약적 성장, 그리고 1970년대 크리스천 아카데미 그룹 및 이화여대 여성연구소 등에서 실천한 페미니즘 번역과 여성학의 제도화[3]라는 내적 계기들이 복합적으로 효과화된 현상이다. 그렇게 볼 때 1990년대는 페미니즘이 본격화된 시기이며, 여성문학의 약진기라고 할 수 있을 것이다.

페미니즘은 1990년대의 뚜렷한 문화적 표지였다. 가령 1990년대 한국 사회는 여성학이 대중화되고 페미니즘 문학, 연극, 영화가 붐을 이루면서 이제 '남녀평등'은 진부한 단어가 되었다고 공표했다. 이미 신세대 여성들은 여성해방이 아니라 인간다운 삶을 원한다는 것이다.[4] 여성시인들의 등장에 대해서도 1990년대는 페미니즘의 프리즘을 통해 평가했다. 천양희와 나희덕의 시집이 같은 해 동시에 창비에서 발간되자 여성시인에게 인색했던 창비의 변화에 공론장은 주목하였다.[5] 또한 1996~97년 이문열의 장편 ≪선택≫을 둘러싼 논쟁을 통해 페미니즘문학은 대중화되었다.[6] 이 사건을 계기로 페미니즘을 둘러싼 보수와 진보의 대결양상이 격화되고, 여성성의 문제는 대중적 지평위에서 확장되었다.

그렇다면 문학장에서 페미니즘과 여성문학은 어떻게 전개되었을까? 그것은 1990년대 초반 '여성해방문학'에서 1990년대 후반 '여성문학'으로 명명되면서, 문학 외부의 페미니즘이 문학 내부로 제도화되는 과정이기도 했다. 즉 변혁운동 진영에서 제기된 여성해방 논리가 점차 문학장 내부로 진입하였으며, 이후 문학장의 중심부로 향해 가는 과정이었다. 1980년대 중반 이후 형성된 여성해방문학은 소장파 여성학자 및 작가 중심의 ≪또하나의 문화≫ 동인과 여성사연구회 문학분과의 ≪여성≫, ≪여성과 사회≫[7] 필진의 이념과 방법의 대립 속에서 1990년대로 이어졌다. 두 그룹의 대립적 특징을 전제로 1990년대 여성문학이 발화된다고 볼 수 있다.[8]

≪또하나의 문화≫ 동인은 여성문제의 원인을 '가부장적 사회체계'로

파악하고, 가부장제 타파와 여성의 고유한 체험을 복원하는 '여성문화' 창조를 목표로 삼는다. 이에 반해 ≪여성과 사회≫ 그룹은 진정한 여성문학이란 계급적·민족적·성적 억압의 삼중고에 시달리고 있는 '기층여성의 시각', 특히 '여성노동자'의 당파성을 강조한다. 두 그룹 간의 이념적 차이는 1990년대 여성문학의 복잡한 사정을 보여준다. 1980년대 변혁운동의 관점이었던 계급모순을 여성문학에 재각인하는 ≪여성과 사회≫ 그룹과, 성차를 주요 모순으로 파악하는 ≪또하나의 문화≫ 그룹 간의 긴장과 대립은 1980년대적인 것이 혼종되던 1990년대의 특이성이었다.

문학장 역시 두 그룹을 여성문학의 출발점으로 삼았다. 1990년대 말에서 2000년 초에 걸쳐 1990년대 문학을 결산하는 작업이 광범위하게 일어났는데, 그 중 한 좌담에서 평론가 김미현은 1990년대 여성문학을 이 두 그룹의 관점을 통해 재정리하였다. 계급(인간)이냐 젠더(여성)냐로 두 그룹의 특징을 대립시키면서 1990년대 여성문학에는 내용과 형식이 다양하다는 결론을 도출하고, 소재주의적 한계를 동시에 지적했다. 같은 좌담에서 이광호는 "90년대 문학의 최전선"이라는 수사를 통해 '여성문학과 페미니즘'을 1990년대 문학의 중요한 성과로 인정하였다.[9] 이렇게 볼 때 1990년대 페미니즘과 여성문학은 1990년대의 분명한 자기인식의 표지였음을 알 수 있다. 그러나 두 그룹에서 제기한 여성문학의 해방적 논리가 무엇을 삭제하고 무엇을 선택하면서 문학장 내로 흡수되어 갔는지에 대한 평가는 없었다. 두 그룹 간의 이념 논쟁은 슬그머니 사라졌다는 당대의 평가가 있었던 만큼[10] 1990년대 여성문학은 이에 대해 충분한 대화와 성찰을 하지 못했다. ≪여성과 사회≫ 그룹이 주장한 여성노동자의 시각은 제도화된 문학장 안에서 자기위치를 갖지 못했다.

무엇보다 1990년대가 페미니즘과 여성문학의 시대로 자임한 이유는 1980년대와의 관계설정에 있었다. 1990년대는 1980년대가 억압했던 모든 것들의 귀환을 의미했다. 1980년대 문학과 1990년대 문학은 상대적으로 지사 대 장인, 근대성 대 탈근대성의 틀로 구획되면서 규범이나 억압으로부터 자유로워졌다는 점, 문학이 정치나 삶으로부터 독립된 자율적 영역이 되었다는 점, 문학 내적 문제에 치중한다는 점이 부가되면서 1990년대의 독자성이 강조되었다.[11] 여성시의 경우는 1980년대가 남성 중심적 사고에 의해 근간을 이루었고 여성의 삶이 제한적이고 억압적인가를 보여주는 데 주력했다면, 1990년대 여성시는 여성됨, 여성 정체성, 여성의 언어에 대한 탐색을 적극적으로 한다는 점에서 긍정적 차이를 도출하였다.[12] 1990년대의 특이성을 도출해내는 방식은 기계적이었다. 따라서 1990년대에 돌봄 노동과 생명 생산성이라는 여성적 가치가 제고되는 현상은 1980년대가 억압한 여성성의 복귀라는 시대적 패러다임을 작동시킨 문화적 효과였다.

1990년대 여성시를 왜 소환하는가?

1990년대 여성시[13]를 왜 소환하는가? 1990년대는 1980년대와의 (불)연속적 관계망 속에서 자기 위치를 확정했다. 이것은 1990년대가 2000년대와의 관계를 통해 사후적으로 재위치화될 수 있는 불안정함을 말한다. 1990년대 여성시의 소환은 1990년대 여성시의 역설적 지점을 포착할 필요와 함께, 2000년대 여성시 이념이 휘발되는 사태에 대한 사후적 책임을 탐색할 수 있는 성찰의 지반을 제공한다. 여성운동가 임옥희는 1987년 체제 이후 30년을 세 시기로 구분[14]하였는데, 절정기가 끝난 후에 맞이한 2010년대를 페미니즘도 죽고, 인문학도 죽고, 노동운동도 죽어버린 폭력의 시대로 명명했다. 집안에 키우던 개가 죽어도 슬픔에 잠기는데, 여성가족부, 여성학과, 여성단체가 해체되어도 아무도 애도하지 않는다면, 과연 페미니즘에 무슨 일이 일어났던 것인지를 묻는다.[15] 마찬가지로 2015년 강남역 사건 이전까지 여성문학에는 무슨 일이 있었는가?

필자는 2000년대 여성문학 개념이 휘발되어버린 이유가 여성문학 자체의 오류라고만 생각하지 않는다. 그것은 2000년대 한국문학이 여성 없는 페미니즘[16]의 이론적 가능성과, 여성 없는 여성문학 혹은 탈여성문학[17]의 현실적 가능성을 긍정적으로 타진한 결과였다. 1990년대 여성문학이 여성의 정체성을 다각적으로 확장해갔던 데 반해, 2000년대 탈여성문학은 고정된 정체성을 해체하기 위한 급진적인 전략을 구사하면서 집단적 경계를 허무는 방법을 선택했다. 여성문학이라는 용어로는 여성적인 것들로 환원되지 않는 범주들을 담아내기 어려웠기 때문이다. 그러나 탈여성문학은 여성적 현실을 충분히 다루었는가의 문제를 되짚지 않을 수 없다. 여성작가들은 형식적 평등성에 기초해 명예남성이 될 것을 무의식적으로 요청받을 수 있었기 때문이다. 또한 젠더의 차이를 반복하는 탈여성적 전략이 차이가 차별이 되는 현실을 타개할 해방의 에너지를 제거할 수 있었기 때문이다.

이 글은 1990년대 새로운 여성적 정체성을 보여준 나희덕, 김선우, 김언희, 신현림의 시를 중심으로 성 본질주의, 자기혐오, 근대 주체의 재생산, 제한된 정치성이 어떤 방식으로 내장되어 있는지 비판적으로 재해석하고자 한다. 그럴 때만이 1990년대 여성시의 지평이 갖는 정당한 의미를 평가할 수 있기 때문이다.

자연으로서의 여성 몸이라는 이상화된 판타지: 성 본질주의와 자기혐오

1990년대 여성시가 성취한 긍정적 가치는 여성 몸의 발견이었다. 물론 이는 여성 몸에 한정되지만은 않는다. 억압된 것의 회귀라는 1990년대의 코드는 남성/여성, 정신/육체, 문명/자연, 합리적 근대/비합리적 탈근대, 이성/감정의 이분법적 구도를 근원적으로 회의하는 것이었고, 전자(1980년대적인 것)에 억눌린 후자(1990년대적인 것)들이 급부상하는 계기를 마련했다. 그 후자를 대표하는 항에 몸이 있었다. 여성 몸이 여성시의 화두가 된 것은 이와 같은 조건에서 가능했다.

1990년대 여성 몸은 남성과는 다른 고유한 가치를 탐색하는데 주요한 매개물이었는데, 질과 자궁, 유방으로 특화되었다. 1990년대는 가부장제 시스템을 주도하는 남성과는 완전히 다른 여성 몸을 긍정적인 가치로 인식하면서 새로운 여성 이미지를 탄생시키고자 하였다. 그것은 나희덕과 김선우의 시에서 두드러졌으며, 두 시인은 여성시의 긍정적 모델로 평가되었다.[18]

> 어디서 나왔을까 깊은 산길/ 갓 태어난 듯한 다람쥐새끼/물끄러미 나를 바라보고 있다/ 그 맑은 눈빛 앞에서/ 나는 아무것도 고집할 수가 없다/ 세상의 모든 어린것들은/ 내 앞에 눈부신 꼬리를 쳐들고/ 나를 어미라 부른다/ 괜히 가슴이 저릿저릿한 게/ 핑그르르 굳었던 젖이 돈다/ 젖이 차올라 겨드랑이까지 찡해오면/ 지금쯤 내 어린 것은/ 얼마나 젖이 그리울까/ 울면서 젖을 짜버리던 생각이 문득 난다/ 도망갈 생각조차 하지 않는/ 난만한 눈동자,/ 너를 떠나서는 아무데도 갈 수 없다고/ 갈 수도 없다고/ 나는 오르던 산길을

내려오고 만다/

_나희덕, 〈어린 것〉 부분[19]

1980년대 <뿌리에게>로 찬사를 받으며 등장한 나희덕의 시는 건강하다는 고평을 받았다.[20] 나희덕의 시적 방법은 자연과 여성성을 등치시키고 자연의 미덕을 여성의 가치로 투영하는 것이었다. 위 인용시는 1990년대 나희덕의 특징을 대표하는 시로서 시적 가치관과 시적 현실이 어디에 정향되어 있는지를 단적으로 보여준다. 어린 새끼(자연)를 바라보는 시선은 출산과 육아를 담당하는 어머니에 정박되어 있으며, 모성적 책임을 방기함으로써 느끼는 죄책감과 출산 및 육아에 대한 숙명적 책임감이 강하게 드러난다. 모성애는 죄책감을 수반할 때 더욱 모성적일 수 있으며, 여성의 자기보존(산을 오르는 행위)을 포기할 때 완성된다. 이 시는 여성의 입장에서 보았을 때 전혀 건강하지 않다. 출산과 육아에 대한 전적인 책임을 여성에게 지우고, 죄책감까지 요구하기 때문이다. 죄책감은 타인과의 관계에서 도덕적 실수나 위반으로부터 생기는 사회적 감정인데, 죄의 감정이 피해 입은 상대를 배려한다는 점에서 도덕적이지만, 자아가 고통 받아야 한다는 점에서 부정적이다.[21] 다람쥐새끼와 마주한 여성이 느끼는 죄책감은 여성을 출산과 육아를 책임지는 사적 주체이며, 자궁과 유방을 가진 생물학적 존재로 고정화하는 가부장제 사회의 폭력이기도 하다.

우리가 후끈 피워냈던 꽃송이들이/ 어젯밤 찬비에 아프다 아프다 합니다/
그러나 당신이 힘드실까봐/ 저는 아프지도 못합니다/ 밤새 난간을 타고
흘러내리던/ 빗방울들이 또한 그러하여/ 마지막 한 방울이 차마 떨어지지
못하고/ 공중에 매달려 있습니다/ (중략) / 몹시 앓을 듯한 이 예감은/ 시들기

직전의 꽃들이 내지르는/ 향기 같은 것인가요/ 그러나 당신이 힘드실까봐/ 저는 마음껏 향기로울 수도 없습니다

_나희덕, 〈찬비 내리고–편지 1〉 부분[22]

찬비에 고스란히 젖은 꽃송이들은 아프다고 말하지만, 시적 화자는 꽃처럼 아프다는 목소리를 낼 수 없다고 고백한다. 목소리를 가진 주체임에도 불구하고 아픔의 이유와 고통에 대한 자기표현을 적극적으로 하지 않는다. 그것은 당신이 힘들까봐서라고 말한다. 당신이라는 타자가 나의 고통 때문에 더 고통스러울 것을 염려하여 화자는 고통을 숨긴다. 이는 타자를 배려하기 위한 자발적 희생이라는 모성성을 긍정하기 위한 것이다. 이를 "타고난 모성의 건강한 희생과 감싸 안음"[23]이라는 여성적 미덕이라고 평가받았다. 모성의 건강한 희생은 이상적인 여성성이기도 하지만 동시에 가부장적 남성사회가 요구하는 규범이기도 하다. 나희덕의 시를 급진적 관점에서 평가한다면, 젠더화된 여성성을 수행하는 유순한 여성이 재현되는 시라고 볼 수 있다. 한편에서 보자면 가부장제 사회가 요구하는 젠더 규범을 이의제기 없이 수행하는 착한 여성으로 그려지기 때문이다.

나희덕의 여성성은 인간의 근원적인 자궁이며 삶의 본래적 순결을 유지하는 세계인 동시에, 여성 자아의 초극에 가까운 무한한 희생적 의미로 평가되었다.[24] 또한 자연을 모티브로 긍정적 여성주의를 만들어갈 가능성[25]으로 독해되어 왔다. 물론 나희덕의 시는 1990년대 새롭게 수용된 에코페미니즘을 공유하면서 대지와 여성의 이미지로 새롭게 형상화했다는 점에서 긍정적이다. 그러나 긍정일변도의 평가는 1990년대가 펼쳐놓은 여성성의 한 측면만을 강조함으로써 1990년대를 특권화시킨다. 1990년대를 특화하는 방식은 1980년대의 충분한 성찰과 평가 속에서 구성되

었다기보다, 대립적 단순비교를 통해 자기우위를 점하려는 세대론적인 단절의 욕망[26]이라고 할 수 있다. 1990년대 여성적인 것이 앞서 살펴보았던 <또 하나의 문화>와 <여성과 사회> 그룹의 풍부한 논점들을 어떻게 전유했는가라는 질문을 삭제한 채 진행되었다는 사실도 같은 맥락에서였다. 1990년대 여성 몸이 다루어질 때 예상되는 위험성과 딜레마[27]에 대해서 전면적으로 평가하지 않았다는 점도 마찬가지 이유이다.

김선우의 시는 육체적 감각을 통해 자연과 모성성을 적극적으로 결합한다. 그의 시에서 여성 몸은 어머니 몸으로 대표된다.

> 강원도 정선/ 어라연 계곡 깊은 곳에/ 어머니 몸 씻는 소리 들리네// —자꾸 몸에 물이 들어야/ 숭스럽게스리 스무살모냥……/ 젖무덤에서 단풍잎을 훑어내시네// 어라연 푸른 물에 점점홍점점홍/ —그냥 두세요 어머니, 아름다워요//
>
> _김선우, 〈어라연〉 부분[28]

늙은 어머니의 몸은 아름답다. 그것은 어머니의 현실적 육체 때문이 아니라, 어라연 깊은 계곡물과 동일시되기 때문이다. 출산 능력이 부재한 늙은 어머니의 몸은 가부장 사회가 배제하는 제2시민의 몸이다. 1990년대 김선우는 이처럼 늙고 죽어가는 어머니의 몸을 새로운 미학적 가치로 인식하였다는 점에서 환호 받았다. 그러나 어머니 몸은 이상화된 자연과 동일시되었을 때 가치를 인정받는다.[29] 가령 똥(<양변기 위에서>)은 혐오의 대상이지만 파밭, 애기호박, 엉겅퀴꽃 같은 자연물과 어우러질 때 거름이라는 생산적 가치로 전환된다. 비가시적 사물이 되어야 할 똥이 건강성과 생명성을 상징하는 사물로 변화하는 이 놀라운 마법은 자연과 어머니 몸을 동일화하는 과정에서 나타난다.

> 그녀를 지날 때 할머니는 합장을 했다. 어린 내가 천/식을 앓을 때에도 그녀에게 가곤 했다. 정한 물과 숨/결로 우리 손주 낫게 해줍소. 그러면 나무는 솨아, 솨아아 소/금내 나는 바람을 일으키며 내 목덜미를 만져주곤 하였다. // 오래된 은행나무. 노란 은행잎이 꽃비 내리는 나무 아래/ 할머니가 오줌을 누고 계셨다. 반가워 달려가니 머리가 하얀/ 할머니는 엄마로 변해 있었다. 참 이상한 꿈길이지. 오줌 방울에 젖은, 반짝거리는 은행잎이 대관령 고갯마루로 날아오/르고 있었다. // (중략) // 이상도 하지, 자살이란 말이 떠오른 건. 꿈 없는 길, 인간에 절망한 그녀의 자살의지가 낙뢰를 불러들였는지도 몰라. 부러진 가지, 그녀가 매달았던 열매 속에서 피흘리는 엄마들/이 걸어나왔다.// 후략//
>
> _김선우, 〈어미木의 자살 1〉 부분

김선우의 시에서 어머니 몸은 아이를 낳아 키우는 개체적 영역을 넘어서 대지모신적 능력을 갖는다. 인용시에서 오래된 은행나무는 치병을 기원하면 병을 낫게 해주는 확장된 모성으로 표현된다. 오래된 은행나무는 할머니-어머니-나로 이어지는 여성의 계보를 구축하면서 자매애적 연대를 가족사적으로 구성하고, 은행나무의의 자살을 통해 피흘리는 엄마들의 비극적 현실을 상징화하고 있다. 여성사의 역사성과 여성적 연대, 그리고 최고의 가치를 내장한 여성성을 서정적 언어로 형상화한 김선우의 시는 여성시사에서 새로운 지평을 열었다고 해도 과언이 아니다. 그러나 어머니 몸을 자연과 대지모신으로 잇대는 상상력은 여성시의 한계를 동시에 내포하고 있다. 자연이란 순수한 객관적 영역이 아니며, 문명에 오염되지 않은 순수의 공간도 아니고, 풍요와 평등의 원리가 관철되는 이상세계도 아니다. 그러나 김선우의 시에서 자연은 모성성과 생명성의 원리로 구현되는 이상화된 유토피아에 가깝다. 그 공간에 여성의 몸을 배치하고 여성을 이상적 원리로 추상화하고 있다. 그의 시에서 여성은 현실적 존재가 아니라 추상화된 신화적 존재가 되는 것이다. 이기성은 여성을 신비화하고 모성을 성소화하는 시선에 대해 남성적 시선에 의해 상상된 여성성으로 고착될 위험성이 있다고 적절하게 비판한 바 있다. 내면화된 남성적 시선을 함께 작동하고, 남성 지배를 무의식적으로 반복, 강화하는 결과로 귀결될 수 있는 가능성을 놓치지 않았던 것이다.[30]

여성의 몸을 자연으로 이해하는 방식은 성 본질주의로 경사되기 쉽다는 점에서 위험하다는 비판은 1990년대 말부터 제기되었다.[31] 성 본질주의는 여성억압의 기원에 대한 오래된 논쟁을 경유하면서 구축된 학문적이면서 실천적인 용어이다. 성 본질주의는 여성억압의 기원에 대해 오랜 논쟁을 경유하면서 구축된 학문적이고 실천적인 용어이다. 보부아르가 ≪제2의 성≫에서 섹스/젠더를 구분한 이래 여성주의는 여성억압의 기원을 생물학적 본성을 떼어내려는 이론적 노력을 계속해왔다. 여성의 몸은 생물학적 자연으로 확정할 수 없으며, 오히려 이러한 인식이 여성 억압을 용이하게 한다. 생물학적 자연으로 고정된 여성성은 여성을 출산과 육아라는 사적 영역에 가두고, 문명과 사회시스템으로부터 배제되는 과정을 자연스러움으로 인정하기 때문이다. 자궁과 질, 유방을 갖는 생물학적 몸이라는 인식은 이미 문화적으로 구성된 젠더화의 결과이지 그 원인이 아니다. 여성 몸을 자연으로 인식하는 나희덕과 김선우의 시적 방법은 1990년대적 새로움을 가질 수는 있었지만, 역설적으로 차별에 순응하는 반여성적 이미지를 내장하고 있다.

주디스 버틀러에 따르면 주체란 문화적으로 구성되는 것이며, 문화적 구성물로 형성되어 가는 과정에도 그것과 타협하고 협상하는 '과정 중의 주체'이다. 주체란 인종, 섹슈얼리티, 민족, 계급, 건강한 몸이라는 당대 사회가 정한 규범에 따라 구성되지만, 그러한 문화적 규범에 맞아 떨어지는 몸을 생산하지도 않는다는 것이다. 따라서 주체란 고정된 무엇이 아니라, 반복적으로 수행되면서 생산되는 미결정성 그 자체라고 할 수 있다. 이러한 관점은 여성을 차별과 배제의 대상으로 용인하는 성 본질주의에 저항할 수 있는 논리를 제공한다. 나희덕과 김선우의 시에서 자연화된 여성 몸은 생물학적 요인에 의해 구성되는 몸으로서, 억압적 현실을 자연화한다. 시인의 의도는 새로운 여성의 몸을 발견하고 여성억압을 해체하는 것이었겠지만, 결과적으로 여성현실을 자연화함으로써 여성억압을 견고하게 하는 역설적 효과로 나타난다.

또한 이상화된 여성성은 여성혐오의 또 다른 표현이라는 점에서 해석할 수 있다. 혐오disgust란 역겨운 대상이 주체의 입을 통해 체내화할 가능성에 대한 불쾌감이라는 특징을 가지는데, 대상을 오염물처럼 취급함으로써 특정 집단을 배제하는 사회적 무기로 활용되는 사회적 감정이다.[32] 혐오는 동화될 수 없는 타자성을 거부하는 사회적 행위로서 동물적인 것이 아니라, 사회적 학습에 전염되고 집단적 감정으로 확장되는 인간활동력의 동인으로 작용하는 사회적 감정이다.[33] 마사 너스바움은 혐오 중에서도 가장 대표적인 대상이 여성의 몸이라고 강조한다. 여성 차별적 혐오는 거의 모든 사회에서 규칙적으로 나타나며, 여성이 출산과 같은 동물적 삶과 연관되어 혐오물질로 오염된 존재로 상상된다는 것이다. 문제는 남성에 의한 여성혐오가 일반적이지만, 여성에 의한 여성혐오도 존재한다. 우에노 치즈코에 따르면 여성혐오misoginy는 젠더 불평등사회를 구성하는 핵심적 요소인데, 남성의 여성 멸시뿐 아니라, 여성의 자기혐오를 포괄한다. 여성의 자기혐오는 사회가 자신을 혐오의 대상인 여성으로 호명할 때 그것을 내면화함으로써 스스로를 오염물이나 열등한 것으로 여기기 때문에 나타난다.[34] 그런데 이로부터 벗어날 수 있는 방법 중 하나가 자신을 여성보다 우위에 두는 명예 남성이나, 숭고한 여성으로 인식하는 것이다.[35]

나희덕과 김선우의 여성성은 자연과 동일시한 대지모신과 같은 숭고한 여성을 표상한다. 이는 여성의 생명 창조와 돌봄 노동의 가치를 제고하려는 긍정적 의도를 지니지만, 동시에 가부장제 시스템에서 배제되는 혐오 여성(창녀, 과잉 성욕자, 비체, 출산능력이 없는 여성 등)과 거리를 두고자 하는 무의식적 욕망이 개입했을 수 있다. 여성을 성녀와 마녀, 어머니와 창녀로 이분화하는 방식은 여성차별이 사회화되는 방식인데, 이는 여성내부에서도 잠재되어 있다. 이는 남성의 여성혐오적 시선에 포획되지 않으려는 자기혐오의 전략이기도 하다. 남성의 권위에 도전하지 않을 뿐 아니라, 남성을 위로하고 치유하는 희생적인 돌봄을 체화한 숭고한 여성은 남성 혐오 시스템으로부터 거리를 확보함으로써 안전하게 보호받을 수 있다는 순응적 태도가 개입되어 있다. 여성은 숭고성만으로 존재하지 않을 뿐 아니라, 차별적 자기혐오를 내면화할 수 있다. 이러한 기제들을 성찰하지 않을 때 여성성은 이상화된 존재로 단순화할 위험성이 크다.

1990년대 이후 문민정부, 국민정부, 참여정부가 들어서면서 성폭력특별법, 남녀차별금지법 등이 제정되고 호주제가 폐지되었다. 이 시기 페미니즘은 갈등과 투쟁이 아니라, 국가 및 제도와 협력관계를 맺게 되었다.[36] 이는 1980년대 여성해방을 지향하는 전투적 페미니즘에서 1990년대 후반 약진기를 경험한 후, 2000년대 길들여진 페미니즘으로 전환되는 과정으로 이해할 수 있다. '길들여진 페미니즘'[37]의 특징이 문화적 재현을 강조하는 정체성 정치라고 한다면, 1990년대 여성시의 정점이었던 나희덕과 김선우의 대지모신적 자연-여성 이미지는 이러한 사회적 분위기를 반영하였다.

페미니즘의 정체성 정치란 특정 집단, 즉 인종, 민족, 문화, 젠더 집단 같은 소속 여부에 기반하는 정치적 형식인데, 특정 집단의 소속여부는 집단의 경계를 분명히 한다.[38] 즉 여성이란 누구인가라는 질문을 통해 범주적 정체성을 형성하는 것이 페미니즘의 정체성 정치이다. 1990년대 긍정적 모델로 평가받았던 대지모신적 여성 이미지는 페미니즘의 약진 이후 우리 사회에 도래한 '길들여진 페미니즘' 시기를 앞서 예고하는 역설적 언어였다고 볼 수 있을 것이다.

해체적 몸이라는 역설적 근대 주체의 양상: 근대 주체의 재생산과 제한된 정치성

나희덕과 김선우가 여성의 몸을 유토피아적 자연과 대지모신적 숭고성으로 이상화하였다면, 그 반대쪽에서 김언희와 신현림은 기존의 남성성/여성성을 해체하고 섹슈얼리티를 매개로 그것을 탈신비화한다. 특히 김언희는 고정화된 성차를 전복함으로써 가부장제 시스템을 조롱하였다는 점에서 여성시의 개성적 미학을 보여주었다.[39]

> 나는야 고양이를/ 겁탈하는/ 쥐// 랄랄랄// 내 인생은/ 피를 보고서야 멈추는 농담// 쥐는 고양이에게/ 사정(射精)한다네//
>
> _김언희, 〈랄랄랄 2〉 부분[40]

고양이와 쥐의 관계는 가부장제하에서의 남성과 여성의 관계를 말한다. 그런데 시에서 고양이의 성적 역할과 쥐의 역할이 완벽하게 뒤바뀐다. 쥐는 고양이를 겁탈함으로써 과거 억압-피억압의 구조를 뒤집고 조롱한다. 즉 억압자와 피억압자의 위치만 바꾸는 단순 구도인데, 분노감정을 폭발시킴으로써 그로테스크하면서도 강렬한 쾌감을 발산하는 시이다. 가부장제 사회에서 여성은 성적 욕망을 냉각하고 수동적인 섹슈얼리티를 보여줄 때 여성으로 인정받을 수 있었다. 그러나 이 시에서 여성은 과다 성욕자일 뿐 아니라, 폭력적인 성행위를 시도할 만큼 적극적인 행위주체이며, 성 권력을 선점하는 도착적 희열[41]을 경험하는 자이다. 역할의 대칭적 전복은 김언희 시의 구조적 특징이다. <역겨운, 역겨운, 역겨운 노래>는 김소월의 <진달래>를 패러디함으로써 역겨운 자(여성, 짓이겨지는 몸(진달래))와 역겨워 하는 자(남성, 발로 밟고 떠나는 자)를 뒤집는다. 남성의 발밑에 짓밟혀 뭉개지는 역겨운 여성 몸을 등장시켜 가부장제 시스템을 거부하는 비순응적인 마녀 이미지를 보여준다. 이와 같은 고정된 역할 뒤집기는 새로운 젠더 질서의 가능성을 상상하게 한다는 점에서 1990년대 여성시의 전복과 위반의 특징으로 평가할 수 있다.

김언희의 전복의 전략은 '혐오 되받아치기'이다. 날 때부터 냉장고 속 갈고리에 매달린 엉덩짝 고기(<태어나 보니>)[42]라는 과장된 육체적 자기인식은 가부장제 시스템에서 추방되는 여성을 등장시키고 있다.

> 피고름/ 삼천 사발/ 썩은 이미지의 종기가 질질 흘리는/ 피고름 삼천 사발 그리고/ 누우런 가래의 문고리/ 비끌거리는/ 아버지의 문고리 ······ 하지만 아버지/ 이제, 내가, 아버지의/ 아가리에/ 똥을/ 쌀/ 차례죠
>
> _김언희, 〈가족 극장, 문고리〉 부분[43]

혐오 되받아치기는 기존의 혐오구도를 겨냥한다. 특히 아버지를 혐오의 대상으로 만듦으로써 여성적 복수를 단행한다. 김언희의 가족극장 연작시는 아버지-어머니-나(딸)라는 전통적 가족형태를 극렬하게 뒤집고 집요하게 해체한다. 가부장적 아버지의 존재를 조롱할 뿐 아니라, 어머니의 존재를 비하함으로써 그로테스크한 가족 관계로 만든다. 특히 아버지에 의해 혐오의 대상이 되었던 딸이 아버지를 혐오하는 되받아치기 행위는 아버지의 힘이 권력화된 젠더차별 시스템에 통쾌하게 균열을 가하고 있다. 아버지의 아가리에 똥을 싸는 딸이라는 반 가부장적 여성주체는 1990년대 김언희 시의 독창성을 잘 보여준다.

김언희의 여성 몸에 대한 해체 전략은 1990년대 시단에서 전위적인 첨단으로 평가받았다. 그러나 새로운 해체 전략을 구사했음에도 불구하고, 가부장제하에서 구성되는 여성성/남성성의 이분화 구도를 보존한다는 문제가 있다. 위치 바꾸기는 단지 위치만 바꾸는 것이다. 쥐가 고양이를 잡아먹고, 딸이 아버지의 입에 똥을 싼다고 해도, 여전히 혐오 대상과 혐오 주체는 존재한다. 그것이 소수자로서 여성이 남성중심시스템을 공략하는 전술이라고 해도, 그것만으로는 해결되지 않는 지점이 남아 있다. 고정된 위치를 만들어내는 동력에 대한 비판적 인식과 관계성의 해체, 젠더화된 성차 시스템을 해체하지 않고는 지배/피지배 구조는 온존할 수밖에 없다. 남성의 위치를 여성이 점유한다고 해서 젠더 모순이 완전히 해결되는 것은 아니지 않은가? 종속관계의 다양성은 단순한 문제가 아니다.[44] 김언희 시의 전복의 한계는 자신이 제기한 문제틀에 다시 갇힌다는 데에 있다.

1990년대는 포스트모더니즘의 수용과 함께 탈근대를 향한 모험을 시작했다고 해도 과언이 아니다. 페미니즘은 남성 대 여성으로 위계화되는 이분법적 구도들 즉, 이성/감정, 문명/자연, 합리성/비합리서, 공적인 것/사적인 것이라는 근대

시스템을 해체하기 위하여 젠더 정치를 주장하였다. 김언희의 남성을 포식하는 마녀 모델은 고정된 젠더시스템을 해체하고 새로운 탈근대적 주체를 상상하기 위한 것이었지만, 위치 바꾸기 전략으로 기존의 젠더 시스템을 뒤흔들기에는 역부족이었다. 남성의 위치를 여성이 점유한다는 것만으로 지배시스템을 전복할 수 없기 때문이다.

신현림 역시 여성의 성적 욕망을 솔직하게 드러내면서 가부장제 시스템을 비판하였다.

> 아, 시바알 샐러리맨만 쉬고 싶은 게 아니라구// 내 고통의 무쏘도 쉬어야겠다구 여자로서 당당히 홀/로 서기엔 참 더러운 땅이라구 이혼녀와 노처녀는 더/ 스트레스 받는 땅 직장 승진도 대우도 버거운 땅/ 어떻게 연애나 하려는 놈들 손만 버들가지처럼 건들/거리지 (중략) 야 하는 피로감이나 음악을 그물침대로 삼고 누워 젖/가슴이나 쓸어내리는 설움이나 과식이나 수다로 풀며/ 소나무처럼 까칠해지는 얼굴이나// 좌우지간 여자직장을 사표내자구 시발// 이보게 여성동지, 고통과 고통을 왕복하는 데 여자/ 남자가 어딨나/ 남성동무도 밖에선 눈치보고 갈대처럼 굽신거리다가/ 집에선 클랙슨 빵빵 누르듯 호통이나 치니 다 불쌍한/ 동물이지 아, 불쌍한 씨발
>
> _ 신현림, 〈너희는 시발을 아느냐〉 부분[45]

1990년대 신현림 시의 언술적 특성은 솔직함이다. 솔직함은 과도함과 계몽성에 사로잡히지 않은 생활차원의 드러내기에 가깝다. 신현림의 시에는 나희덕과 김선우에서 보이는 여성에 대한 과도한 이상화나 김언희에게서 나타나는 해체에 대한 계몽적 열정과는 다른 솔직함이 있다. 위 인용시는 이 땅에서 살아가야 하는

이혼녀와 노처녀의 섹슈얼리티에 대한 불만을 가감 없이 드러낸다. 섹슈얼리티는 단순히 성적 욕망뿐 아니라, 연애와 결혼과 같은 성애적 제도와 관련되어 있다. 즉 성적 욕망이 누구의 것인가, 어떤 성격인가, 어떤 관계를 맺는가와 같은 사안과 연관되어 있다. 이혼녀와 노처녀는 하위주체 여성에 해당된다. 제2시민인 여성의 기준에도 못 미치는 제3시민인 셈이다. 이들의 섹슈얼리티는 제한적이며 억압적이라고 "시바알", "씨발"과 같은 욕설을 사용하며 강하게 주장하고 있다. 남성들은 유곽에 가서라도 욕망을 해소하지만, 이혼녀와 노처녀는 악물고 참아야 한다는 것이다.

이 시기에 여성시인들이 능동적으로 섹슈얼리티를 자기미학으로 활용할 수 있었던 배경에는 1990년대 성모순이 시대의 수면위로 부상했던 조건과 연동되어 있다. 1990년대 섹슈얼리티는 사회변혁과정에서 1980년대와는 질적인 변화가 있었다. 1986년 부천성고문 사건이 국가폭력의 관점에서 해석되었다면, 1996년 한총련 여대생 성폭력 사건은 젠더 폭력의 맥락에서 재정렬되었다.[46] 즉 성폭력 사건을 해석하는 방식이 국가폭력에서 젠더폭력으로 이행되어갔던 만큼, 1990년대는 개인의 성과 젠더의 문제가 우위를 점할 수 있는 사회였던 것이다. 김언희와 신현림의 섹슈얼리티는 당대에도 최전선에 위치해 있었다. 섹슈얼리티가 미학화될 수 있는 조건이 성숙한 시대에 두 시인은 누구보다도 래디컬한 성을 형상화했다.

인용시에서 화자는 지속적인 사랑을 하고 싶지만, 하위주체 여성에게는 소모적인 연애 기회만 제공된다고 불만을 표한다. 시적 화자는 "여자 직장을 사표내자구"라는 선동적 발언을 하기에 이른다. '여자 직장'이라는 표현은 젠더는 수행되는 것이지 본질적 숙명이 아니라는 것이고, 따라서 '사표'를 내는 것처럼 규범적 여성 역할을 하지 않을 수 있음을 시사한다. 이는 다른 여성시인들에게서 자주 나타나는 성 본질주의적 태도와는 사뭇 다르다. 신현림의 시는 가볍지만 해방적이고,

실천적인 여성성을 보여준다.

그럼에도 신현림의 시집 ≪세기말 블루스≫는 젠더 이해의 측면에서 분열적인 데가 있다. 남성의 시선으로부터 자유로운 섹슈얼리티를 드러내면서 젠더 시스템을 비판하지만, 다른 한편에서는 보수성을 드러내기 때문이다. 위 인용시에서도 섹슈얼리티를 연애와 결혼, 쾌락과 사랑으로 이분화하고, 쾌락으로서의 연애는 소모적인 열등한 가치로 표현하고 있다. 이와 같은 이분법은 낭만적 사랑에 대한 판타지로 인해 발생된다. 낭만적 사랑은 영원한 시간, 폐쇄적 이성애 관계, 변하지 않는 감정을 우위에 두는 근대적 제도이다.[47] 신현림은 쾌락과 사랑을 위계화하면서 스위트 홈을 여성의 최종 목적지로 상상하는 것 같다.

신현림은 남성의 시선으로부터 자유로운 자율적이고 독립적인 여성 주체를 꿈꾼다. 그럼에도 남성과의 관계는 모호한 측면이 있다. 가령 가부장제 사회에서 아버지 살해는 상징적인 의미가 있는데, 신현림 시의 여성들은 아버지와 갈등하지 않는다. "총으로 쏴서 죽이고 싶다는 아버지 말에 나는 죽지 않"(<나의 이십대>)았음에도, "저희들이 해가 되드릴게요/ 뜨끈뜨근한 밥덩이가 될게요(중략)/ 추워요 추워요/ 다신 떠나지 마세요"(<가족>)라고 말하는 딸이 있다. 착한 남자와 사랑을 나누는 스위트 홈 안에서 여성은 내부적 배제의 대상이 되지 않을 수 있을까? 아버지 살해라는 제의를 통과하지 않고, 가부장제 시스템의 핵심을 공격할 수 있을까?

근대 정치는 여성에게 정치공동체의 성원권을 부여하고 형식상의 시민으로 인정했지만, 동시에 여성은 남성시민의 기준에서 벗어나는 차이를 인정받지 못함으로써 불완전한 시민, 제2시민으로 존재해왔다. 이과 같은 과정이 여성의 '내부적 배제'이다. 역사적으로 시민 모형은 가족의 소유자로서 독립적이고 자율적인 성인 남성을 규범으로 삼는다. 기존의 평등한 시민 개념은 여성도 남성처럼 할 수 있다는 가정에 근거하여 법적 지위의 동등성과 평등성에 집중했다. 그럼에도 여성은 가족 내 의존자로서 개인에 미달하는 존재로 간주되거나 시민을 재생산하는 역할을 부여받아왔을 뿐이다.[48] 특히 사적 관계에서 내부적 배제는 비가시적으로 은폐되고, 심화되어온 게 사실이다. 신현림은 사적 영역으로 범주화될 수 있는 사랑의 관계에서 남성에 대한 여성의 내부적 배제를 성찰하지 못했다. 사랑의 관계를 젠더 불평등이 사라진 이상적 영역으로 낙관했기 때문이다. 그러나 신현림이 상상한 사랑의 관계로는 그가 애초에 기획한 젠더 평등과 자유로운 섹슈얼리티를 구현할 수 없다. 내부적 배제를 고려하지 않고는 자율적인 섹슈얼리티를 소유할 수 있는 "여자노릇 힘들어/ 답답한 브래지어로 싸맨 젖가슴으로부터/ 다달이 생리로부터/ 지켜야 할 온갖 정조로부터 날아가"(<한라산 집시>)는 여성을 현실화하기 어렵다.

김언희와 신현림은 남성으로부터 자유로운 여성의 섹슈얼리티를 주장하면서 젠더 위계 시스템을 공격했다. 그러나 김언희는 자신이 혐오하는 근대적 위계구조를 파기하지 않고 온존 재생산하는 결과에 이르렀으며, 신현림은 남성과의 이성애적 사랑에 대해 보수적인 관점을 취함으로써 열등시민을 낳을 수밖에 없는 내부적 배제과정을 간과했다. 이들의 해방적 에너지는 한계에 봉착하면서 제한된 정치성을 갖는다.

1990년대 여성시는 왜 보수적이었나?

지금까지 1990년대 나희덕과 김선우, 김언희와 신현림의 시를 본질주의와 자기혐오, 근대 주체의 재생산과 제한된 정치성의 관점에서 비판적인 독해를 시도하였다. 1990

년대 나희덕과 김선우는 여성 몸을 미학적 방법으로 삼아 남성과는 완전히 다른 여성 몸을 이상화했지만, 이들은 여성 몸을 유토피아 자연과 등치시키면서 성 본질주의를 고착했다. 또한 대지모신적 숭고한 여성 몸으로 인식된 어머니의 몸은 여성의 자기혐오로서, 남성적 시선에 포획된 자기배제라는 점에서 젠더 불평등 시스템에 순응하는 기제였다.

1990년대 김언희와 신현림은 섹슈얼리티를 시적 방법으로 활용함으로써 젠더 시스템을 전복하려는 전략을 시도하였다. 그러나 이들은 남성/여성, 지배/피지배라는 근대적 젠더 시스템을 보존함으로써 자신이 제기한 문제틀에 도로 갇히고야 말았다. 또한 사랑이나 남성과의 관계에서 보수적 태도를 보여줄 뿐 아니라 여성의 내부적 배제를 고려하지 않음으로써 제한된 정치성에 그치고 말았다.

왜 1990년대 여성시를 다시 읽어야 하는가의 문제는 1990년대 여성시에 대한 긍정적 평가에서 삭제된 역설적 지점을 전면화함으로써 1990년대 여성시의 이념적 복합성을 평가하기 위한 것이다. 1990년대 여성시는 여성의 긍정적 의미와 모성의 재발견을 통해 가부장사회가 배제한 여성성을 새롭게 제시했던 만큼 여성문학사에서 획기적인 시기였다. 또한 가부장제 사회의 모순을 통렬하게 비틀고 해체함으로써 가부장적 권력을 우스꽝스럽게 재현하고, 그것의 의미를 약화시키면서 남성/여성의 개념을 독창적으로 재구성했다. 이처럼 1990년대 여성시가 구축한 새로운 여성성은 여성시사에 기록된 탁월한 봉우리 중의 봉우리였다. 그러나 그러한 긍정성 속에 내포된 역설적 계기들을 포착할 필요가 있다. 그것은 1990년대 여성시가 성취한 이념적·미학적 성과를 훼손하는 것이 아니라, 오히려 1990년대 여성시의 복수성을 탐색하기 위한 것이다. 또한 1980년대와 2000년대 여성시를 역사적으로 맥락화하는 작업이면서, 2000년대 이후 '탈여성문학'의 원풍경이 어떤 방식으로 내장되어 있었는지를 성찰할 수 있는 기회가 되기 때문이다. 이 글은 나희덕과 김선우, 김언희와 신현림의 시를 급진적 여성주의적 관점에서 재해석함으로써 여성시의 의미를 재확정하고자 하였다.

1990년대 여성시가 보수성을 내장하게 된 이유 중 하나는 1990년대가 1980년대와의 관계설정을 기계적이고 단절적으로 수행했기 때문이었다. 앞서 살펴보았던 기층여성과 여성노동자의 당파성을 강조했던 ≪여성과 사회≫ 그룹과, 성차를 주요 모순으로 파악한 ≪또하나의 문화≫ 그룹 간의 이념적 대립은 여성문학을 풍요롭게 하는 요인이었다. 그럼에도 두 그룹의 이념들이 1990년대 문학장 내부로 어떻게 (불)연속되었는가를 살펴보면 그다지 긍정적이지 않다. 1990년대는 여성/남성, 탈근대/근대와 같은 명료한 이분법적 구도를 통해 기계적인 독자성을 확보했던 만큼, 1980년대 여성해방의 풍요로운 에너지를 포획하지 못했다. 나희덕과 김선우, 김언희와 신현림 시의 보수성은 여성의 내부적 현실을 예민하게 포착하지 못한 데서 기인한다. 성차란 남성/여성 간의 젠더화의 효과이지만, 젠더 차별은 여성의 계급, 계층, 국가, 인종, 언어, 성소수성 등에 따라 복잡하게 재배치된다. 따라서 여성(범주)은 단일한 지평에 있지 않다. 남성과의 대립적 경계면을 부각하면서 "여성은 누구인가, 누구여야 하는가"라는 도덕적 물음은 여성의 정체성에 집중하게 한다. 1990년대 여성시는 정체성 형성에 집중되어 있었다.

그럼에도 '올바른' 여성성 구축에 무게가 실리면서 여성내부의 차이와 분화, 내적 배제화에 대한 성찰이 부족했으며, 젠더 불평등 틀에 대한 근원적 회의를 하지 못했다. 시적 방법이었던 성차와 섹슈얼리티에 대해서도 급진화하지 못했다. 여성의 자궁을 성소화했을 뿐 그것이 갖는 억압적 요소를 포착하지 못했던 것이다.[49] 또한 1990년대 여성시는 1980~1990년대 여성해방문학에 의해 제기된 여성노동자의 관점과 하위주체의 정치성에 침묵하고, '올바른' 여성성이라는 도덕적 정체성에 천착했다. 1990년대 정체성 정치학이 여성의 차이를 축소하고, 오히려 단일한 여성의 지평을 확보하는 일이었다고 할 때, 나희덕과 김선우, 김언희와 신현림의 시가 내포한 보수적 역설은 그 맥락에서 위치지울 수 있을 것이다.

후 주

외모지상주의 — 내면이 된 외모

*이 글은 다음 논문을 수정 보완한 것입니다. <외모지상주의와 타자의 아름다움>, ≪영어권문화연구≫ 12-1, 2019, 157-180쪽.

1 "아름다워야 행복한 게 아니라 행복해야 아름답다." (말레네 뤼달, 배형은 역, ≪나도 행복해질 수 있을까≫, 2019, 352쪽.)

2 대중매체에 외모지상주의라는 말이 처음 등장한 것은 1999년의 ≪동아일보≫, 뒤이어 ≪조선일보≫가 2001년에 합류하였다. 처음에는 간혹 사용되던 외모지상주의가 2004년 이후로 일상어의 하나가 되었다.

3 김태홍 외, <국격 제고를 위한 차별 없는 사회기반 구축: 한국여성정책연구원 연구보고서>, 한국여성정책연구원, 2011.

4 "2015년 초 한국패션노조 등은 패션업계의 공공연한 "몸뚱아리 차별" 실태를 고발하는 진정서를 국가인권위원회에 제출했다.(한겨레, 2015.1.22)" (임인숙, <외모차별 사회의 외모불안감과 노화불안감>, ≪한국사회학≫, 제49집, 제4호, 2015, 200쪽.)

5 "외모차별 사회의 외모불안감과 노화불안감 외모불안감은 기본적으로 사회적 성격을 갖는 불안이다. 다른 사람들이 자신의 외모를 부정적으로 평가하면 어쩌나 해서 느끼는 불안은 타인과의 관계 속에서 발생하는 일종의 '사회적 불안'이다." (위의 논문, 201쪽.)

6 Raymond Williams가 *The Country and the City*(1973)에서 사용했던 개념이다.

7 플라톤, 강철웅 역, ≪향연≫, 이제이북스, 2014.

8 움베르토 에코, 이현경 역, ≪미의 역사≫, 열린책들, 2014.

9 스크린의 아름다움은 분장(glamorization) 효과와 떼어놓을 수 없다. 다이어는 평범한 사람도 분장을 잘 하면 연예인처럼 아름답게 보일 수 있다고 주장했다. (Richard Dyer, *Heavenly Bodies*. New York: St. Martin's Press, Inc. 1986.)

10 다음 책의 3장을 참조. (레이먼드 카버, 손성경 역, ≪제발 조용히 좀 해요≫, 문학동네, 2004.)

11 마음과 육체가 조화를 이루고 있으며 전투에서 용맹하고 연설과 노래를 잘하며 행동도 우아한 인간, 이것이 완벽한 인간이라는 기사도적 이념의 내용이었다. (Werner Jaeger, *Paideia: The Ideals of Greek Culture*, trans. By Gilbert Highet, Oxford University Press, NY, 1945, p.13.)

12 저메인 그리어, 정영문·문영혜 역, ≪보이: 아름다운 소년≫, 새물결, 2004.7.

13 통계에 의하면 "여성의 15.1%, 남성의 3.2%는 대중교통, 엘리베이터, 골목이나 공원 등을 혼자서 이용할 때 낯선 사람으로부터 성추행이나 폭력 또는 위협적 상황을 경험한 적이 있"다고 한다. (최유진 외 다수, ≪2016년 양성평등 실태조사 분석 연구≫, 여성가족부, 2018.12.)

14 다음 책을 참고할 수 있다. (피터 브룩스, 박혜란 역, ≪플롯 찾아 읽기≫, 강, 2011.)

15 로마 시대의 가족 개념이 그러하였다. (조르주 뒤비, 전수연·주명철 역, ≪사생활의 역사 1: 로마 제국부터 천 년까지≫, 새물결, 2002, 137-166쪽.)

16 그가 자민족중심주의를 옹호하였다는 것이 아니다. 그는 여기에서 논의하는 아름다움을 진정한 의미의 아름다움이 아니라 매력에 지나지 않는다고 주장했다. 그에게 아름다움은 자민족중심주의와는 다른 차원에 속한다.

17 <2018 미코통신 D-20] 2018 미스코리아 '그것을 알려주마'>. ≪한국일보≫, 2018.6.22.

외모 불안 — 얼굴 천재와 착한 몸매

1 송옥진, <초등생 장래희망 유튜버 5위 …… 1위는 5년 만에 교사 → 운동선수>, ≪한국일보≫, 2018년 12월 13일자, <http://www.hankookilbo.com/News>

2 촛불청소년인권법제정연대, <성명: 멈추지 않는 학생들의 '스쿨미투'! 교육부는 학생인권법 제정으로 응답하라!>, 2018년 9월 19일자, <http://youthact.kr/>

3 스튜어트 홀, 임영호 역, ≪스튜어트 홀의 문화 이론≫, 한나래, 1996, 301-304쪽.

4 최병두 외, ≪신자유주의에 대하여≫, 열린길, 2010, 7쪽.

5 위의 책, 7쪽. (하비 재인용)

6 위의 책, 8쪽.

7 위의 책, 67쪽.

8 김양선 외, ≪젠더와 사회≫, 동녘, 2014, 274-275쪽.

9 헤럴드경제, <외모도 스펙?> 2012년 8월 2일자.

10 울리히 벡, ≪사랑은 지독한 혼란≫, 새물결, 1999, 30쪽.

11 엄혜진, <페미니즘교육은 (불)가능한가>, ≪한국여성학≫ 제34권 3호, 2018, 1쪽.

12 청소년의 범위는 각 법조항별로 차이가 있다. 가령 청소년보호법에는 만 19세 미만, 아동복지법은 만 18세 미만, 근로기준법은 15세 이상 18세 미만, 민법에서는 만 19세 미만을 미성년자로 간주한다. 본고에서는 우리나라 청소년 정책의 기본이라 할 수 있는 청소년기본법의 기준을 따랐다. 참고 <국회사이트-현행법률-청소년기본법> <http://likms.assembly.go.kr/law/lawsLawtInqyDetl1010.do?mappingId> 설문 필요한 통계 제시, IRB 관련 언급.

13 국립국어원 신조어 여성 지칭 단어 남성보다 많아 … 외모 관련 단어가? http://www.starnnews.com/news/index.html?no=410811

14 홍금희, 외모지상주의 시대의 남자대학생의 이상적 신체이미지와 외모관리행동, 190쪽

15 http://news.khan.co.kr/kh_news/khan_art_view.html?artid=201903221616015&code=960100#csidxbc525b4eace1948818a8d430810b04a

16 <'착하다'의 의미 확장 양상과 의의>, ≪언어≫ 제39권 4호, 2014, 974쪽.

17 위의 논문, 974-982쪽.

18 강석봉, <몸매 女스타, 부위별 베스트>, ≪스포츠경향≫, 2008년 9월 9일자.

19 헤럴드 경제, 2007년 1월 8일자. 임지룡, 980쪽 재인용.

20 MBN, 2013년 7월 30일. 임지룡, 981쪽 재인용.

21 고미숙, <페미니즘과 몸 교육>, ≪교육문제연구≫ 제22권, 2015, 17-46쪽.

22 위의 글, 17-46쪽.

23 위의 글, 17-46쪽.

24 네이버 사전

25 네이버 사전

26 https://korean-dictionary.tistory.com/207

27 김양선 외, ≪젠더와 사회≫, 274쪽 참고.

28 엄혜진, <페미니즘교육은 (불)가능한가>, ≪한국여성학≫ 제34권 3호, 2018, 18쪽.

29 엄혜진, 앞의 글, 20쪽.

지속불가능한 휴먼, 번성가능한 포스트휴먼

1 이 글은 2018년 ≪영미문학교육≫ 제22집 1호에 실린 <지속불가능한 휴먼, 번성가능한 포스트휴먼: 마가렛 애트우드의 ≪오릭스와 크레이크≫>를 이 책의 목적에 맞게 재구성한 것임을 밝힙니다.

2 웹진 Mail Online의 2015년 6월 19일의 기사 "The sixth mass extinction on Earth has officially begun and could threaten humanity's existence, scientists warn (and this time we're to blame)" 참조.

<http://www.dailymail.co.uk/sciencetech/article-3131891/The-sixth-mass-extinction-officially-begun-threaten-humanity-s-existence-scientists-warn.html>

3 허정원, <새 지질시대 여는 인류의 오염 …… KAIST 인류세 연구소 세계 최초 개소>, ≪중앙일보≫, 2019. 1.3. https://news.joins.com/article/23226755

4 마이클 테너슨, 이한음 역, ≪인간 이후 : 인류의 대량 멸종과 그 이후의 세상≫, 쌤앤파커스, 2017.

5 애트우드는 과학소설(SF science fiction)과 추론소설(speculative fiction)을 구분하는데, SF가 우리가 아직 할 수 없거나 시작할 수 없는 것, 만날 수 없는 존재, 갈 수 없는 장소에 대해 이야기하는 반면, 추론소설은 이미 가까이 있는 수단을 이용하고 지구에서 벌어지는 일을 다룬다. 그녀는 ≪오릭스와 크레이크≫를 추론소설이라고 부른다. (Margaret Atwood, "The Handmaid's Tale and Oryx and Crake In Context." *PMLA* 119.3, 2004, pp.513-517.)

6 앞으로 ≪오릭스와 크레이크≫ 본문 인용 시 특별한 서지사항 언급 없이 괄호 안에 쪽수만 표시할 것이다. (Margaret Atwood, *Oryx and Crake*, New York: Anchor Books, 2004.)

7 C. B. 맥퍼슨의 분석에 따르면 자유주의적 휴머니즘의 일관된 논리인 "소유적 개인주의(possessive individualism)"는 "…… 본질적으로 자신의 신체, 재능의 고유한 소유자로서의 개인이라는 인식에 기초해 있다. 그러한 특성은 사회와 무관하다. …… 인간의 본질은 타인의 의지에 대한 종속으로부터의 자유이며 자유란 소유에 따라 달라진다. …… 사회란 소유자들 간의 교환관계로 구성된다."(3) (Macpherson, Crawford Brough. *The Political Theory of Possessive Individualism: Hobbes to Locke*, Oxford: Oxford UP, 2011.)

8 번성가능성(Thrivability)과 관련하여, 진 러셀(Jean Russell)의 ≪번성가능성(*Thrivability*)≫과 미셸 할러데이(Michelle Holliday)의 ≪번성가능성 시대(*The Age of Thrivability*)≫ 참조.

9 질베르 시몽동, 김재희 역, ≪기술적 대상들의 존재양식에 대하여≫, 그린비, 2011.

10 Gilbert Simondon, "The Genesis of the Individual." Trans. Mark Cohen and Sanford Kwinter., *Incorporations* 6, 1992, pp.296-319.

11 시몽동의 '개체초월적 인간-기계 앙상블' 개념 부분은 주기화, <개체초월적 포스트휴먼: 그렉 베어의 ≪블러드 뮤직≫ >, ≪영어영문학≫ 22.3, 2017, 47-66쪽을 정리·인용함.

12 John Low, "Notes on the Theory of the Actor-Network: Ordering, Strategy, and Heterogeneity", *Systems Practice* 5.4, 1992, pp.379-393.

13 Bruno Latour, *We Have Never Been Modern*, Trans., Catherine Porter, Cambridge: Harvard UP, 1993.

14 Michael Hardt, *Multitude: War and Democracy in the Age of Empire*, New York: Penguin, 2005.

15 Valeria Mosca, "Crossing Human Boundaries: Apocalypse and Posthumanism in Margaret Atwood's *Oryx and Crake and The Year of the Flood*", *Altre Modernità* 9, 2013, pp.38-52.

16 ≪오릭스와 크레이크≫의 한글 번역은 마거릿 애트우드, 차은정 역, ≪인간 종말 리포트: 마거릿 애트우드 장편소설≫, 민음사, 2008 참조.

17 M. P. Callon, Lascoumes, and Y. Barthe, *Acting in an Uncertain World: An Essay on Technical Democracy*, Cambridge: MIT P, 2009.

18 Michael Hardt, and Antonio Negri, *Commonwealth*, Cambridge: Belknap P of Harvard UP, 2009.

19 Jayne Glover, "Human/Nature: Ecological Philosophy in Margaret Atwood's *Oryx and Crake.*" *English Studies in Africa* 52.2, 2009, pp.50-62.

20 Karl Marx, *Grundrisse: Foundations of Critique of Political Economy*, Trans. Martin Nicolaus, Harmondsworth: Penguin Books, 1993.

21 J. Brooks Bouson, "A 'joke-filled romp' through End Times: Radical Environmentalism, Deep Ecology, and Human Extinction in Margaret Atwood's Eco-apocalyptic *MaddAddam* Trilogy." *Journal of Commonwealth Literature* 51.3, 2016, pp.341-357.

_____, "'It's Game Over Forever': Atwood's Satiric Vision of a Bioengineered Posthuman Future in *Oryx and Crake*." *The Journal of Commonwealth Literature* 39.3, 2004, pp.139-156.

22 E. G. Ingersoll, "Survival in Margaret Atwood's Novel *Oryx and Crake*." *Extrapolation* 45.2, 2004, pp.162-175.

23 현재로선 극단적인 주장이긴 하지만, 데이비드 피어스(David Pearce)는 ≪쾌락주의 정언명령(*The Hedonistic Imperative*)≫에서 인류는 유전자를 남기는 것에 최적화되어 있어서, 공격성, 질투, 불안의 감정 등을 발달시켰는데, 이 감정들이 인간의 진보에 악독한 장애물이므로 유전자를 편집하여 고통을 최소화하자고 주장한다. 앨런 뷰캐넌(Allen Buchanan) 또한 ≪인간보다 나은 인간(*Better than Human*)≫에서 인간 향상 기술이 인간의 도덕적 성품이나 능력을 개선할 수 있으므로, 인지적 편향이나 기억의 왜곡을 교정하여 올바른 도덕적 판단이나 행위를 할 수 있게 하자고 말한다. 끔찍한 트라우마로 고통 받는 사람들이 이로부터 벗어날 수 있다면, 전쟁과 종교에 대한 광기와 맹신을 조금이라도 낮출 수 있다면 비참한 역사가 되풀이되지 않으리라 전망한다. (주기화, <트랜스휴머니즘의 호모 데우스 프로젝트>, ≪지구에는 포스트휴먼이 산다≫, 서울: 필로소픽, 2017, 105-122쪽.)

24 Lee Rozelle, "Liminal Ecologies in Margaret Atwood's *Oryx and Crake.*" *Canadian Literature* 206, 2010, pp.61-72.

25 주기화, <인간 능력 향상 기술의 현기증>, ≪지구에는 포스트휴먼이 산다≫, 필로소픽, 2017, 127쪽.

26 최근 소식에 의하면 파라마운트 텔레비전(Paramount TV)이 <매드아담> 3부작을 드라마로 각색 중이라니 조만간 HBO를 통해서도 즐길 수 있을 것이다.
<https://www.tor.com/2018/01/25/margaret-atwoods-maddaddam-trilogy-to-be-adapted-for-paramount-television/>

27 Margaret Atwood, *In Other Worlds: SF and the Human Imagination*, New York: Anchor Books, 2012.

28 Eduardo Marks de Marques "Children of Oryx, Children of Crake, Children of Men: Redefining the Post/Transhuman in Margaret Atwood's 'ustopian' *MaddAddam* Trilogy," *Aletria: Revista de Estudos de Literatura* 25.3, 2015, pp.133-146.

29 Gerry Canavan, "Hope, But Not for Us: Ecological Science Fiction and the End of the World in Margaret Atwood's *Oryx and Crake* and *The Year of the Flood*," *Lit: Literature Interpretation Theory* 23.2, 2012, pp.138-159.

30 Lee Rozelle, "Liminal Ecologies in Margaret Atwood's *Oryx and Crake." Canadian Literature* 206, 2010, pp.61-72.

31 로자리오 아리아스(Rosario Arias) 또한 이 소설은 "처음부터 향수와 절망이 가미되었음에도 불구하고, 열린 결말은 낙관적인 미래의 문을 연다."(393)고 말한다. (Rosario Arias, "Life After Man?: Posthumanity and Genetic Engineering in Margaret Atwood's *Oryx and Crake* and Kazuo Ishiguro's *Never Let Me Go*," *Restoring the Mystery of the Rainbow: Literature's Refraction of Science*, 2010, pp.379-394.)

32 D. H. Lawrence, *Apocalypse*, London: Penguin Books, 1931.

33 Hannes Bergthaller, "Housebreaking the Human Animal: Humanism and the Problem of Sustainability in Margaret Atwood's *Oryx and Crake and The Year of the Flood*," *English Studies* 91.7, 2010, pp.728-743.

34 Margaret Atwood, "Perfect Storms: Writing Oryx and Crake", 2003.
<http://shirbegi.weebly.com/uploads/1/3/8/2/13820171/writing_oryx_and_crake_1.pdf>

구성적 인공지능의 자율성과 시스템으로서 몸

1 이수안, <사이보그와 몸의 물질성: 가상현실 속 체현의 양가적 개념들—영화 <그녀 *Her*> 대한 사이버페미니즘 관점의 분석을 중심으로>, ≪영미문학페미니즘≫, 제23권 2호, 2015, 130쪽. "조형적 섹슈얼리티는 재생산의 필요로부터 해방된 탈중심화된 섹슈얼리티이다. [……] 조형적 섹슈얼리티는 인성적인 자질로서 형성될 수도 있으며 따라서 자아와 본래적으로 연결되어 있는 것이기도 하다. 그와 동시에 [……] 그것은 섹슈얼리티를 팔루스(phallus: 남근)의 지배로부터, 곧 남성의 성적 경험에 부여된 거만함과 과장된 중요성으로부터 해방시킨다." (앤소니 기든스, 배은경·황정미 역, ≪현대사회의 성·사랑·에로티시즘: 친밀성의 구조변동≫, 1996, 29쪽.)

2 위의 글, 131쪽.

3 EY 어드바이저리 지음, 부윤아 역, ≪2020년, 인공지능이 내 곁으로 다가왔다≫, 매일경제신문사, 2016, 33쪽.

4 구본권, <인공지능 시대가 가져올 변화와 과제>, 한국포스트휴먼학회 엮음, 포스트휴먼 시대의 휴먼, 아카넷, 2016, 246쪽.

5 구성주의(constructivism)는 구조주의(Structuralism)와 다르다.

6 신승철, ≪구성주의와 자율성≫, 알렙, 2017, 17쪽.

7 위의 책, 21쪽.

8 박충식, <구성적 인공지능>, ≪인지과학≫, 제15권 제4호, 2004, 63쪽.

9 위의 글, 63쪽.

10 박충식, <생명과 몸과 마음의 존재로서의 인공지능>, 한국포스트휴먼학회 엮음, ≪제4차 산업혁명과 새로운 사회 윤리≫, 아카넷, 2017, 142쪽.

11 위의 책, 133쪽 이하. "기호적 인공지능은 인간의 대표적인 지능적 기능인 언어, 수학, 물리 등은 기호로 표현되고 처리되기 때문에 이러한 기호를 처리할 수 있는 방법을 연구한다. 인공신경망은 인간지능을 처리하는 두뇌의 주된 구성요소가 신경세포인 뉴런들의 연결망으로 이루어져 있는데 로봇 또는 컴퓨터의 지능적인 기능에 이러한 신경세포들로 이루어진 신경망을 이용하는 인공지능 기술을 말한다. 유전자 알고리즘이란 가장 지능적인 생물인 인간은 오랜 세월 동안 환경에 적응하는 유전적 진화를 통해 지능이라는 기능을 획득하게 되었는데 이러한 아이디어를 이용한 인공지능 기술을 개발하는 것을 말한다."

12 위의 책, 144쪽.

13 위의 책, 145쪽. 자연적 인간의 능력으로서 지성, 감성, 자유의지 등의 개념을 계산적 모델로 만들기 위해서 구성적 인공지능은 다음과 같이 재정의 한다. "지능은 생물학적 현상이므로 지능의 재료는 뉴런이며, 세포이고, 분자이며, 물질이므로 지능은 몸과 정신으로 분리할 수 없다. 또한 지능의 전부는 아니지만 뇌는 지능의 주요 기관으로 중앙 통제 기관이 없이 분산 처리되는 모듈들로 구성되고 인지의 많은 부분은 무의식적으로 이루어지는 것으로 본다. 또한 동기나 욕망은 체계의 장단기 목표 조절 기능으로 간주하고, 정서나 감정은 내/외부 자극에 대한 평가 기능으로, 의식은 세계에 대한 모델링으로, 자의식은 자신에 대한 모델링으로, 자아는 세계에서 환경으로부터 자신을 구별하기 위한 기능으로, 자유의지는 자신이 포함된 의사결정 과정의 모델링으로 본다."

14 위의 책, 146쪽.

15 신승철, 앞의 책, 87쪽.

16 박충식, <구성적 인공지능>, ≪인지과학≫, 제15권 제4호, 2004, 65쪽.

17 오토포이에시스(autopoiesis)는 auto라는 '스스로' 또는 '자기'라는 단어와 poiesis라는 '만듦' 또는 '제작'이라는 단어의 합성어이다. 자기 조직화, 자기 생산과 같이 생명 및 정신의 자율성과 관련이 있다.

18 박충식, 앞의 글, 144쪽 이하.

19 박충식, 위의 책, 132쪽 참조.

20 구본권, 앞의 글, 247쪽.

21 박충식, 앞의 글, 153쪽. "현재 알파고나 IBM 왓슨과 같은 지능적 기계는 한 가지 기능에 특화된 약인공지능이고 해당 기계를 유지하기 위하여 지원하는 모든 인간과 기계들을 포함하면 자기생산체계라고 할 수 있지만 해당 기계 자체는 타자 생산체계일 뿐이다. 그런 의미에서 해당 인공지능 기계들은 자율적인 기계라고 할 수는 없을 것이다."

22 클라우스 슈밥 지음, 송경진 역, ≪클라우스 슈밥의 제4차 산업혁명≫, 새로운 현재, 2016, 220쪽 이하. 자동화에 의한 고위험 직업군 702가지를 순위를 매겼다. 고위험 직업군과 저위험 직업군을 구별하여 수치화하고 표로

제시하고 있다. 위의 책, 69쪽 이하 참조.

23 김경환·최주선, <포스트휴먼법의 체계와 이슈>, 한국포스트휴먼학회 엮음, ≪포스트휴먼 시대의 휴먼≫, 아카넷, 2016. 155쪽. "포스트휴먼법이란 '포스트휴먼'의 등장을 전제로 사회를 규율하는 법률을 의미한다. 하지만 어떠한 포스트휴먼이 존재하는지, 그들과 관련하여 어떠한 규범적인 작용과 반작용이 일어날지 등에 대하여 알 수 있는 내용은 현재로서는 없다. 즉 현재 '포스트휴먼 사회현상'이라는 것은 없다."

24 박충식, 앞의 글, 153쪽.

25 제리 카플란, 신동숙 역, ≪인공지능의 미래: 상생과 공존을 위한 통찰과 해법들≫, 한스미디어, 2017, 176쪽 이하. "컴퓨터 프로그램이 협정이나 계약을 맺을 수 있을까? 사실은 이미 그렇게 하고 있다. 우리가 온라인에서 물건을 구매할 때 판매 계약 결정을 사람이 직접 내리는 건 아니지만, 그럼에도 그 계약은 법적 구속력이 있다. [……] 현재는 프로그램들이 행위에 대한 책임을 지는 본인(법인이나 개인)을 '대신해서' 그런 일을 하고 있지만, 자율성이 갈수록 커지는 지능형 에이전트(intelligent agent)들이 점차 그들이 대변하는 사람들과 분리된 채 활동하게 되면 앞으로는 분위기가 바뀔 가능성이 크다."

26 위의 책, 190쪽.

27 사이버네틱스 이론은 자동조절시스템으로서 인공지능의 몸에 대한 이해에 도움을 준다. 왜냐하면 사이버네틱스 이론은 동물, 인간, 기계가 어떤 조건에서 하나의 틀로 이해하고자 시도하기 때문이다.

28 가리 카스파로프, 박세연 역, ≪딥 씽킹: 인공지능 시대, 인간의 위대함은 어디서 오는가?≫, 어크로스, 2017, 123쪽.

미래의 몸과 과학적 상상력

1 포스트휴머니즘 이론가인 막스 모어는 포스트휴먼에 대해 정의하면서 "기술공학을 우리 자신들에게 적용함으로써, 더 이상 (기존의) 휴먼이라고 기술될 수 없는 어떤 것, 즉 포스트 휴먼이 될 수 있다."고 언급하며, (Max More, Vita-More, Natasha ed., "Transhumanist Reader", Wilky-Blackwell, Oxford, 2013, p.4.) 캐서린 헤일즈는 "컴퓨터 스크린을 스크롤해 내려가면서 명멸하는 기표들을 응시할 때, 보이지 않는 체현된 실재들에게 당신이 어떤 정체성을 부여하든지 상관없이, 당신은 이미 포스트휴먼이 되었다."(Katherine Hayles, "How We became Posthuman: Virtual Bodies in Cybernetics, Literaturem and Informatics", University of Chicago Press: Chicago, 1999, p.xiv.)고 정의한다.

2 임석원, <비판적 포스트휴머니즘의 기획: 배타적인 인간중심주의의 극복>, 이화인문과학원 편, ≪인간과 포스트휴머니즘≫, 이화여자대학교출판부, 2013, 62-63쪽.

3 캐서린 해일즈, 허진 역, ≪우리는 어떻게 포스트휴먼이 되었는가: 사이버네틱스와 문학, 정보 과학의 신체들≫, 플래닛, 2013, 24쪽.

4 일본도 메이지 유신 이후에 서양의 문물을 받아들이면서 SF가 유입되었고, 1900년대 초반 전 세계적인 SF의 관심사에 따라 베른이나 웰즈의 작품들이 다수 번역되기로 했다. 뿐만 아니라 중국에서도 19세기 후반부터 근대화를 지향하는 과정에서 SF를 적극적으로 받아들이려는 움직임이 있었으며, 루쉰(魯迅)이 직접 SF 작품들을 번역해 중국에 소개하기도 했다.

5 송원찬, <중국고전소설의 SF적 해석 가능성에 대하여>, ≪중국소설논총≫ 30호, 한국중국소설학회, 2009, 168쪽.

6 노연숙, <1900년대 과학 담론과 과학 소설의 양상 고찰>, ≪한국현대문학연구≫ 37호, 한국현대문학회, 2012, 35쪽.

7 한국은 과학이란 언표를 받아들이면서, 낯선 서구의 개념으로 이해하였다. "근대 서구에서 지식 교양의 양대 주축을 형성해왔던 인문학(liberal art)과 과학(science)간 이분법에 기초"(조형래, <근대 한국의 과학과 문학 개념 형성과정 연구>, 동국대학교 대학원 박사학위논문, 2014, 73쪽)하여 서구의 근대문명을 이해하고자 하는 입장을 취해왔던 것이다. 이러한 이분법적 인식은 결국 과학이 인문학과 분리되어 있는 학문이라 여기게 되었고, 이 문제는 지금까지도 완벽하게 해결되지 않은 문제라고 할 수 있다.

8 당시의 과학기술부 장관 최형섭은 전집의 서문격인 격려사에서 다음과 같이 말하고 있다. "오늘날 우리 민족이 더 잘 살기 위해서 조국 근대화라는 근 목표를 향해 노력하고 있는 마당에 과학과 기술의 발달은 어느 때보다 시급하다. 그리고 과학 하는 마음은 청소년 시절부터 기르고 가꾸어 나가야 한다. 다행히 우리나라에도 과학소설(SF) 작가협회가 있어 청소년들에게 과학 하는 마음을 재미있게 일깨워주는 작품(作品)을 엮어 계속 출간한다고 하니 이것이 하나의 산 과학교재로 널리 읽혀 우리나라의 과학목표 달성에 이바지되어 주었으면 하는 마음 간절하다. (최형섭, <(과학기술처 장관) 격려사>, ≪한국과학소설(SF)전집≫, 해동출판사, 1975.)

9 데이비드 C. 린드버스, 이종흡 역, ≪서양과학의 기원들 — 철학·종교·제도적 맥락에서 본 유럽의 과학전통, BC.500~AD.1450≫, 나남, 2009, 21-23쪽 참조.

10 '공상과학소설'이란 용어는 미국 잡지 *The Mgazine of Fantasy & Science Fiction*의 일본판이 만들어질 때 사용했던 '공상과학소설지(空想科學小說誌)'라는 용어를 비판 없이 수용한 결과다. (박상준, <SF 문학의 인식과 이해>, ≪외국문학≫ 47호, 열음사, 1996, 43쪽 참조.)

11 토도로프(Tzvetan Todorov)는 환상의 범위를 규정하면서 이러한 변화에 따라서 환상의 영역이 변화한다고 이야기한다. 토도로프는 환상이 초자연적인 것들이 반영되면서 현실에 대한 문제점을 드러내고 알레고리로 작용할 때 작품 속에서 명확하게 작용한다고 보았다. 하지만 이전에는 환상이라 여겨졌던 초자연적인 부분들이 시대의 변화에 따라 환상이 아니게 되는 경우가 발생하고, 그 대표적인 예로 꿈과 환상의 영역이라 여겨지던 것들을 과학적으로 분석해 낸 정신분석학의 예를 들기도 했다. 토도로프에 따르면 정신분석학의 경우, 더 이상 환상의 영역이 아닌 기이의 영역에서 다루어야 할 문제라고 이야기했다. (츠베탕 토도로프, 최애영 역, ≪환상문학사설≫, 일월서각, 2013, 303-336쪽 참조.)

12 장정희, ≪SF 장르의 이해≫, 동인, 2016, 12쪽.

13 Chris Ferns, "Utopia, Anti-Utopia and Science Fiction," *Teaching Science Fiction Handbok*, Eds. Andy Sawyer and Peter Wright, Basingstoke: Palgrave Macmilan, 2011, pp.55-71.

14 이러한 메카트로닉스를 성형과 함께 생물학적 조건을 의료기술을 통하여 변화시킨 결과로 형성된 몸을 의미하는 바이오 테크노 바디로 정의내리기도 한다. 이는 유기체적 몸에서 벗어나 그 몸의 변환과 사이버공간을 통한 연결로 인해 인간의 유기체(organism)가 어떤 다른 것으로 정의되는 것, 즉 사이버 바디와 같은 포스트 휴먼의 몸이라고 규정할 수 있다. (이수인, <테크노 휴먼 형상으로서 테크노 바디의 존재양식: 감각과 신체성을 중심으로>, ≪인문학논총≫ 제39호, 경성대학교 인문과학연구소, 2015, 440-445쪽 참조.)

15 홍석준, <몸과 문화, 그리고 몸의 정체성—몸에 대한 기존 이론들에 대한 비판적 검토>, ≪인문논총≫ 제47호, 영남대학교 인문과학연구소, 2004, 154쪽.

16 윤소영, <기계와 감성의 또 다른 몸>, ≪영어권문화연구≫ 제5권 제2호, 동국대학교 영어권문화연구소, 2012, 207쪽.

17 헤러웨이는 그의 저서를 통해서 기계문명의 발달로 인해, 유기체와 기계 사이에 존재하던 구분들이 점차 모호해지고 있다고 이야기 한다. 점차 생생해지는 기계들에 비해 유기체인 우리들은 정체되어 있고 그로 인해 결국엔 둘 사이에 존재하던 구분점이나 열등함이나 우월함의 기준들이 모호해질 것이라고 설명한다. 그리고 이러한 모호함은 결국 그동안 인간들이 존재에 대해서 규정하던 것들을 해체시키고 새로운 담론을 제시할 것이라고 설명하고 있다. 그의 논리가 특징적인 것은 이러한 사이보그의 몸에 대한 담론들이 페미니즘에 새로운 담론을 제시할 수 있을 것이라고 설명하는 데 있다. (Donna. J. Simians Haraway, *cyborgs and women : the reinvention of nature*, New York: Routledge, pp.149-181.)

18 허정식, <SF 세계 속의 몸의 상상력>, ≪씨네포럼≫ 7호, 동국대학교 영상미디어센터, 2006, 60쪽.

19 장정희, 앞의 책, 28쪽.

난민과 환대의 문제

1 이 글은 ≪오늘의 문예비평≫ 2018년 겨울호 특집 '모두가 조금씩은 이방인'에 실린 글을 수정 보완한 것입니다. (서윤호, <존재/사건으로서의 '난민'>, ≪오늘의 문예비평≫, 2018년 겨울호, 33-47쪽.)

2 조르조 아감벤, 박진우 역, ≪호모 사케르≫, 새물결, 2008.

3 알랭 바디우, 조형준 역, ≪존재와 사건≫, 새물결, 2013.

4 국제사회에서 문제되고 있는 난민 일반에 대해서는 하영식, ≪희망을 향한 끝없는 행진 난민≫, 사계절, 2017 참조.

5 난민법의 문제와 관련하여 자세한 것은 2018년 11월 2일 서울대학교 근대법학백주년기념관에서 열린 국제학술심포지엄의 자료집에서 황필규와 김세진의 발표문을 참조하라. 국제학술심포지엄, <대한민국 난민법의 현재와

미래: 난민보호의 강화>, 주최: 서울대 공익인권법센터 외, 2018.11.2.

6 난민에 대한 환대와 연대의 필요성을 강조하는 것으로는 문경란, ≪우리 곁의 난민≫, 서울연구원, 2017, 232쪽 이하 참조.

7 김현경, ≪사람, 장소, 환대≫, 문학과지성사, 2015, 207쪽.

8 Immanuel Kant, *Zum ewigen Frieden, Ein philosophischer Entwurf*, in: Schriften zur Anthropologie 1 (Hrsg. von Wilhelm Weischedel), stw 192, Frankfurt am Main: Suhrkamp, 1977, S. 213.

9 Immanuel Kant, *ibid*, pp.213-214.

10 자크 데리다, 남수인 역, ≪환대에 대하여≫, 동문선, 2004.

식민지 역사에서 주/객의 몸

1 이 글은 2017년 12월 ≪수사학≫ 제30집에 실린 <국가적 수치 인정의 정치적 효과와 사과 발언에서 수행성의 문제>를 수정·보완한 것임을 밝힙니다.

2 살만 루슈디, 김선형 역, ≪수치≫, 열린책들, 2011, 53쪽.

3 서길완, <수치심의 지나친 회피와 부인에 따른 문제들과 그 가능한 해법에 대한 고찰>, ≪인문연구≫, 제78호, 영남대학교, 2016, 252쪽

4 잭 바바렛, 박형신·정수남 역, ≪감정의 거시사회학: 감정의 사회를 어떻게 움직이는가?≫, 일신사, 2007, 192쪽.

5 유선영, ≪식민지 트라우마: 한국 사회 집단 불안의 기원을 찾아≫, 푸른역사, 2017, 21쪽.

6 유선영, 위의 책, 19쪽.

7 유선영 재인용, 위의 책, 18쪽.

8 주디스 버틀러, 가야트리 스피박, 주해연 역, ≪누가 민족국가를 노래하는가≫, 산책자, 2010, 50쪽.

9 Sara Ahmed, "Shame Before Others," *The Cultural Politics of Emotion*, Routledge, 2014, p.109.

10 Unni Wikan, "Shame and Honour: A Contestable Pair," *Man, New Series*, 19.4, 1984, p.636.

11 Sara Ahmed, 앞의 논문, p. 101.

12 주성하, <이스라엘, 가자공습 이후 최대 포격 …… 하루 50명 이상 사망>, ≪동아일보≫, 2014. 7. 21.

13 잭 바바렛, 앞의 책, 194쪽.

14 정혜욱, <타자의 타자성에 대한 심문: 가야트리 스피박>, ≪새한영어영문학≫, 46.1, 2004, 120쪽.

15 Gayatri. C. Spivak, *The Spivak Reader: Selected Works*, Etd. Donna Landry & Gerald Maclean, Routledge, 1995, p.5.

16 주디스 버틀러, 가야트리 스피박, 앞의 책, 26쪽.

17 "원주민은 미국을 떠나 자신들의 고향 '네이티비아'로 돌아가야 한다. Native Americans should leave America and go back to their homeland 'Nativia'.)"라는 반이민주의자의 말이다.

18 주디스 버틀러, 아테나 아타나시오우, 김응산 역, ≪박탈: 정치적인 것에 있어서의 수행성에 관한 대화≫, 자음과모음. 2016, 36쪽.

19 우카이 사토시, 신지영 역, ≪주권의 너머에서≫, 그린비, 2010, 39쪽.

20 위의 책, 39쪽.

21 오스트레일리아 정부는 원주민을 그들의 거주지로부터 멀리 떨어진 곳에 이주시켜 일정 교육을 거친 후 백인사회에 편입시키고자 하였다. 1970년까지 계속된 원주민 아이들의 강제이주는 정체성과 문화, 가정파괴의 고통을 받게 하였다. 그들을 일컬어 '도둑맞은 세대'라 부른다.

22 주디스 버틀러, 아테나 아타나시오우, 앞의 책, 44쪽.

23 주디스 버틀러, 가야트리 스피박, 앞의 책, 36쪽.

24 주디스 버틀러, 아테나 아타나시오우, 앞의 책, 179쪽.

25 위의 책, 180쪽.

26 Elazar Barkan, *The Guilt of Nations: Restitution and Negotiating Historical Injustices*, New York: W.W. Norton & Company, 2000, xxviii

27 주디스 버틀러, 유민석 역, ≪혐오 발언: 너와 나를 격분시키는 말 그리고 수행성의 정치학≫, 알렙, 2006, 273쪽.

28 위의 책, 281쪽.

29 존 랭쇼 오스틴, 김영진 역, ≪말과 행위—오스틴의 언어철학, 의미론, 화용론≫, 서광사, 2005, 27쪽.

30 Sara Ahmed, 앞의 논문 p.115.

31 주디스 버틀러, 앞의 책, 144쪽.

32 위의 책, 159쪽.

33 Sara Ahmed, 앞의 논문, p. 116.

34 김영범, <알박스(Maurice Halbwachs)의 기억사회학 연구>, ≪사회과학연구≫ 6.3, 대구대학교사회과학연구소, 1999, 591쪽.

35 김영범, 위의 논문 575쪽.

36 위의 논문 589쪽.

37 손석주, <포스트식민주의 언어 내 번역을 통해서 다시 읽는 살만 루시디 소설>, ≪영미어문학≫ 123호, 2016, 88쪽.

38 자크 랑시에르, 안준범 역, ≪역사의 이름들: 지식의 시학에 관한 에세이≫, 울력, 2011, 117쪽.

39 앤서니 스미스, 이재역 역, ≪세계화 시대의 민족과 민족주의≫, 남지, 1997, 159쪽.

40 주디스 버틀러, 가야트리 스피박, 앞의 책, 36쪽.

41 위의 책, 56쪽.

42 Sara Ahmed, 앞의 논문, p.117.

43 위의 논문, p.118.

44 Elizabeth V. Spelman, *Fruits of Sorrow: Framing Our Attention to Suffering*, Massachusetts: Beacon Press, 1997, p.104.

45 Sara Ahmed, 앞의 논문, 119쪽.

46 위의 논문, 119쪽.

47 위의 논문, 120쪽.

48 정연식, <불안과 면역>, ≪비평과 이론≫, 18.2, 2013, 149쪽.

49 살만 루슈디, 앞의 책, 37쪽.

50 엘리자베스 그로스, 탈경계인문학연구단공간팀 역, ≪건축, 그 바깥에서: 잠재 공간과 현실 공간에 대한 에세이≫, 그린비, 2012, 100쪽.

51 살만 루슈디, 앞의 책, 37쪽.

52 우카이 사토시, 앞의 책, 61쪽.

한국사회 속 페미니스트 발화는 들릴 수 있는가?

1 이 글은 2016년 8월에 게재된 ≪가장 첨예한 철학으로서의 페미니즘≫이라는 논문을 수정·보완한 글임을 밝힙니다.

2 상식과 양식이라는 표현은 질 들뢰즈의 ≪차이와 반복≫에서 나오는 것으로 상식—sens commun이 공통의 의미라면 양식—bon sens는 좋은 의미를 지칭한다. 그렇다면 이 사회에서 공통적인 것과 좋음을 정의내리는 이는 과연 누구이며 이러한 가치의 자리를 점유하고 있는 것은 이미 주류적이고 지배적인 의미망의 질서 속에 포섭된 것이라 할 수 있다. 즉 이러한 주류적 의미질서에 부합하는 가치로서의 상식과 양식의 질서마저 뒤흔드는 것이 철학의 소임이라 할 수 있으며 이러한 맥락에서 철학은 반란적이며 교란적 이탈 행위성을 지닌다.

3 질 들뢰즈, 김상환 역, ≪차이와 반복≫, 민음사, 2004, 310쪽.

4 자크 라캉의 정신분석학적 관점을 차용해오자면, 현실(la réalité)은 상징계라는 아버지의 법질서가 실현, 적용되는 순응의 공간이기도 하다. 현실은 도덕적 규범성과 개념적 규정성에 의해 과잉성과 범람이 적출된

공간이자 몸이라는 비예측성의 실재(le réel)가 솟구쳐 오르지 못하도록 이것에다가 개념적 시멘트를 발라버리는 시간이기도 하다.

5 영유아 시기에도 한 존재가 여아인지, 남아인지의 여부는 부모에 의한 드레스 코드를 통해 강박적으로 기입되기도 한다. 왜냐하면 인간의 질서 속 '부모'의 자리란 여아 또는 남아의 생산자로서 비로소 가능한 것이기 때문이다. 즉 성차의 불분명성이 두드러지는 영유아기에는 부모에 의한 인위적 기입행위를 통해서라도 성차는 그 아이의 인간화 과정의 결정적 요소로 작동한다. 이러한 관점에서, 인간은 성차의 범주화 좌표축에 명확한 위치점—여성 또는 남성—을 부여받음으로써 산출되는 효과이며 이것에 어긋나는 모호한 몸은 범주라는 분할의 칼날 앞에서 여성적·남성적 몸 안으로 들어오도록 진단되고 교정된다.

또한 '어좁'과 '하비'라는 신체적 특징을 묘사하는 신조어를 들여다보게 되면, 어깨가 좁은 것이 여성의 몸에서는 가녀린 특징으로 우등 가치화되지만 남성의 몸에서는 허약함과 왜소함이라는 남성성의 결여의 징표로 열등 가치화된다. 하체비만은 전자에서는 지나치게 우람한 것으로 비하되고 후자에서는 강인한 남성성의 증거로 숭앙된다. 이를 통해서 여성은 자신의 몸을 축소하기 위해 다이어트를 하는 방식으로, 남성은 단백질 보충제와 근육운동을 통해 자신의 몸을 건장하게 팽창시키기는 방식으로 범주화된 몸의 질서 속으로 편입되도록 훈육되는 것이다. 다시 말해, 몸은 여성과 남성이라는 범주화 구조에 따라 상이하게 가치화된다. 이를 통해 어떤 몸이 과연 존재할 만하고 인식할 만한 몸인가가 성차구조에 따라 다르게 결정되어 강권적으로 배치되는 것이다.

6 자크 랑시에르, 오윤성 역, ≪감성의 분할≫, 도서출판 b, 2008, 119쪽.

7 랑시에르에게 있어 이것이 감각판으로 정의된다면 자크 라캉에게 있어 이것은 상징계라는 아버지의 법질서이자 문화와 규범의 질서, 언어체계를 의미한다.

8 페미니즘을 공부한다는 것은 학문적 보편성과 객관성의 프레임을 충족시키지 못하는 것으로 여겨져 검문에 가까운 공격적 질문에 노출되어야 한다는 것을 의미한다. 나아가 페미니즘적 문제제기는 '프로불편러'로 여겨져 일상의 평온을 깨는 병리적 예민성으로 진단대상이 되고 메갈리안을 하는 여성들은 '메퇘지'—메갈리안과 멧돼지의 합성어—로 인신공격의 대상이 됨으로써 페미니스트적 저항행위는 암퇘지의 울음소리로 치환되어 조롱당한다. 여기서 메퇘지라는 낙인범주는 여성을 신체자본 외에는 어떤 것도 제대로 소유할 수 없다고 보는 관점에서 기인한다. 신체자본에 대한 비하가 곧 여성의 행위성과 정당성 자체를 박탈할 수 있는 가장 효과적 낙인 방식이라고 여기는 것은 여성은 외모, 남성은 능력이라는 이분화된 가치영역 안에 분절적으로 배치할 때에 가능하다. 그런데 메퇘지라는 비하에 대해 "나는 메퇘지가 아니다.", 즉 "나는 신체자본을 어느 정도 가진 매력적 존재이다."를 증명해내는 대신, 메퇘지라는 낙인범주가 여성과 동물을 등치시킴으로써 여성의 자리를 비인간 행위자로 격하시키는 것이자 여성이 인간의 범주로 들어오는 유일한 방식이란 순응적이고 신체자본만을 가진 이로 한정되고 있는 구조임을 드러내어야 한다.

9 "권력은 감각되는 것, 생각되는 것, 지각되는 것, 명명되는 것을 정하는 분할의 체계를 강제한다," 자크 랑시에르, 주형일 역, ≪미학 안의 불편함≫, 인간사랑, 2008, 19쪽.

10 위의 책, 12쪽.

11 자크 랑시에르, 양창렬 역, ≪정치적인 것의 가장자리에서≫, 도서출판 길, 2013, 17쪽.

12 자크 랑시에르는 ≪불화≫라는 저서의 제1장에서 아리스토텔레스의 정치학 제1권에 나오는 구절(아리스토텔레스, ≪정치학 제1권≫, 1253a9-18)을 가져오며 아리스토텔레스가 정의내리는 정치가 치안의 질서에 불과함을 논증해낸다.

13 자크 랑시에르, 진태원 역, ≪불화≫, 길, 2015, 24쪽.

14 불어로 manifester는 시위하다, 데모하다의 의미를 갖기도 한다.

15 자크 라캉의 정신분석학 이론을 도입해 설명하자면, 범주라는 분할의 체계가 기입 불가능한 것이 바로 존재(ex-sistence)라는 양태인데 이러한 존재는 충만의 역동성과 과잉성으로 인해 우리에게 항시 불안을 야기한다. 이러한 불안의 국면을 말소하고자 우리는 팔루스(phallus)라는 초월적 기표에 의한 거세의 질서 속으로 편입해 들어감으로써 존재라는 유동성을 잃고 실존(existence)이라는 안착의 고정성을 얻어내는 것이다. 바로 이러한 실존의 자리와 이름을 철저히 내면화하는 방식이 인간화되는 방식이자 대타자의 욕망구조를 나의 욕망으로 오인하는 방식이기도 하다.

16 남성 중심적 세계관에서 여성의 나이 듦은 여성이 가져야 할 젊음과 외모라는 교환가치의 하락이자 존재가치의 추락을 뜻하기도 한다. 이러한 관점이 집약된 용어가 바로 상폐녀라는 이름짓기 방식인 것이다.

17 남성들이 증오하는 페미니스트들에 대한 강렬한 거부의 감정을 답습하여 남성적 욕망구조에 부합하지 않은 여성들을 더 적극적으로 비난, 힐난하는 말하기 방식의 구사는 어떨 때에는 남성의 편이라는 호의적 감정을 이끌어내기도 하지만 또 어떨 때에는 여자의 적은 이렇게 여자일 수밖에 없음을 증명하는 예시가 되어 '여자들은 그래서 안 돼'라는 폄하의 감정에 그들 역시도 그대로 노출될 수밖에 없는 구조이다. 이것이 의미하는 바는 승인의 지점을 코르셋이 정하는 것이 아니라 이를 일방적으로 부여받는 입장이기에 승인의 자리를 할당할 자격을 지닌 남성들이 드러내는 비일관적 감정의 추이는 코르셋을 혼란스럽게 한다. 이러한 혼란스러움은 자신의 안간힘에도 불구하고 승인의 자리는 자기 몫으로 확정될 수 없는 것에 대한 것이며 이것은 곧 굴욕과 불안의 감정—자신 역시도 완전무결한 숭배의 범주에만 머물 수 없고 언제든 김치녀로 하락되어 배제의 자리로 내동댕이쳐질 수 있다는 사실—에 사로잡힐 수밖에 없는 구조인 것이다.

18 자크 랑시에르, 오윤성 역, ≪감성의 분할≫, 128-129쪽.

19 페미니스트를 공격하는 주요 논제 중 하나인 군대 문제에 대한 필자의 입장은 다음과 같다. 첫 번째로 징집주체는 여성이 아니라 국가이며 여성에게로 징집의 부당성과 이로 인한 억울함의 감정을 투사하는 것은 징집주체에 대한 오인 구조에서 발생하는 것이라 할 수 있다. 즉 강제 징집 형태의 폭력성은 국가에 의해 유발되는 것이며 이에 대한 개선과 불합리의 문제는 국가 측에 헌법 소송을 통해 제기해야할 것이다. 두 번째로 징집형태가 강제적 징집에서 모병제로의 전환에 적극적으로 동의하는 바이며 정상적·규범적 남성성의 절차로 여겨지는 군대문화의 폭압성과 인권 유린적 측면은 비판의 대상이 되어야 한다. 왜냐하면 군대와 전쟁문화야말로 가장 전형적인 폭력의 얼굴로서의 남성성이 구축되고 전수되는 방식이기 때문에 이러한 군대 문화의 부조리성에

대한 해체는 규범적 성차 구조의 탈구와도 맞닿아있기 때문이다. 이러한 관점에서, 군대의 상명하달식 문화와 신체적·심리적·정신적 폭력의 양태를 줄여나가고 개선하기 위해 군대 내에 인권단체가 상주하도록 하는 법안을 통과시켜야 한다고 본다. 다시 말해, 인권단체의 상시적 감시와 압력을 통해 군대문화에서 통용되던 관례들의 불합리성이 외부에 알려지고 내부에서의 자정과 개혁의 대상이 되도록 해야 한다. 세 번째로 군인들의 노동에도 최저임금제를 적용하여 그들의 노동에 대한 착취구조를 철폐함으로써 군대의 경험이 시간과 노력, 젊음을 허비한 고통의 기억으로만 남지 않도록 하는 보상의 측면이 제시되어야 한다고 본다. 다시 말해, 모든 이가 고통스러운 군대의 경험을 공유하게 하는 것이 억울함을 덜어내는 유일한 방식이 아니라, 이러한 폭압적 군대 문화의 부조리에 대한 개선이 실질적으로 이루어질 수 있도록 하는 인식적·법제적 변화의 과정이 형성되어야 하는 것이다. 이에 대해 페미니즘 담론도 적극적으로 참여하게 될 때에, 강자와 승자로서의 규범적 남성성을 구축하는 기제로서의 군대문화를 비판적으로 해체함과 동시에 지금과는 다른 방식의 젠더 체계를 모색할 수 있는 단초를 발견할 수 있을 것이다.

20 자크 데리다는 ≪산종≫이라는 저서에서 플라톤의 ≪파이드로스≫를 해체적 독법으로 분석해내는 과정에서 로고스와 팔루스의 관계를 논증해낸다. 여기서 로고스는 아버지의 현존에 철저히 의존해있는 부계 혈통성의 적자로 위치하고 있다. 로고스는 아버지로부터 아버지를 위한 답을 하는 이로, 아버지의 목소리로부터 파생된 위치임이 다음 구절을 통해 드러난다. "로고스는 더 이상 아버지가 아니다. 그러나 로고스의 기원은 그의 아버지이다. 말하는 주체는 자기 말의 아버지이다. [중략] 로고스는 아들이다. 로고스는 아버지의 현존과 아버지의 지지와 도움 없이는 파괴되고 마는 아들이다. 아버지로부터 아버지를 위해 답하는 이. 그는 아버지 없이는 글쓰기(문자)에 불과하다." (Jacques Derrida, *La pharmacie de Platon in La dissémination*, Paris: Editions du Seuil, 1972, p.95.)

21 랑시에르는 아리스토텔레스의 ≪정치학≫ 제1권 1253a 9-18을 ≪불화≫라는 자신의 저서 첫 장에서 인용하며 이에 대해 면밀하게 다루고 있다. 자크 랑시에르, ≪불화≫, 23쪽.

22 "말하는 동물은 정치적 동물이라고 아리스토텔레스는 말한다." (자크 랑시에르, ≪감성의 분할≫, 14쪽.

23 자크 랑시에르, 오윤성 역, ≪감성의 분할≫, 14쪽.)

24 인간 개념 내부의 비인간 행위자라는 표현은 필자의 2015년 논문<데리다의 문자와 여성-진리>에서 198쪽에서 처음으로 사용되었다. "인간 개념은 틈을 내포하며 그 균열성으로 인해 내부적 비인간 행위자로 어린이, 여성, 동성애자, 장애인, 트랜스젠더, 외국인들을 양산하고 [……]," (윤지영, <데리다의 문자와 여성-진리>, ≪현대유럽철학연구≫ 제39집, 하이데거학회, 2015, 198쪽.)

25 자크 랑시에르, 진태원 역, ≪불화≫, 92쪽.

26 위의 책, 92쪽.

27 존 오스틴은 ≪말과 행위≫라는 저서에서 언어를 진술문(statement)과 수행문(performative)으로 크게 나눈다. 전자는 어떠한 사실에 대한 기술과 묘사로 참과 거짓으로 판명 가능한 것이라면 후자는 말이 곧 어떠한 행위를 수반하도록 하는 것으로 진위 여부가 아닌 적절성과 부적절성에 대한 판단이 가능한 것이다. 언어

철학자 오스틴의 관점에서 아리스토텔레스가 정의내리는 언어의 충만한 소유자를 분석해보자면, 이것은 수행문의 발화자, 즉 발화수반행위자로만 한정된다고 필자는 해석한다.

28 오스틴은 발화수반행위의 특징을 말과 행위가 동시적으로 이루어질 뿐만 아니라 이 둘 간의 등가적 동질성이 보장되는 것으로 정의 내린다.

29 이러한 계급적 감정체제의 작동방식을 다음의 예를 통해 설명해보고자 한다. 지하철에서 원치 않는 신체접촉이 의식적·무의식적 행위의 경계에 놓인 상대방의 행동—졸고 있는 상태에서 자꾸 고개를 자신의 어깨나 가슴 쪽으로 기울이는 행위의 반복—에 의해 유발되었다고 할 때에 이에 대해 즉각적으로 불유쾌한 감정을 표현하고 나아가 자세의 교정 또는 사과를 요구하는 여성보다도 이러한 자신의 감정 발산을 머뭇거리거나 억제하는 이가 더 많다는 것을 아는가. 왜냐하면 자신의 감정 표현이 상대방 남성에게 불유쾌함을 유발하여 폭력적 대응을 불러일으킨다거나 주위의 사람들이 내면화하고 있는 관습화된 습속과 감정양식, 즉 공공장소에서 여성이 남성을 면박 준다거나 무시하는 행위를 남성이 여성을 무시하고 교정, 교화하려는 행위에 비해 더 낯설고도 한국적 정서에 맞지 않는 것으로 여기는 것을 알고 있기에, 피해를 가한 상대방과 그 주위의 사람들의 감정 습속을 불편하게 하지 않고자 자신의 감정을 정작 억제의 대상으로 전환하는 일은 매우 비일비재한 일 중의 하나다. 왜냐하면 이 사회에서 지정성별 여성이 된다는 것은 자신의 불유쾌와 고통에 대해 발언하고 표현하여 이를 상대방의 행동 교정으로 이어지게 하는 수행적 발화의 몫이 적다는 것을 인지하는 것이자 자신의 기분 나쁨과 불유쾌함이 상대방의 불유쾌함보다 덜 중요하거나 오히려 이러한 즉각적 감정발화가 자신을 더 위험에 노출되게 할 수 있음을 알기에 자신보다 타인의 감정선을 먼저 읽어내고 배려하는 감정양식을 생존의 전략으로 채택하게 되는 것이다.

그러나 지정성별 남성인 경우 여성의 발화를 No means No로 받아들이기보다 yes로 일방적으로 읽어내어 버리며 마치 이것을 여성적 발화구조에 필연적으로 내재한 내숭과 허례허식을 간파해내는 방식으로 상식화해버리는 경우가 있다. 이것은 결국 여성의 바라는 바는 다름 아닌 남성 자신이 원하는 바와 등치될 수밖에 없다고 여기는 것이다. 즉 자신이 원하면 여성도 원하게 될 수밖에 없기에 여성의 거부의사는 묵살의 대상이 되고 오롯이 자신의 감정만이 남도록 하는 것에서 자기중심적 감정양식—상대방의 감정선 따위는 배려와 고려의 대상이 되지 않고 자신이 좋으면 상대방도 좋을 수밖에 없다는 유아적 발상—에 갇히게 되며 이는 곧 이 사회에서의 수혜자가 점유하고 있는 일방적 감정체제를 강화하는 방식이 된다.

30 "로고스가 결코 단순히 말이 아니기 때문이며 로고스가 항상 불가분하게 이러한 말들에 대해 이루어진 셈(compte)이기 때문이다. 자크 랑시에르, 진태원 역, ≪불화≫, 53쪽.

31 위의 책, 53-54쪽.

32 "무로고스란 플라톤과 아리스토텔레스의 그리스어 용법에서 아로기아(alogia)가 가리키는 두 가지 의미로 이해되어야 한다. 그것은 한편으로는 순수하게 쾌감과 고통의 소음만 부여받은 피조물이 지닌 동물성을 가리키며 다른 한편으로는 좋음의 기하학적 질서를 교환과 배상의 단순한 산술과 분리하는 공약 불가능성을 가리키기도 한다." 위의 책, 83쪽.

33 "정치적 주체화는 공동체의 치안적인 구성 속에 주어져 있지 않은 어떤 다자, 그것을 세는 것은 치안의 논리와 모순되는 것으로 제기될 수밖에 없는 다자를 생산한다." 위의 책, 72쪽; "정치적 주체화는 이러한 다수의 균열선의 산물"이다. 위의 책, 74쪽.

34 "로고스의 이중성"은 "공동성과 분할"(위의 책, 83쪽)에서 기인한다. 이는 곧 평등의 원리이자 불평등의 축으로서의 로고스의 기능을 의미한다고 필자는 해석한다. 랑시에르에게 정치(le politique)는 치안의 선재성으로서의 로고스가 계쟁의 무대로 변환해가는 것으로 정의 내렸으며 정치를 치안의 논리와 평등의 논리와의 이질적 마주침으로 규정한다.

35 필자는 2014년 논문에서 랑시에르의 로고스 중심성에 대해 다음과 같이 비판한 바 있다. "왜 랑시에르는 아르케와 로고스를 분리하고 있는가. 서구 형이상학의 가장 거대한 아르케야말로 로고스이며 로고스를 이러한 아르케 논리에서 비껴나간 것으로 상정하는 것이 지금까지의 치안의 논리로 작동하던 서구 형이상학의 로고스 중심주의(logocentrisme)에 대한 간과는 아닌가 필자는 되묻게 된다. 랑시에르는 여전히 로고스라는 이성적 담화 능력을 모든 인간의 평등성의 원리, 존재 원리로 상정함으로써 로고스 중심주의적 사고 체계에서 벗어나 있지 못함을 보여준다." (윤지영, <새로운 연대의 가능성에 대한 사유역학논고—솔리더리티에서 플루이더리티로>, ≪서강인문논총≫ 제40집, 서강대학교 인문과학연구소, 2014, 256쪽.) 필자는 현재 논문에서 이러한 로고스라는 아르케 논리의 고수가 남근중심성의 원리로서의 팔루스임을 논증해나가는 과정을 도입함으로써 지난 논문과의 사유행보에서 한발 더 나아갔음을 드러낼 것이다. 또한 로고스라는 남근적 아르케의 고수가 공통성에 대한 기획으로 그치고 있음을 비판하며 공통성 개념의 한계 또한 분석할 것이다.

36 자크 랑시에르는 ≪불화≫에서 정치를 다음과 같이 정의 내린다. "정치란 지배의 자연적 질서가 몫 없는 자들의 편에 있는 제도화에 의해 단절, 중단될 때에 나타나는 것이다. 이러한 몫 없는 자들의 제도화 바깥에는 정치가 없다. 오직 지배질서 또는 봉기의 무질서만이 있다." (Jacques Rancière, *La Mésentente: politique et philosophie*, Paris: Editions Galilée, 1995, p.31.)

37 "정치는 치안에 대해 작용한다." (자크 랑시에르, 진태원 역, ≪불화≫, 67쪽.)

38 "말을 하기는 자신의 고유성을 긍정하는 어떤 자아의 의식 및 표현이 아니다. 그것은 로고스가 목소리(phonè)와 다른 본성을 정의하는 장소의 점유다." 위의 책, 73-74쪽.

39 플라톤은 ≪파이드로스≫에서 문자(ecriture)와 목소리(voix)의 위계적 위상을 구분해내며 전자를 부적합한 아들로서의 서자로 후자를 적법한 아들로서의 적자로 위치시킨다. 여기서 적자와 서자의 구분은 바로 친부로서의 팔루스가 승인을 내리는가, 도움과 지지를 주는가의 여부에 달려 있는 것이다. 다시 말해, 플라톤에게 있어 로고스는 팔루스라는 친부와의 친연성이 입증된 아들이자 적법한 아버지의 목소리를 계승하는 자인 것이다. 이러한 관점에서, 목소리, 음성 개념은 플라톤에게 있어 글쓰기와 문자 개념보다 진리와 더 가까운 것, 순수의 밀도가 높은 것으로 정의된다. 그러나 랑시에르는 이러한 음성과 목소리로서의 로고스의 자리를 이탈시켜버리기 위해 아리스토텔레스의 ≪정치학≫ 텍스트를 가져오며 목소리와 말을 구분해내는 전략을 취한 후, 로고스를 음성이 아닌 말로 위치시켜버린다. 이를 통해, 랑시에르는 로고스를 팔루스에게 충실하기 복무하는 아들이

아닌 아버지의 자리로 등극시켜버리는 것이다.

40 위의 책, 53쪽.

41 위의 책, 80쪽.

42 이러한 로고스의 확장논리로서의 감각판의 팽창은 제국주의 논리에서도 그대로 적용되어 나타난다. 아시아와 아프리카, 북미와 남미를 정복하는 것을 서구인의 이성에 대한 보편적 전파 작업으로 합리화하던 논리 — 서구인의 언어와 종교, 문화와 문명성이 비서구인에 의해 비자발적으로 모사, 모방되는 것을 근대화로 지칭하는 것에서부터 비서구인의 비이성을 서구적 절제와 덕목으로 고양하는 것이 근대화의 휴머니스트적 개화 원리라고 보는 것 — 는 랑시에르가 주장하는 감각판의 확장에서도 반복되어 나타난다고 할 수 있다. 왜냐하면 로고스라는 남근적 아르케를 부수지 않은 채, 치안의 질서를 가능하게 하던 로고스가 평등의 질서에 대한 전제로 여전히 기능한다는 주장은 곧 로고스를 인간의 본래성 또는 인간적인 것의 중추로 정의 내리고 있기 때문에 가능한 것이며, 이는 곧 인간성의 핵심으로서의 로고스라는 아르케가 몫 없는 자들에게도 철저히 내면화되어 실현될 때에만 해방 역시 도래하리라는 논리구조를 따르고 있기 때문이다. 이는 곧 몫 없는 자의 몫은 몫이라는 셈의 원리에 의해 측정 가능한 것으로 번역될 때에만 비로소 존재의 질서와 의미의 질서, 가치의 질서에 등록되는 것이라는 의미이다. 이러한 관점에서 랑시에르의 로고스라는 아르케의 고수는 말의 자리를 향한 기입의 투쟁이라면 이 투쟁은 등록소 자체의 한계와 등록소의 말소와 폐기, 등록소로 존재의 자리를 국한하는 폭력성에 대한 폭로보다도, 주어진 인간의 자리에 인간으로 기입되어 셈해지기 위한 표준화와 규범화, 정상화의 재조직화에 불과하다고 필자는 강력히 비판하게 된다.

43 이러한 관점은 동물해방을 주장하는 이들에게 두드러지게 나타난다고 할 수 있다. 인간을 생태계의 중심이나 지구의 주인이 아니라 생태계의 한 일부이자 지구에 서식하는 한 생명체로 인식하는 것에서부터, 도시계획이나 개발계획 등에서 인간의 공간독점권을 우선시하거나 인간을 위한 수단으로서 동물을 대규모로 식용화하거나 애완용화하는 것에 격렬히 대항하는 행위는 인간학적 정치에서 벗어나 생태정치로서의 면모를 갖추고 있기 때문이다. 다시 말해, 지구의 몫 없는 이들이 몫 있는 이들이 되기 위해, 로고스의 확장판을 지탱하는 요소로 전락해야 하는 것이 아니라, 바로 그 로고스적 논리가 정치를 언제든 치안으로 재영토화해버리고 마는 지점임을 철저히 드러내야 한다.

44 "주체화 과정은 이처럼 탈정체화 혹은 탈계급화 과정이다." (자크 랑시에르, 양창렬 역, ≪정치적인 것의 가장자리에서≫, 119쪽.)

45 "해방 과정은 아무 말하는 존재와 아무 말하는 다른 존재 사이의 평등을 입증하는 것이다. 그것은 언제나 평등의 원리나 그것의 결과로 인정되지 않은 범주 — 노동자들, 여성들, 흑인들 혹은 다른 이들 — 의 이름으로 실행된다. 그렇다고 해서 평등의 실행이 문제가 되는 그 범주의 고유함이나 속성을 드러내는 것은 아니다. 해의 희생자 그리고 그 희생자의 권리를 내세우는 범주의 이름은 언제나 익명의 이름이자 아무나의 이름이다." (위의 책, 116쪽) 필자는 평등의 원리에 기입되지 않은 이름과 정체성을 가진 존재가 여전히 인간학적 배제 범주로 국한되어 있음을 비판하게 되며 이러한 아무나의 이름이 결국은 인간의 자리에 대한 포섭과정과

그에 대한 결과물로 해석하게 된다.

46 위의 책, 116쪽.

47 위의 책, 119쪽.

48 위의 책, 122쪽.

49 사이 주체는 불어로 다음과 같이 표현된다. "Les sujets entre-deux," J. Rancière, *Aux bords du politique*, Paris: Editions Gallimard, 1998, p. 252.

50 자크 랑시에르, 양창렬 역, ≪정치적인 것의 가장자리에서≫, 120쪽.

51 "정치적인 것은 치안과 정치란 두 원리가 충돌하는 장소이며, 하나가 다른 하나와 맺어지는 형태들의 체계다." 위의 책, 16쪽.

52 자크 랑시에르, 주형일 역, ≪미학 안의 불편함≫, 18쪽.

래디컬 페미니즘? 래디컬 페미니즘들!

1 새로운 세대가 등장할 때에는 강도의 차이는 있으나 언제나 이전 세대에 대한 비판이 자리 잡고 있고, 구세대와의 차이점을 강조하는 방법으로 자신의 존재를 세워나간다. 이민경은 ≪우리에게도 계보가 있다≫에서 영페미니스트들이 "새로운 방식으로 나타난 개인들"로서, "가장 개인적인 것이 정치적이라는 말처럼, 이때 여성들은 법률 제정과 같은 거대한 담론을 언급하기보다는 자기 자신의 몸에 주목했고, 일상에 집중했다. 같은 과 남학생과 공동으로 쓰는 사물함에 생리대를 넣어두고 당당하게 꺼내 쓰고, 페미니스트 캠프에서 사적인 경험을 고백했다. 이성애중심주의 비판과 함께 정치적 레즈비어니즘이라는 개념도 생겨났다."(54)라고 설명한다. 영페미스트들도 올드페미니스트를 비판하며 등장했으며, 그들의 주장이 현재의 영영페미니스트와도 맞닿아 있음을 알 수 있다.

2 슐라미스 파이어스톤, 김민예숙·유숙열 역, ≪성의 변증법≫, 꾸리에, 2016, 39-40쪽에서 재인용.

3 아이크는 드와이트 D. 아이젠하워(Dwight D.Eisenhower 1890~1969) 대통령의 별명이다. "나는 아이크가 좋아"(I like Ike)라는 운율을 맞춘 단순하고 친밀한 구호가 선거기간 동안에 사용되기 시작하여 그를 대표하는 슬로건이 되었다. 1953년에서 1961년까지 그가 대통령으로 재임한 기간은 전후의 경제적 번영과 맞물리며, 미국인들에게 '좋았던 호시절'로 기억되며 그는 유능한 전쟁영웅인 동시에 자애로운 가부장으로서의 이미지로 남아 있다.

4 위의 책, 7쪽.

5 마지 피어시(Marge Piercy 1936~)의 ≪시간의 경계에 선 여자≫(*Woman on the Edge of Time*, 1976)는 파이어스톤의 사이버네틱 코뮤니즘의 비전을 충실히 재현한 소설로 평가된다.

6 앨리스 에콜스, 유강은 역, 《나쁜여자 전성시대 :급진 페미니즘의 오래된 현재, 1967~1975》, 이매진, 2017, 367쪽.

7 슐라이스 파이어스톤, 김민예숙·유숙열 역, 앞의 책, 25쪽.

8 드워킨과 맥키논은 포르노그래피를 여성 민권의 침해로 규정하는 반포르노그래피 민권 조례(The Antipornography Civil Rights Ordinance)를 제정하였다. 이 조례는 주창자의 이름을 따 드워킨-맥키논 조례(Dworkin-McKinnon) 조례로도 불린다.

9 Ann Oakley, *Woman's Work: The Housewife, Past and Present*, New York: Pantheon Books, 1974, p.186.

10 슐라이스 파이어스톤, 김민예숙·유숙열 역, 앞의 책, 288쪽.

11 Adrienne Rich, *Of Woman Born*, New York: W.W. Norton, 1979, p.174.

12 김진희, ≪페미니즘의 방아쇠를 당기다: 베티 프리단과 ≪여성의 신비≫의 사회사≫, 푸른 역사, 2018, 206쪽.

13 쉴라 제프리스, 김예나 외 역, ≪래디컬 페미니즘: 성별 계급제를 꿰뚫는 시선≫, 열다, 2018, 3쪽.

14 '퀀페미'는 '운동권 페미'를 줄인 말로서, 좌파 운동권으로부터 유래하거나, 조직적으로 기성의 단체에 소속되어 활동하는 페미니스트들을 비꼬아 이른다. 미국 페미니즘의 맥락에서는 폴리티코(politico)가 이에 상응하는 명칭이라 할 수 있겠다.

15 이에 대해서는 정혜실, <우리 안의 인종주의: 자칭 "래디컬 페미니스트들" 과 보수개신교 혐오세력은 어떻게 '난민 반대'의 한 목소리를 내게 되었는가?>, ≪여/성이론≫ 39호 여이연, 2018, 205-215쪽을 참고할 것.

16 '쓰까' 페미는 "이것저것 섞는다"는 의미의 일본어 '쓰까'를 붙여, 여성의 권리가 아니라 성소수자, 유색인종, 장애인 등의 권리까지 관심을 둠으로써, 기성의 운동에서와 그랬듯이, 여성 의제를 후퇴시키는 데 일조하는 페미니스트라는 의미를 담고 있다.

17 앨리스 에콜스, 유강은 역, 앞의 책, 295쪽.

18 엄혜진, <더 편협한 삶, 더 나은 삶> 한국판 해설, 에콜스, 위의 책, 16쪽.

19 김보명, <급진 페미니즘(Radical Feminism)>, ≪여/성이론≫ 39호, 여이연, 2018, 178쪽.

20 쉴라 제프리스, 김예나 외 역, 앞의 책, 71쪽.

21 쉴라 제프리스, 김예나 외 역, 위의 책, 87쪽.

22 앨리스 에콜스, 유강은 역, 앞의 책, 429쪽.

23 스테퍼니 스탈, 고빛샘 역, ≪빨래하는 페미니즘≫, 민음사, 2014, 268-269쪽.

24 앨리스 에콜스, 유강은 역, 앞의 책, 438쪽에서 재인용.

1 이 글은 논문 <1990년대 여성시의 이상화된 판타지와 역설적 근대 주체 비판>(≪한국시학연구≫ 53, 한국시학회, 2018)을 수정하여 재수록한 것임을 밝힙니다.

2 정은영, <이색 강좌(1) 섹슈얼리티를 바라보는 열 두 가지 시선>, ≪동아일보≫, 1996.9.2.

3 김영선, <1970년대 페미니즘 이론의 번역/실천과 여성학>, ≪여성문학연구≫ 37집, 여성문학학회, 2016 참조.

4 <신세대 <27> 여성>, ≪동아일보≫, 1993. 10. 24.

5 최재봉, <두 여성시인 '창비'서 나란히 시집>, ≪한겨레≫, 1994. 11. 9.

6 1990년대 여성문학이 대중적 성공을 거둔 이유로 1990년대 신세대 여성 독자층을 꼽기도 한다. (김경연, <87년체제와 한국 여성문학의 변화>, ≪한국문학논총≫ 49집, 한국문학회, 2008, 203쪽.)

7 1985년에 창간호를 낸 ≪여성≫은 1990년부터 제호를 ≪여성과 사회≫로 바뀌었다. 이 글에서는 ≪여성과 사회≫ 그룹으로 지칭할 것이다.

8 원영선, <올바른 여성해방문학론을 위하여>, ≪오늘의 문예비평≫, 오늘의문예비평, 1991. 9. 참조. 원영선은 이 글에서 ≪여성과 사회≫의 입장을 옹호하면서 ≪또 하나의 문화≫ 그룹이 갖는 한계를 비판한다. ≪또 하나의 문화≫ 그룹의 가부장제 모순은 탈역사적인 측면이 있으며, 출산과 육아 같은 여성 체험에 기초한 글쓰기가 과다한 노동과 낮은 임금에 시달리는 기층 민중여성의 체험의 공통성을 얼마나 갖고 있는지를 비판하고 있다.

9 좌담, <다시 문학이란 무엇인가>, ≪문학동네≫ 7, 2000, 29-33쪽.

10 임옥희, <머리말에 부쳐>, ≪여/성이론≫, 여이연, 1999.4, 8쪽.

11 좌담, <다시 문학이란 무엇인가>, 위의 글, 10-11쪽.

12 정끝별, ≪오룩의 노래≫, 하늘연못, 2002, 113쪽.

13 여성시의 스펙트럼은 너무 넓기 때문에 특정 개념으로 정의되기 어렵다. 여성시는 모든 여성시인이 쓴 시 일반을 지칭하지 않는다. 여성시인이라고 해도 남성이데올로기를 내면화하거나 체현한 시인이 존재하기 때문이다. 그럼에도 여성시의 주체는 여성시인일 수밖에 없는데, 가부장제하에서 차별적인 여성적 현실을 체현함으로써 비판하고, 질문하기 위한 언어를 만들고, 해방의 의지를 갖는 사람이 여성이기 쉽기 때문이다. 이 글에서 여성시란 래디컬한 관점에서 페미니즘적 시와 비슷한 개념으로 사용할 것이다. 즉 여성적 현실에 회의하고, 가부장제 시스템을 비판하고 공격할 뿐 아니라, 공동체적 변화로 현실화되는 해방의 정치성을 가지며, 개성적 언어와 스타일을 창안하는 여성의 시를 일컫는다.

14 제1기) 1987~1997년: 민주화투쟁, 여성운동의 독자성 추구, 제2기) 1997~2007년: 좌파정권 십 년 간 여성운동의 제도화와 협상, 제3기) 2007 MB정권 이후 여성운동의 생존과 다변화를 모색하는 시기.

15 임옥희, ≪채식주의자 뱀파이어≫, 여이연, 2010, 8-9쪽.

16 '여성 없는 페미니즘'은 주디스 버틀러가 제안한 젠더정체성에서 가능해진 용어이다. 젠더정체성은 젠더 수행성, 패러디, 반복, 우울증을 통해 구성되는 것이지 본질적 여성 정체성은 없다고 주장하면서 격발되었으며, 이후 성 본질주의와 대립하는 '여성 없는 페미니즘'이 서구 페미니즘 이론의 주요한 흐름이 되었다. (주디스 버틀러, 조현준 역, ≪젠더 트러블≫, 문학동네, 2008.; 타니아 모들스키, 노영숙 역, ≪여성 없는 페미니즘≫, 여이연, 2008. 참조.)

17 2005년을 기점으로 여성주체가 소멸되고 여성문학이라는 명명법이 사라진 21세기 문학의 내외적 조건과 곤경, 분절적 특징과 대안을 탐색한 글에 대해서는 임지연, <'여성문학' 트러블-곤경에 처한 21세기 여성문학 비평>, ≪여성문학연구≫ 26집, 2011, 참조.

18 허정, <먼 곳의 불빛 - 나희덕론>, ≪창작과비평≫ 24, 창비, 1996.12; 정과리, <암전 - 나희덕론>, ≪문학과 사회≫, 2001, 가을; 이홍섭, <생태정원을 향한 오체투지 - 김선우의 시세계>, ≪문학과 동네≫, 2003. 가을; 변지연, <'참 잘 곰삭은' 언어의 둥근 반역, 자궁의 생태학 - 김선우론>, ≪오늘의 문예비평≫, 2004.3; 김나영, <신-자궁에 흐르는 세 혈맥 - 김선우론>, ≪문학과 사회≫, 2009. 2. 김나영의 경우 김선우의 자궁을 실체나 관습을 벗어나는 모든 존재들의 것이라는 관점에서 새롭게 해석하지만, 여전히 생물학적 지평 위에서 논한다는 점에서 여성의 자궁을 특권화한다고 볼 수 있다. 정끝별, <여성성의 발견과 여성적 글쓰기>, 앞의 책.

19 나희덕, ≪그 말이 잎을 물들였다≫, 창작과비평사, 1994, 22쪽.

20 김기택, <'막 갈구어진 연한 흙'에서 태어난 시>, ≪그 말이 잎을 물들였다≫, 앞의 시집, 100쪽.

21 임홍빈, ≪수치심과 죄책감≫, 바다출판사, 27-28쪽, 369-370쪽 참조.

22 나희덕 앞의 시집, 14쪽.

23 김기택, 앞의 글, 107쪽.

24 정끝별, 앞의 글, 120쪽. 정끝별은 이 글에서 여성적 자아의 욕망을 억압하거나 희생시킴으로써 여성은 아름다울 수 있다는 낯익은 가부장적 신화의 잔재의 잔재가 남아 있지 않은지 의심할 것을 부기하였다. 그러나 전면적인 비판이 아니라, 의심의 수준에서 지적하였다. 121쪽.

25 김순아, <90년대 이후 여성시에 나타난 여성의 몸과 전복의 전략>, ≪한어문교육≫ 29집, 고려대학교 한국어문교육연구소, 2013, 257쪽.

26 1990년대 말 평론가 방민호는 191990년대를 단절의 욕망이 두드러진 시기로 명명한 바 있다. (좌담, <90년대 문학을 결산한다>, ≪창작과비평≫ 26, 1998, 39쪽.)

27 김용희는 1990년대 여성시학의 딜레마를 모성성 신화, 독자와의 소통불능, 특유의 신체경험이 고통으로 드러나는 방식, 소재주의적 위험으로 항목화하여 짚어낸 바 있다. 김용희, <한국에서 여성/시인으로 살아간다는 것>, 작가와비평 편, ≪비평, 90년대 문학을 묻다≫, 여름언덕, 2005, 254-255쪽. 그러나 이에 대한 비평을 전면화하지는 않았다. 한 발 더 나아가 1990년대 여성시에 비판적 회의를 모색한 정문순은 나희덕의 온순한 모성적 인식이 주어진 삶을 근본적으로 회의하지 않는 보수주의에 연유한다고 평가하였다. (정문순, <어머니, 영원한 타자의 이름인가? - 나희덕과 김선우 시의 모성적 인식에 대해>, ≪오늘의 문예비평≫, 오늘의문예비평,

2002, 179쪽.)

28 김선우, ≪내 혀가 입 속에 갇혀 있길 거부한다면≫, 창작과비평사, 2000, 10쪽.

29 이재복은 김선우의 모성성을 자연과 모성의 연대라고 명명한다. (이재복, <여성시와 생명 — 김선우의 ≪내 혀가 입속에 갇혀 있길 거부한다면≫을 중심으로>, 99쪽.)

30 이기성, <망각의 언어와 정치적 몸의 탈환>, 작가와비평 편, ≪비평, 90년대 문학을 묻다≫, 여름언덕, 2005, 224쪽.

31 1990년대 말 소장 여성문학 연구자들은 여성적 부드러움으로 여성성을 접근하는 본질론에 대해 신랄하게 비판한 바 있다. (김은하·박숙자·심진경·이정희, <90년대 여성문학 논의에 대한 비판적 고찰>, ≪여성과 사회≫ 10집, 한국여성연구소, 1999, 140-144쪽.)

32 마사 너스바움, 조계원 역, ≪혐오와 수치심≫, 민음사, 2015, 116-206쪽.

33 이선옥, <과학주의 시대, 여성혐오라는 정동>, ≪여성문학연구≫ 36, 한국여성문학학회, 2015, 99쪽. 최근 혐오를 감정이나 정서보다 정동이라는 용어를 사용하는 이유도 외부세계와 분리된 개인의 감정이 아니라 그 감정이 인간의 활동력의 동인이 된다는 점을 주목하기 때문이다.

34 혐오(disgust) 일반과 여성혐오(misogyny), 그리고 여성혐오와 자기혐오의 이중 구조에 대한 개념은 임지연, <여성혐오(misogyny)시의 가능성과 불가능성>, ≪서정시학≫, 서정시학, 2017년 봄호, 21-27쪽 참조.

35 여성이 남성혐오의 시선에서 벗어나는 또 다른 방법 중 하나는 추녀, 마녀가 되는 것이다.

36 권수현, <여성운동과 정부, 그리고 여성정책의 동학: 한국사례를 중심으로>, ≪아시아여성연구≫ 50집, 숙명여자대학교 아시아여성연구소, 2011, 21-34쪽 참조.

37 길들여진 페미니즘이라는 용어는 미국의 정치철학자 낸시 프레이저가 서구 페미니즘의 흐름을 분석하면서 1990년대 이후 좌파적 에너지가 빠져나간 후 분배와 같은 정치투쟁이 사라지고, 젠더를 정체성이나 문화적 구성물로 이해하는 쪽으로 페미니즘의 무게가 이동했다고 파악하고, 1990년대 이후 등장한 페미니즘의 특징으로 명명한 것이다. 낸시 프레이저는 젠더 정의에 재현, 정체성, 차이가 포괄되었지만, 평등 및 분배 투쟁을 심화시키지 못한 결과에 이르렀다고 길들여진 페미니즘을 비판한다. (낸시 프레이저, 임옥희 역, ≪전진하는 페미니즘≫, 돌베개, 2017, 222-242쪽 참조.) 길들여진 페미니즘이란 용어를 한국사회에 그대로 등치시킬 수는 없지만, 1980~90년대 약진했던 정치적 페미니즘 운동이 2000년대 중반 이후 급격하게 약화되는 시기를 설명하는 용어로 사용해도 무방하리라고 본다.

38 마리 미콜라, 강은교 외 역, ≪섹스와 젠더에 대한 페미니즘의 관점들≫, 전기가오리, 2017, 33쪽.

39 김언희는 1990년대 시인이었지만, 다른 여성시인들과 비교할 때 평가의 시차가 존재한다. 나희덕과 김선우가 1990년대 활동하면서 즉각적인 주목을 받았다면, 김언희는 2000년대에 들어서야 긍정적 평가를 받았다. (남진우, <메두사의 시 — 김언희의 시세계>, ≪문학동네≫, 2000, 겨울; 김윤정, <존재의 글쓰기와 구멍>, ≪시와 세계≫, 시와세계, 2004. 6.; 문혜원, <전시하는 육체와 전시된 육체>, ≪오늘의 문예비평≫, 2005. 6.; 함돈균, <환멸 혹은 구토, 이토록 지독한 동어반복의 지옥을 헤매며>, ≪열린시학≫, 2006. 6.)

40 김언희, ≪말라죽은 앵두나무 아래 잠자는 저 여자≫, 민음사, 2000, 27쪽.

41 김현자·이은정, <한국현대여성문학사-시>, ≪한국시학연구≫ 제5집, 한국시학회, 2001, 84쪽.

42 김언희, ≪트렁크≫, 세계사, 1995, 63쪽.

43 김언희, ≪말라죽은 앵두나무 아래 잠자는 저 여자≫, 앞의 시집, 95쪽.

44 여성시민권에 대해 급진적으로 접근한 샹탈 무페는 여성의 본질적 정체성을 해체하고, 여성집단의 동질성이라는 가정을 버려야 한다고 주장한다. 어떤 관계에서 종속적이라고 하더라도 다른 관계에서는 지배적일 수 있기 때문에 관계를 단순화할 수 없으며 다양한 종속관계를 이론화할 필요를 제기한다. (샹탈 무페, 이보경 역, ≪정치적인 것의 귀환≫, 후마니타스, 2007, 125쪽.)

45 신현림, ≪세기말 블루스≫, 창작과비평사, 1996, 98-99쪽.

46 신상숙, <1980~90년대 공권력에 의한 성폭력 사건의 젠더정치>, ≪사회와 역사≫ 76집, 한국사회사학회, 2007, 참조.

47 낭만적 사랑의 특징과 비판에 대해서는 임지연, ≪사랑, 삶의 재발명≫, 은행나무, 2017, 109-128쪽 참조.

48 정인경, <시민권의 페미니즘적 개조를 위한 시론>, ≪한국여성학≫ 28집, 한국여성학회, 2012, 3-4쪽.

49 여성의 인공생식을 여성해방의 급진적 방법으로 제안하고, 사랑이 여성의 열등감을 무화시키는 허위적 권력관계임을 폭로한 슐라미스 파이어스톤의 ≪성의 변증법≫이 1983년도에 출판(김예숙 역, 풀빛출판사)되었음에도 지식장은 1990년대가 되어서야 이 책에 주목했다. 그러나 1990년대 여성시는 성과 사랑에 대한 급진성을 수용하지 못했다.

찾아보기

ㅇ

ㅈ

ㅊ

ㅋ